全国未成年人生态道德教育系列教材

趣官山 悦自然

中国野生动物保护协会
江西官山国家级自然保护区管理局　编著

中国农业出版社
北京

图书在版编目（CIP）数据

趣官山　悦自然 / 中国野生动物保护协会，江西官山国家级自然保护区管理局编著. -- 北京：中国农业出版社，2024.12. -- ISBN 978-7-109-32795-5

Ⅰ. G634.981

中国国家版本馆CIP数据核字第2024V4E447号

中国农业出版社出版

地址：北京市朝阳区麦子店街18号楼

邮编：100125

责任编辑：李昕昱

版式设计：李文革　　责任校对：吴丽婷　　责任印制：王　宏

印刷：北京缤索印刷有限公司

版次：2024年12月第1版

印次：2024年12月北京第1次印刷

发行：新华书店北京发行所

开本：787mm×1092mm　1/16

印张：4.5

字数：80千字

定价：58.00元

全国未成年人生态道德教育系列教材
编 委 会

顾　　问：陈建功　　中国作家协会第六、第七、第八、第九届副主席

张抗抗　　中国作家协会第七、第八、第九届副主席

六小龄童　国家一级演员

高　桦　　生态文学作家

名誉主任：李春良

主　　任：严　剑　李林海

副 主 任：范梦圆　陈冬小　刘　健

委　　员：尹　峰　赵星怡　陈　旸

本书编委会

顾　问：邓兆芳　袁景西　黄　鹏
主　任：曹　锐
副主任：熊　薇　周雪莲

主　编：杨　欢　黎杰俊
副主编：熊　勇　兰　勇　欧阳园兰　方平福　左文波
参　编：（按姓氏笔画为序）
　　　　王国兵　王缙丰　任丽霞　邬淑萍　刘永春　刘学洲
　　　　刘潇雨　巫瑜斌　李　怡　李兴堂　李梓锋　李雪玉
　　　　吴毛山　岑　进　汪　宏　张李龙　张博文　陈　玥
　　　　陈　琳　易伶俐　周　奇　周　璐　周小明　周柏杨
　　　　胡敏林　钟曲颖　袁　婷　袁子旭　唐永峰　涂传仁
　　　　龚　雨　龚　璐　康　童　彭　丽　彭巧华　谢鹏鹏
　　　　蔡瑞文　熊　莺　熊丽君　戴宇峰　戴宇菁
摄　影：熊　薇　方平福　熊　勇　黎杰俊　欧阳园兰
　　　　兰　勇　杨　欢　左文波　周雪莲　周柏杨
绘　图：蔡碧云　黎杰俊

序

　　《全国未成年人生态道德教育系列教材》与大家见面了。这套教材根据中共中央、国务院《关于进一步加强和改进未成年人思想道德建设的若干意见》、国家林业和草原局（原国家林业局）《关于加强未成年人生态道德教育的实施意见》和《关于充分发挥各类保护地社会功能大力开展自然教育工作的通知》、教育部《中小学环境教育实施指南》和《关于推进中小学生研学旅行的意见》等文件精神，将生态保护、生态道德教育融入中小学校综合实践活动课程，从未成年人家乡特有的生境和野生生物入手，通过有目的、有针对性的教育和引导，帮助未成年人科学认识人与自然的关系，在未成年人的心灵深处埋下生态文明和生态道德的种子。

　　这套教材凝聚了生态保护和教育教学工作者以及公益组织的心血，是一套既适合中小学校综合实践活动课程，也适合开展未成年人生态道德教育的鲜活素材，同时还是引领未成年人热爱祖国、热爱家乡、热爱大自然的科普图书。

　　未成年人是祖国的未来，未成年人的生态文明理念和生态道德行为，直接关系到我国生态建设的兴衰，抓好未成年人生态道德教育意义十分重大。中国野生动物保护协会自1983年成立以来，始终把未成年人生态道德教育作为工作的出发点和落脚点并做了大量细致工作，多次召开生态道德教育论坛研讨、举办"自然体验培训师"培训、表彰"未成年人生态道德教育示范学校"、出版野生动物保护科普图书、编写未成年人生态道德教育系列教材。经过不懈努力，现在已初步形成以学校为教育主体、以自然保护区为教育基地、以骨干教师和自然体验培训师为师资、以生态道德教育教材为载体、以课堂和活动为途径的未成年人生态道德教育体系。

中国野生动物保护协会在组织编撰这套教材的过程中，得到了各位顾问、专家及合作单位的大力支持，在此一并致谢。

中国野生动物保护协会

2024年10月

趣官山　悦自然

在赣西北的九岭山脉西段，有一颗璀璨的绿色明珠——江西官山国家级自然保护区（简称"官山保护区"）。官山保护区坐落于鄱阳湖、洞庭湖和江汉三大平原的中心地段，作为鄱阳湖流域修河与赣江主要支流锦江水系的重要源头，她宛如江南腹地的血脉之源，源源不断地滋养着周边广袤大地和丰富多彩的生态系统。同时也是赣西北一赣西山地重要的森林生态屏障，默默守护着这片土地的生态平衡。

保护区内森林覆盖率高达98.6%，茂密的丛林孕育了极为丰富的野生动植物资源，其中，国家一级保护野生动物白颈长尾雉的种群数量达1000多只，这里也成为我国白颈长尾雉分布最为集中的地区之一，《亚洲鸟类红皮书》已将官山保护区列为白颈长尾雉野生种群的重要分布区之一。

1981年，经江西省人民政府批准，建立官山省级自然保护区；2007年，经国务院批准，保护区晋升为国家级自然保护区。保护区成立40余年来，始终坚持以保护为"底色"、以宣教创"特色"的原则，依托保护区内得天独厚的生态资源优势，广泛开展"携手'趣'官山，共同护家园"活动，积极对广大市民，尤其是对青少年学生开展生态道德教育。

生态文明建设是当今时代的重要使命和重大课题。曾被封禁400多年的官山，现在不仅是一片自然保护区，更是我们赖以生存的共同家园。广泛开展"携手'趣'官山，共同护家园"活动，是我们贯彻落实习近平新时代中国特色社会主义思想"生态篇"建设使命的有力抓手。《趣官山 悦自然》紧扣官山保护区的资源特色，以日记形式讲述巡护工作、融入自然知识，引导中小学生深入思考人与自然的关系，让他们在字里行间领略官山保护区的独特魅力，感悟生态道德的深刻内涵，激发他们内心对大自然的敬畏之情与保护意识。

希望通过这本书的传播与学习，能让更多的青少年走进官山保护区的生态世界，成为生态文明建设的传承者与推动者，让官山保护区的生态之美延续，让人与自然和谐共生的理念在一代又一代青少年的心中生根发芽、茁壮成长，为我们的地球家园描绘出更加绚丽多彩的生态画卷。

在本书编写过程中，中国野生动物保护协会专家和刘健老师等诸多业内人士为之付出了巨大的心血，在此一并表示诚挚的感谢和敬意！

曹锐

2024年10月

目录

趣官山　悦自然

第一课 我叫官小白

大家好，我叫"官小白"，
官山保护区的原住居民白颈长尾雉。
为了让大家记住我，保护区工作人员
特意为我量身定做了卡通形象！

扫一扫

观看更多精彩内容

这是我的家乡——官山保护区，这里山峦起伏、树木繁茂，目前记录有高等植物2670多种，脊椎动物370多种，昆虫1900多种。

我和我的爸爸妈妈

我是一名阳光男孩，这是我出生一个月的样子。

这是我的爸爸，他超级有范，脸蛋红扑扑的，脖子上系着一条白色围脖，身穿一件栗色大衣，尾部羽毛又长又帅气，是我们家乡最靓的仔。

这是我的妈妈，她勤劳、朴实，衣着素雅，含辛茹苦地抚养我长大。

我的
日常生活

我的
一日三餐

花

果

根

昆虫

其他
小动物

叶

我住的可是大家心仪已久的树屋哦。天黑了，我会飞到树枝上，享受甜美的梦境。

大家是不是担心我睡着后会掉下来？偷偷地告诉你们，我可是有高超的平衡本领和特殊的身体结构哦！

为了守护我的家园，
巡护是我每天必要的任务。
巡护的过程中会有很多收获，
也会丰富我的成长经历。

龙门站

青洞山

苗竹窝

罗家山

石花尖

木莲潭

龙坑

兰花谷

大坝洲

李家屋场

请跟我一起
来巡护与探索吧！

扫一扫
观看更多精彩内容

2024.6.6

大坝洲

今天的仪式感拉满！因为我们见证了自1981年官山建立保护区以来的第二次界碑设立。

看到这个界碑，就知道已进入官山保护区了，这里被誉为"赣西北的绿色明珠"。

官山保护区的001号界碑

界碑确立了官山保护区的范围。请仔细观察"官山保护区地理位置图"。如果你是保护区的推荐官，会如何向来自全国各地的小朋友介绍"家乡的绿色明珠"的位置和范围呢？试着写一写吧。

江西官山国家级
自然保护区

_____

_____

_____

_____

_____

_____

每个地方都有自己的位置特征。仔细观察学校周边，和同学们讨论一下与学校交界的东、南、西、北4个方位的特征，你还能想到生活中哪些地方有界碑吗？它们都有些什么作用呢？

探官山由来

晋升啦！
揭牌啦！

官山

明朝万历二年（1574年）
李大銮"黄岗山起义"

明朝万历五年（1577年）
"黄岗山起义"失败
黄岗山被封为禁山，
也称为"官山"

清朝乾隆年间
"官山"解禁

1975年9月
成立"江西省宜春
地区官山天然林保护区"

1981年3月
建立"江西省官山
自然保护区"

2004年底
完成全面综合
科学考察

2007年4月
晋升为国家级
自然保护区

当年李大銮就是站
在这块"点将台"
上调兵遣将，与朝
廷官兵奋战

雉科鸟类的乐园

扫一扫
观看更多精彩内容

2023.12.25

 青洞山

早上从青洞站出发前往青洞山巡护，途中在海拔400米处发现一根白鹇羽毛。青洞山一带主要分布着常绿落叶阔叶混交林，是我们雉科鸟类的理想栖息地。

⏱ 官山保护区有的植物四季常青，有的植物则秋季落叶。观察我们身边的植物，试着认识它们并记录下来吧。

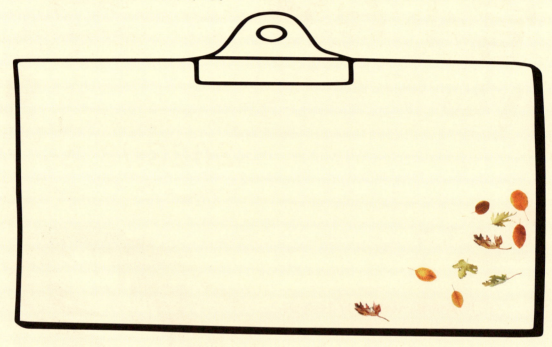

⏱ 常绿落叶阔叶混交林是官山保护区主要的植被类型，为雉科鸟类提供了丰富的食物来源和良好的生存环境。仔细想一想，秋冬季节哪些树木可以为雉科鸟类提供食物呢？

生活在混交林中的雉科鸟类当地俗称"野鸡"。它们雄性和雌性通常个体差异较大：雄的尾长，羽毛鲜艳美丽；雌的尾短，羽毛颜色暗淡，个体较小。"野鸡"善走而不能久飞。

请仔细观察下面的雉科鸟类，你能区分雌雄吗？选择一种你喜欢并了解的雉类，试着画出雌雄的区别。

你知道吗？我们家养的鸡也是雉科的一员

官山保护区的雉科鸟类有 6 种，分别是：白颈长尾雉、白鹇、勺鸡、环颈雉、灰胸竹鸡、中华鹧鸪。其中白颈长尾雉是国家一级保护野生动物，白鹇和勺鸡是国家二级保护野生动物。

Hello，同学们！还记得我官小白是生活在保护区的哪种雉吗？和我生活在一起的伙伴还有很多种，下面请他们向大家做个自我介绍吧。

白鹇

我有洁白的羽毛，展翅非常漂亮，是传说中的"林中仙子"。

💡 小贴士

清朝五品官员朝服补子的图案就是我，一直被视为忠诚的"义鸟"，取"行止娴雅，为官不急不躁，无为而治，并且吉祥忠诚"之意。

勺鸡

　　我头顶的长冠羽远远看上去就像是"独角大仙"，是不是自带高冷范？身上的羽毛像一片片柳叶做成的蓑衣，因此又名柳叶鸡。

> ## 💡 小贴士
>
> 　　民间多称我为"山鸭子"，因为我的嗓音沙哑似公鸭叫唤。

环颈雉

　　我自古就被视为"吉祥鸟"，在中国明清瓷器中，经常和牡丹画在一起，寓意着吉祥和富贵。

> ## 💡 小贴士
>
> 　　戏曲中的"翎子"是用我的尾羽制成的。

灰胸竹鸡

　　我会通过发出明亮的叫声"地主婆！地主婆！""叽咕怪！叽咕怪！"等来向小伙伴传递不同的信号。

中华鹧鸪

　　我的叫声宛如"行不得也哥哥"，似乎在向人们诉说着行路艰难，不要远行。古代诗人借此表达了对故乡亲人的思念之情或抒发离愁别绪。

> ### 💡 小贴士
>
> 　　山鹧鸪，尔本此乡鸟，生不辞巢不别群，何苦声声啼到晓。
>
> ——摘自白居易《山鹧鸪》

开平汽车总站

开平义祠汽车站

4. 碉楼与村落

立园

塘口自力村碉楼

百合马降龙碉楼

瑞石楼（蚬冈镇锦江里）

方氏灯楼（塘口镇）

日升楼与翼云楼（赤水镇）

5. 赤坎古镇

赤坎欧陆风情街

赤坎老街

关族图书馆

司徒氏图书馆

6. 工业发展

开平翠山湖科技园公共服务中心

中国（开平）牛仔服装节

中国卫浴城（水口镇）

7. 文教卫事业

开平市博物馆

开平市谭逢敬艺术院

开平一中（司徒教伦堂纪念堂）

开平市开侨中学

开平市中心医院

● 二、老区变化 ●

1. 水库

大沙河水库

镇海水库

狮山水库

花身蚕水库

2. 公路

百合镇乡道齐三线（齐塘至三姑楼）

赤水镇瓦片坑至高龙路段

月山镇水四村委会磨刀水村村道 　　　　　　　　大沙镇夹水村委会良田村村道

3. 文明村

大沙镇大塘面村 　　　　　　　　　　月山镇麦边村

金鸡镇回龙村

4. 特色农业

大沙镇梅花节吸引大
量游客

妇女采茶（大沙镇岗
坪村委会）

金鸡镇养鸡产业带动
农民致富

● 三、情系老区 ●

1. 广东省老促会陈开枝等领导到开平革命老区检查指导工作

省老促会陈开枝等领导瞻仰开平市周文雍陈铁军烈士陵园

省老促会陈开枝等领导参观开平市周文雍陈铁军烈士纪念馆

省老促会陈开枝会长深入大沙老区调研

2. 江门市老促会的领导深入开平革命老区调研

江门市老促会的领导参观赤水高山村委会自来水厂

江门市老促会的领导在赤水镇革命老区开展实现小心愿行动

江门市老促会的领导在赤水镇长塘村委会共商脱贫大计

3. 开平市党政领导到革命老区检查督导工作

开平市委书记庞正华在龙胜镇老区村检查党建工作

开平市市长邝积康在大沙镇老区村共商乡村旅游发展大计

开平市黄国忠副市长在沙塘镇老区村察看贵妃柑种植基地

4. 开平市老促会的同志到革命老区调研

开平市老促会的同志在大沙镇蕉园村委会看望慰问　　开平市老促会的同志在大沙镇天露山
革命烈士后裔　　　　　　　　　　　　　　　　　　公路检查工程进度

5. 开平市党政领导到革命老区开展慰问活动

开平市党政领导春节慰
问赤水镇革命老区

开平市党政领导春节慰
问金鸡镇革命老区

开平市党政领导春节慰
问月山镇革命老区

开平市党政领导春节慰问
大沙镇革命老区

6. 开平市政府召开革命老区发展史编写工作会议

开平市政府召开革命老区
发展史编写工作会议

7. 扶助老区人民脱贫致富

开平市老促会受澳门老板委托给老区困难户赠牛脱贫

开平市老促会在赤水镇松南村委会发放扶助生产启动资金

龙胜镇贫困户集资项目喜获分红

沙塘镇贫困户集
资项目喜获分红

8. 给革命烈士后裔和革命老区高考成绩优秀学生颁发奖（助）学金

开平市老促会给革命烈
士后裔发放助学金

开平市老促会、教育局
给革命老区高考成绩优
秀学生颁发奖学金

● 四、纪念设施 ●

陵园牌坊

烈士纪念碑

烈士纪念馆

烈士铜像

开平英烈园

开平市革命烈士纪念碑

开平县抗战殉难军民纪念碑

水口镇九二三抗日战争阵亡将士纪念碑

大沙镇革命烈士纪念碑

赤水镇革命烈士纪念碑

赤水镇东山革命烈士纪念碑

金鸡镇革命战争烈士纪念碑

月山镇水井革命烈士纪念碑

梁金山公园邓一飞烈士永伴亭

赤坎镇邓一飞烈士纪念碑

赤坎镇邓一飞烈士永伴亭

龙胜镇齐洞革命烈士纪念碑

马冈镇革命烈士纪念碑

塘口镇阵亡将士李崇如亭和墓

水口镇谭国标烈士纪念碑

蚬冈镇谢瑞珍革命烈士纪念碑

赤水镇长塘茅坪村烈士纪念亭

● 五、红色场馆 ●

周文雍故居

芬培故居

谢启荣故居

邓一飞故居

司徒美堂故居

谢创故居

中共开平县委旧址

厚山虾边村农民协会旧址

赤坎南楼

赤坎南楼

岗坪纪念馆

水井万隆客栈

锦湖会议旧址

　　中国老区建设促进会为了贯彻落实习近平总书记关于"发扬红色资源优势，深入进行党史、军史、老区革命史优良传统教育，把红色基因代代传下去"的指示，组织全国1599个革命老区县编纂《革命老区县发展史》丛书。我市按照中国老促会的部署和广东省老促会的要求，组织精干力量做好编纂工作。在全国庆祝伟大的中华人民共和国成立70周年之际，《开平市革命老区发展史》出版了。这是一部开平革命老区的发展史，又是一部光荣的开平革命斗争史，也是改革开放40周年开平的成就史，更是人们了解和认识开平革命老区以至整个开平市的重要文献。同时，《开平市革命老区发展史》也是一部弘扬革命传统精神的爱国主义教育优秀读本，有利于加强青少年爱国主义教育，弘扬革命光荣传统，培养和树立青少年远大理想和志向、积极投身习近平新时代中国特色社会主义伟大事业，其意义重大而深远。

　　老区是中国革命的摇篮。可以说，没有老区，就没有中国革命的成功，就没有中华人民共和国的成立。在新民主主义革命各个阶段，开平的英雄儿女在中国共产党的领导下，先后组织农民协会，建立红色政权；成立中共党组织，开展工农运动和学生运动，积极动员有志青年参加中共领导的人民武装组织，全力支持革命根据地和部队建设；打响了"南楼七勇士抗日""九二三沙冈抗日保卫战""大沙蕉园战斗"等无数战役；开展了反"三征"、反"扫荡"等一系列斗争，涌现了一批像周文雍、陈铁军、谢启荣、邓一飞、"南楼七勇士"等英烈，在中国革命斗争史上，谱写了可歌可泣、光辉灿烂的一页，为中华民族的解放、为中国革命事业、为中华人民共和国的成立作出了重大贡献。

中华人民共和国建立后，尤其是改革开放40年来，开平老区人民，乘改革开放东风，扬革命传统精神，自力更生，艰苦奋斗，开拓进取，勇于创新，经济发展和老区建设年年上新台阶，人民生活水平显著提高。但是，由于自然条件艰苦，资源禀赋比较差，一些老区经济发展至今仍然滞后，与发达地区相比还有较大差距，部分老区群众生活仍不富裕。目前，开平市共有4个老区镇；有63个老区村（居）委会、521条老区自然村，分布在15个镇（街道），共14.2万人，老区面积和人口分别占全市的44.7%和20.6%，但经济总量偏小，发展不平衡。2017年，全市4个老区镇的财政收入仅占开平市镇级财政收入的5.6%。在新时代，没有老区的繁荣发展和社会和谐，就不可能有全面的繁荣发展和社会和谐。促进老区经济发展和社会进步，让老区人民共享改革发展成果，既是我们党的庄严承诺，也是全面建设小康社会、国家长治久安的根本之策。我们要永远珍惜、永远铭记老区，切实增强加快老区发展的责任感、使命感和紧迫感，不断加快老区人民脱贫奔康和朝着社会主义道路前进的步伐。

《开平市革命老区发展史》是一本集开平革命老区乃至全市政治、经济、历史、地理、文化、民生于一体的专著，资料翔实、图文并茂，全面介绍了开平老区的历史沿革、峥嵘岁月、经济建设，是研究地方党史、革命斗争史、改革开放奋斗史的重要文献，有利于人们全方位了解、认识开平老区的过去、现在和未来发展前景。同时，开平市改革开放40周年的成就在本书也得到呈现，从中可以知悉开平的总体概况和方方面面的发展变化，是一本不可多得的开平百科全书，非常值得人们参阅和收藏。

当前，开平市委、市政府提出"产业提升、城市提质、工作提效"的工作主线，作出加快发展的总体部署，把革命老区规划为乡村振兴的主战场和现代农业示范基地，推动老区科学发展、加快发展。我们相信，在新的历史征程中，具有光荣革命传统的开平市各级党组织、革命老区以至全市人民，在党的十九大精神指引下，一定能够担当起历史赋予的重任，沿着习近平新时代中国特色社会主义思想指引的方向奋勇前进，创造出更加灿烂的业绩，开辟出更加辉煌的未来。

开平市革命老区发展史编委会
2018 年 12 月

1

第一章

全市基本情况及老区概况

悠悠潭江水，巍巍天露山。革命老区事，三天说不完。开平市是广东省一个较有活力的县级市，这里山清水秀，人杰地灵，经济繁荣，社会文明。不但全市的经济社会良性发展，而且老区的光荣传统、奋斗精神随处可闻。本章从总的方面，介绍了开平市的基本情况及革命老区的发展概况，作为本书的开篇。

第一节 全市基本情况

一、区域概况及交通优势

开平市是广东省首个世界文化遗产——"开平碉楼与村落"所在地，是全国文化先进市、中国优秀旅游城市、国家园林城市、国家森林城市、广东省文明城市，素有"华侨之乡""碉楼之乡""文化艺术之乡""建筑之乡"的美誉。

开平市位于广东省中南部、珠江三角洲西南面，东北连新会，正北靠鹤山，东南近台山，西南接恩平，西北邻新兴。全市总面积1659平方千米，境内南北西部多低山丘陵，东、中部多丘陵平原，潭江自西向东横贯市腹，地势自南北两面向潭江河谷地带倾斜，海拔50米以下的平原面积占全市面积的69%，丘陵面积占全市面积的29%，山地面积占全市面积的2%。

2017年末开平市户籍总人口68.83万人，以汉族为主，占全市总人口的98.18%，其余为蒙古族、回族、藏族、苗族、布依族、满族、瑶族、土家族、黎族、高山族。至2017年底止，旅居海外的华侨、华人、港澳台同胞共78万人，分布在世界上67个国家和地区。

开平市路网四通八达，佛开高速直达开平，开阳高速贯通粤西，是珠三角通往粤西地区的重要交通枢纽。江罗高速开平段顺利通车，深茂铁路开平南站于2018年7月1日投入使用，高恩高速、中开高速以及开平环城公路等重点项目提速建设，环城公路南段 2017 年建成通车；东、西段 2018 年底建成通车，开春高速和环城公路北段可在 2019 年建成通车，为促进全市经济社会发展提供了有力支撑。

二、历史沿革和行政隶属

先说县名的由来。明朝时期，今大沙、马冈、龙胜、苍城、金鸡一带，地广人稀，山高林密，一些反抗官府的人以此为基地，开展活动，而官府又鞭长莫及。到明隆庆年间（1567—1572 年），在今苍城一带又有陈金莺、林翠兰等率众造反，他们与新兴县的陈奇山和新会县的造反者联合起来，声势浩大。提督御史殷正茂派岭西兵备金事李材督师镇压。到明万历元年（1573 年），才将这一带反抗官府的人镇压下去。事后，李材为了维持这一带的治安，在今大沙、马冈、龙胜、苍城、金鸡一带，设置了 18 个屯，并从外地募兵来屯驻守。这些屯，有的用原地名来命名，有的则用原地名与命名者愿望相结合的名字来命名，而最多的是以命名者的愿望和带有歌功颂德性质的名字来命名。在仓步村设置的开平屯，有"开通粜平"之意，目的是希望经过这次镇压后，设置屯地，募兵耕守，使这一带从此太平。明万历二年（1574 年）正月初二，新会县的平康、古博的都民入籍开平屯。万历八年（1580 年），撤销屯制，原划归开平屯的平康、古博的都民仍归地方管辖。开平屯的百户被撤销，只设哨官 1 人，士兵增至 100 人，分立马冈、合水、苍步、土塘、水泉湾五个兵营，以维持这一带治安。崇祯年间，在今开平一带，"土贼"蜂起，恩平、新兴、新会三县均感鞭长莫及，无法镇压。崇祯十一年（1638 年），恩平知县宋应升建议割新兴县的双桥都，割恩平县的长静都，割新会县的平康、得行、登名、古博四都建置开平县。后几经波折，

才于南明永历三年（清顺治六年，1649 年）建成。因当时是将原
开平屯范围扩大为县，因而县名也沿用了"开平"之称，直至
现在。

再说行政隶属。南明永历三年（清顺治六年，1649 年）开平
立县，隶属肇庆府。全县共分平康、得行、登名、古博、长静、
双桥 6 都。清雍正十年（1732 年），将双桥全都 14 个村庄和古博
都 2 个村庄割给鹤山县，全县实有 5 都 90 图。清宣统元年（1909
年），又将县境分为 10 个自治区，各设自治局一所，其时各乡只
是就近设局，自署为一个区。民国初期，开平县仍按清制隶属肇
庆府。1914 年（民国 3 年），隶属粤海道。1920 年（民国 9 年），
撤销道制，只留省县级行政建制。1928 年（民国 17 年），隶属西
江善后委员公署。1930 年（民国 19 年）10 月，恩平县赤水圩划
归开平县。1936 年（民国 25 年）10 月，隶属广东省第一行政督
察区。1949 年（民国 38 年）4 月，改属广东省第十行政区。1949
年 10 月，隶属粤中专区。1952 年 5 月，划入粤西行政区。1956
年 1 月，撤销粤西行政区，开平县划归佛山专区。1958 年 12 月，
改属江门专区。1961 年 2 月，属肇庆专区。1963 年 9 月，再次划
归佛山专区（1968 年 1 月改专区为地区）。1983 年 5 月，改属江
门市。

三、中华人民共和国成立后行政区划变化

1949 年 10 月 23 日，开平县解放。开平县人民政府接管旧政
权的 4 个区，59 个乡，2 个镇。随后，将全县划分为 4 个区，99
个乡。同时，长沙埠、长沙东乡、长沙西乡和原属台山县的新昌
埠、荻海埠及近郊乡村划归三埠镇（县级）管辖。1950 年 12 月，
将恩平县的金鸡乡、松和乡划归开平县，开平县将鹤洲乡划归恩
平县。到 1951 年 1 月，全县共有 4 个区，101 个乡。1952 年 7 月

1 日，三埠镇与开平县合并，县城由赤坎迁至三埠。1952 年 8 月，把原来的 5 个区，63 个乡划分成 11 个区，147 个乡，另 3 个镇。

1958 年 9 月，人民公社化，全县成立长沙、水口、赤坎、赤水、苍城、东河、三埠镇 7 个人民公社。同年 11 月，鹤山县黎村乡划归开平县。同时，开平、恩平合县，称为开恩县，合并后全县有 15 个人民公社。1961 年 3 月，开平与恩平分县，原属恩平县的大沙公社及其邻近马冈、龙胜公社的一些大队划入开平县。此后，经多次撤并，到 1979 年 2 月，全县共 16 个公社，分别是长沙、水口、月山、水井、沙塘、苍城、龙胜、马冈、大沙、塘口、赤坎、百合、蚬冈、赤水、金鸡、东山；3 个镇（三埠镇、赤坎镇、水口镇）；1 个农场（石榴塘农场）。1983 年 9 月，全县 16 个公社改为区。1986 年 11 月，又进行区改镇，原赤坎镇与赤坎区合并为新的赤坎镇，原水口镇与水口区合并为新的水口镇，三埠镇不改变。至此，全县共有 17 个镇，1 个县属农场（石榴塘农场）。

1993 年 1 月 5 日，开平撤县设市，同年 11 月，撤销原三埠镇、长沙镇，市区内设三埠、长沙、沙冈（从水口镇分出）3 个办事处。从此，开平市城区行政区域由原来的 22 平方千米扩大到 108.3 平方千米。2003 年 10 月，水井镇与月山镇、东山镇和赤水镇合并，全市共有 13 个镇和 3 个办事处。2005 年 6 月，沙冈办事处并入水口镇，2005 年 10 月设立翠山湖管委会（2015 年 11 月与月山镇合署办公）。

从此至今，全市共有三埠、长沙 2 个街道办事处，月山、水口、沙塘、苍城、大沙、马冈、龙胜、赤坎、塘口、百合、蚬冈、金鸡、赤水 13 个镇，以及翠山湖管委会；镇级以下有 44 个社区居民委员会，226 个村民委员会，2761 个村民小组。

四、自然资源和土特产品

开平市矿产资源丰富，种类甚多，有铁、锰、铜、锡、金、铀、独居石、锂云母、煤、耐火石、钾长石等 33 种，它们分布在不同的岩层中。大部分地区出露的岩层为白垩纪砂岩、泥质砂岩、页岩和第四纪黏性土，局部地段出露的岩层为寒武纪石英砂岩、变质砂岩，奥陶纪砂岩、砂砾岩，泥盆纪石灰岩。岩浆岩在龙胜、大沙、赤水镇有出露。储量丰富而且有序开采的矿产资源有花岗岩、建筑用砂岩、陶瓷用石英砂、水泥用石灰岩和黏土等，广泛应用于城乡建设和交通水利等基础设施建设。其余矿产资源由于储量较少，大多处于未有开采、保护良好的状态。

开平市河流密布，水道纵横，主要河流是潭江，全市面积95％在潭江流域内。潭江干流发源于阳江市阳东区牛围岭山，流经恩平市（潭江干流恩平段又称为"锦江"），在开平市西部义兴蒲桥入境自西向东横贯该市中部，经茅冈、合山电站（梯级电站）、百合、赤坎、三埠、水口，在水口泮村流入新会区，并在双水附近折向南流，融入珠三角河网区（与江门河、西江连通），注入银洲湖在崖门入南海，干流全长 248 千米，集雨面积 6026 平方千米，其中在开平市境内河长 56 千米，集雨面积 1580 平方千米。此外，潭江有 7 条开平境内集雨面积大于 100 平方千米的二级支流汇入，分别是镇海水、白沙水、蚬冈水、新桥水、新昌水、址山水、莲塘水。先说镇海水（又名"苍江"），它是潭江最大的一条支流，发源于鹤山将军岭，上游段称"宅梧水"，在开平市北部苍城大罗村入境，流至上佛田村附近与北来的双桥水汇合，向南经联兴、苍城（此河段旧称"东河"），在苍城与另一西来的支流开平水（旧称"西河"）汇合，再向南经沙塘、狗咀、楼冈至交流渡，在交流渡分东、南两水道注入潭江干流。全河长 101

千米，集雨面积 1203 平方千米，其中在开平市境内河长 38 千米，流域面积 674 平方千米。由于镇海水主要流经苍城镇和沙塘镇（沙塘原属苍城，1958 年才分出），故镇海水亦叫"苍江"。再说新昌水（又名台城河），发源于台山市狮子尾山，向西北经台山市四九圩，至合水汇入五十水，过台城，北汇三合水经公义圩，在开平市三埠街道新昌籍冲汇入潭江干流（原在荻海与新昌之间的东河出口，1970 年 12 月由台山组织民工在开平市河段裁弯取直疏河，新挖长 1300 米、宽 120 米的新河改在下游籍冲出口）。全河长 52 千米，集雨面积 576 平方千米，其中在开平境内河长 4 千米，集雨面积 8 平方千米。潭江、苍江和新昌水在开平城区汇合，造就开平城区"三江六岸"美丽景观，因此，开平城区素有"小武汉"之称。

还有 5 条支流：白沙水（又名"赤水河"）发源于开平市南部的三两银山，自南向北流经该市赤水镇、台山市白沙镇和该市蚬冈镇，在百足尾汇入潭江。蚬冈水发源于恩平市五点梅花山，流向东北在开平市金鸡镇白善龙入境，经锦湖、大同、蚬冈急水礼、长乐、蚬冈圩，在茅萌汇入潭江干流。新桥水发源于鹤山市皂幕山南麓，向南流经开平市水井圩、天湖、月山，在水口镇汇入潭江干流。址山水发源于鹤山市皂幕山的横岗山，流经鹤城、禾谷、址山、新会司前，在开平市水口泮村附近汇入潭江干流。莲塘水发源于开平市大沙的天露山，流经岗坪、茶坑、虾山、急水田（开平境内这段河流叫"西水"），然后流入恩平市西坑水库，再经牛江渡、沙湖圩，在该市蒲桥汇入潭江干流。以上 5 条支流，累计长度 191 千米，累计集雨面积 1167 平方千米，其中在开平境内河长 170 千米，集雨面积 585 平方千米。此外，三级支流有双桥水和开平水（均属镇海水支流）；四级支流有曲水（开平水支流）。

开平市境内属粤西沿海小河有：大隆洞河、那扶水和深井水。大隆洞河发源于台山市婆髻山，其在该市境内的支流又称"虎爪河"，流经赤水镇的横洞、高龙，汇松南的溪流向东北流入台山市境。那扶水发源于该市金鸡镇的鱼潭山，流经盘村、石湾，经鲮鱼潭入台山禾雀陂，再经广海湾出南海。深井水发源于该市东山林场百子牙，最后流入深井水库。以上 3 条小河全长 151 千米，集雨面积 1619 平方千米，其中在开平境内河长 31 千米，集雨面积 66 平方千米。

开平的土特产琳琅满目、品种多样。历史上著名的有沙冈金山火蒜，龙坑口甘蔗，水口白菜、水口园丝瓜，苍城潭碧冬瓜、猪仔薯，莲塘豆角、慈姑、莲藕，六合蒲瓜，百合茅冈鸡爪芋，塘口大庇萝卜，金鸡番葛、西坑茶，蚬冈热水窟西洋菜，月山箬竹莲藕，马冈井仔园荔枝等。近年有水井荷兰豆，月山莲塘花椰菜，大沙木薯，赤坎新联大头菜，东山尖心椒，三埠下溪西洋菜，龙胜番石榴、甜杨桃、百香果和胜桥荔枝，马冈龙眼，石榴塘芒果，苍城联和、联丰、联兴及大罗村的无籽西瓜、新村荔枝等。开平真是一个土地肥沃、物产丰富的好地方。

五、经济社会总体情况

开平市是一座既年轻又充满活力的城市（立县时间不长，到 2017 年立县 368 年）。这里人杰地灵，物产丰富，山河秀美，民风淳朴。明清乃至民国时期，由于经历兵荒马乱、日寇入侵、战事频繁，在相当长的时间里基本没什么大发展，工农业比较落后，有不少人离乡背井，被迫去港澳地区甚至国外谋生。

从中华人民共和国成立到党的十一届三中全会召开，这是我国经济建设时期。虽然受到诸多政治运动和各种不利因素干扰，但开平的经济和社会总体是向前发展的，而且取得较大成绩。到

1978 年，开平县国内生产总值为 1.87 亿元，地方一般公共预算收入为 0.25 亿元，这时期，工业方面，建成了氮肥厂、磷肥厂、糖饼厂、机械厂、糖厂等基础工业。农业方面，建成水库、水利设施一大批，粮食连年丰收，商贸业比较活跃，城镇建设也有一定发展，城区建成了潭江大桥、华侨大厦、七层楼，文教卫体各方面均有较大进步。

1978 年 12 月，党的十一届三中全会召开，吹响了改革开放的号角，开平县的干部群众思想大解放，落实上级党委、政府的决策部署，进行了农村和城市等多方面综合改革，生产关系大调整，生产力大提高。特别是 1993 年 1 月 5 日撤县设市后，开平的发展又进入新阶段。开平碉楼申遗成功，旅游业大发展。翠山湖高标准开发建设，现代科技工业较快发展，城乡面貌发生翻天覆地变化，人民生活水平迅速提高。到 2012 年，开平市国内生产总值为 240.77 亿元，是 1978 年的 128.75 倍；地方一般公共预算收入为 16.49 亿元，是 1978 年的 66 倍。

2012 年 11 月，党的十八大胜利召开，我国进入新时期，开启新征程。开平市经济建设在竞争中又有新起色，社会各项事业在改革中又有新进步。2017 年是党的十九大召开之年（10 月 18 日召开）。在以习近平同志为核心的党中央坚强领导下，开平市全面贯彻落实党的十九大精神，开平市认真学习贯彻习近平新时代中国特色社会主义思想，坚决贯彻落实党中央、国务院和上级党委政府的决策部署，积极践行新发展理念，全力以赴抓落实、稳增长、促改革、调结构、惠民生、提效能，全市经济形势稳中向好，创新驱动发展和经济转型升级取得初步成效，民生保障持续加强。2017 年，开平市国内生产总值为 341.57 亿元，地方一般公共预算收入为 23.33 亿元，比 2012 年分别增长 41.9% 和 41.5%。其他主要经济指标，也取得骄人的增长，经济规模质量

有较大提高。2017 年全市规模以上工业增加值为 120.38 亿元，
固定资产投资额为 298.55 亿元，消费品零售总额为 191.83 亿元，
外贸出口总额为 126.6 亿元，全市城镇居民可支配收入为 2.65 万
元，农村居民可支配收入为 1.77 万元。

开平市经济社会的主要特点和主要成绩，可以用"四乡并
举、各业兴旺"来概括，具体是：

一、华侨之乡闻名中外。开平市旅居海外的华侨华人、港澳
同胞有 78 万多人。其中，旅居海外的华侨华人 49 万多人，分布
在世界 79 个国家和地区。中国致公党主要创始人司徒美堂，在孙
中山创立的兴中会任副会长的邓荫南，兴中会会员、成功设计
"中国号"飞艇的谢缵泰，长眠于广州黄花岗烈士陵园的李雁南、
劳培两位烈士，还有关崇涧、司徒赞、司徒眉生等，以上各位著
名人士均是开平籍华侨。侨乡素有开放包容、较快接受外来新事
物、新技术、新观念的特点，华侨港澳同胞素有爱国爱乡、慷慨
捐助、大力支持国家和家乡建设的优良传统。改革开放后，该市
华侨港澳同胞捐资赠物的积极性空前高涨，帮助家乡建成学校、
医院、文化、体育设施和公益事业一大批，外向型企业 477 家，
其中："三资"企业 428 家，来料加工企业 49 家。2017 年该市海
关进出口总值 151.6 亿元，其中外贸出口总值 126.6 亿元，进口
总值 25 亿元，实现对外贸易顺差 101.6 亿元。规模效益较好的侨
资企业有兴时年服装有限公司、开平依利安达电子有限公司、香
港润成（开平）整染厂、雅琪集团公司、开平励精针织厂、开平
奔达纺织有限公司等一大批，著名人士有利国伟、胡耀坤、关英
才、周杰南、方君学、吴荣治、谭锦濠、谭炳立，以及后一辈知
名人士余焯源、余卓儿、周志峰等，他们对开平市的发展作出了
重要贡献。

二、碉楼之乡享誉全球。开平有碉楼 1833 座，各有特色，千

姿百态。经过八年申遗，2007年6月28日，开平碉楼与村落被联合国教科文组织列入《世界遗产名录》，成为广东省第一个世界文化遗产。从此，开平的旅游业进入全速发展新阶段。在加强碉楼保护的前提下，该市加大旅游基础设施建设，合理规划旅游线路，迅速提高接待能力，潭江半岛酒店（五星级）、三埠假日酒店（三星级）和其他酒店、旅馆常年保持较高的入住率，各旅游接待单位的营业额和经济效益逐年提高。该市连续8年被评为广东省县域旅游综合竞争力十强县市。最近几年，该市全力推进全域旅游和著名景点争创5A工作，完成了赤坎华侨文化旅游小镇的前期开发准备并转入规划建设，旅游发展形势较好。2017年全市接待国内外游客684万人次，其中，国内旅游者601.24万人次，国际旅游者82.76万人次，实现旅游总收入76.03亿元。

三、建筑之乡美名远扬。开平城乡建筑吸取古今中外艺术精华，造型独特，别具一格，独树一帜。如塘口的立园、赤坎欧陆风情街、荻海余氏风采堂等，堪称艺术精品。开平能工巧匠众多，高峰时期，从事建筑有资质施工企业67家，设计单位9家，有8家企业入选全国500家最大经济规模效益建筑企业，开平二建、开平三建、建安公司、土木工程公司曾威风八面，现在的耀南建筑公司、广东金辉华建筑公司更是规模效益上档次，名扬四方。改革开放以来，全市建筑企业取得"鲁班奖"的工程项目不少于5项。该市的建筑业完成的生产总值、主营业务收入和实现利润一直维持在较高水平。2017年，建筑业完成总产值176.62亿元，主营业务收入166.57亿元，实现利润6.22亿元。另一方面，建筑业优势也带动了城市乡村向高水平发展。改革开放后，开平的城区扩容发展较快，一批高质量的楼盘投入市场，有楼高二三十层的小区，如东汇城、东方明珠、骏景湾等；有园林式小区，如天富豪庭、海伦堡、骏贤居等，任君选择购买。同时，旧街区改造步伐加快，街道整洁，设施齐全，衣食住行样样方便，人们逐步享受越来越舒心美好的生活。"美丽乡村"加紧实施，村容村貌越变越美，各项设施日臻完善，为加快城乡一体化打下良好基础。

四、文化艺术之乡远近闻名。开平市文化底蕴雄厚，文化活动丰富，文艺人才辈出。如粤剧领军人物、著名粤剧表演艺术家红线女（邝健廉），粤剧表演家关德兴、关国华，专栏作家许实（笔名微音）、司徒丙鹤，合唱指挥家司徒汉，高胡演奏家余其伟，歌唱家罗荣钜、邓韵，作曲家梁寒光、胡均，著名粤语相声演员杨达，民歌手方基，美术书法家胡根天、关金鳌、胡善馀、司徒乔、司徒奇、张影、罗工柳、黄笃维、司徒兆光、司徒杰、黄子厚、关晓峰、张羽翔等，画家司徒绵、司徒立、李醒韬、卢延光、司徒乃钟等，摄影家沙飞、梁光明、张文澜等。长期以来，开平市的文化事业发展较快，改革开放后，更是乘东风跨骏马，文化工作不断跃上新台阶。文化设施齐备，城区有文化馆、美术馆、图书馆、博物馆、购书中心等，城市广场有表演区，人民公园有大舞台，全市15个镇（街），都建立了文化中心，共有影剧院10座，剧场8座，老人活动中心和民间图书馆一大批。开平人民广播电台是全国第一家县级立体声调频广播电台，开平电视台是全国第一家播出自办节目的县级电视台，还有《开平侨乡报》和市委市政府公众网，上述媒体不断有好新闻和优秀节目推出。开平文联及其各协会工作较有成效，创作作品和表演节目屡屡获奖。该市被评为"中国曲艺之乡""文化艺术之乡"，2014年12月还荣获"全国文化先进单位"称号。

五、三大产业协调发展。改革开放以来，开平市经过多年的产业优化和快速发展，经济增长质量效益现处于较优水平。2017年全市第一产业增加值31.64亿元，第二产业增加值167.8亿元，第三产业增加值 142.13 亿元 。第一、二、三产业增加值的比重为 9.26∶49.13∶41.61。先说第一产业。开平市农业基础较好，土地肥沃，灌溉方便，粮食连年丰收，是国家商品粮基地县，是广东省 40 个产粮大县之一，粮食生产规模在全省排第 12 位。2017年全市粮食播种面积 68.67 万亩，总产 23.01 万吨。其中水稻面积 61.58 万亩，总产 21.18 万吨。林业发展较快，全市更新造林面积 4.76 万亩。蔬菜生产、畜牧业、水产养殖等产业规模效益也不错。开平市是国家现代农业示范区，农业龙头企业 25 家，其中省级农业龙头企业 6 家，为农业发展起到重要引领带动作用。再说第二产业。建设发展时期，开平市的工业有一定的发展。改革开放后，开平市大力实施工业兴市战略，培养大型企业集团，发展高新企业。2002 年，开平市纺织、食品、水暖卫浴产业享誉全国，被评为"中国纺织产业基地""全国食品强市""中国水龙头生产基地"。2005 年 10 月，开平市以战略眼光，举全市之力，开发建设翠山湖新区，开平市的工业发展进入新阶段。从 2014 年开始，该市连续多年开展"一号工程""攻坚年""落实年""持久战"等招商引资活动，全面实施精准招商。截至 2017 年，翠山湖成功引进了优质项目 152 个，投资总额达 306 亿元，普利司通高机能制品公司、联新高性能纤维公司、海鸿电气公司、广东科仕特精密机械公司、开平市高美空调设备公司、开平市百汇模具科技公司、广东炜联长城金属公司等世界 500 强和海内外行业龙头企业已成功入驻并建成投产，产生了良好经济社会效益。从 2010年开始，翠山湖园区连续 6 年在广东省产业园考核中获优秀等次，并 3 年排名第一。最后说说第三产业。开平市旅游产业较发达，商贸业也很活跃，特别是改革开放后，开平市在城区建设很多商贸流通设施，建有金侨购物城、幸福购物广场、百汇广场等大型批零中心和一大批商业街，每个镇都建有较大型农贸市场，从而推动民营商业、个体经济蓬勃发展。

六、各项事业全面进步。科技事业取得较好成就。全市高新技术企业 82 家，其中，国家级 80 家、地市级 2 家；民营科技企业 55 家，其中，省级 41 家、地市级 14 家。2017 年全市专利申请量 2751 件，专利授权量 1300 件。全市拥有各类专业技术人员 2.8 万人，开平市获得"全国科技进步先进市"称号。教育事业持续发展，经过 2010 年开始，连续多年的教育创强活动，学校进行了撤并整合，全市有中小学 90 所，其中、完（高、职）中 10 所（开平一中和开侨中学被评为国家级示范高中），初中 19 所，小学 58 所，九年一贯制学校 3 所。2017 年全市在校学生共 93 491人，其中小学生 53 729 人，初中生 24 453 人，高中生 15 309 人。特殊学校 1 所，在校生 132 人。开放大学 1 所，在校本科生 270人，大专学生 950 人。幼儿园 96 所，在园儿童 26 515 人。"普九"五率连续 28 年达到国家和省规定的标准要求。全年投入 7013 万元，新建、扩建、改建校舍 4.44 万平方米。卫生事业稳步发展。该市共有卫生机构 25 个。其中医院 6 家（开平市中心医院被评为国家三级甲等医院，开平市中医院被评为国家二级甲等中医院），卫生院 14 家；妇幼保健院 1 家；专科防治所、站 2 家；疾病预防控制中心 1 个；卫生监督所 1 家。病床床位 2942 张，其中医院 2423 张，卫生院 369 张。卫生技术人员 3065 人，其中医生 1082 人，卫生防疫人员 465 人。开平市是广东省卫生城市，并在 2003 年随江门市创建，获"国家卫生城市"称号。体育事业有新进步。全市有体育指导员 3319 人，其中，国家级 2 人，一级 11 人，二级 290 人，三级 3016 人。国民体质监测站 1 个，镇级全民健身广场 15 个及社会体育指导员服务站 15 个。全市共有从业资格救生员 151 名。2017 年成功举办广东省老年人气排球比赛等群众性体育活动，组队参加广东省第二届百县（区）足球赛和上级安排的各项赛事活动，并取得较好成绩。该市被评为"全国群众体育先进单位"。

七、多项建设同步推进。首先是精神文明建设。长期以来，开平市按照上级的部署，扎实推进社会主义精神文明建设。以社会主义核心价值观为主要内容，广泛开展创建活动，取得较好成效。至 2017 年底，全市共有全国文明村 1 条，广东省文明村镇 7 条，江门市标兵文明村 33 条，江门市文明村镇 33 条，江门市生态文明村 18 条，江门市精神文明创建工作先进镇（街）2 个，江门市文明社区 2 个；广东省文明单位 12 个，广东省文明窗口 1 个，江门市文明单位 103 个，江门市文明窗口 19 个；开平市标兵文明村 411 条，开平市标兵文明单位 506 个。其次是生态文明建设。该市造林绿化保护生态一直处在先进行列。1990 年被评为"全国造林绿化达标县"，1992 年被评为"全国平原绿化先进县"，1996 年被评为"全国造林绿化百佳市"。到 2017 年底，全市森林面积 67.50 千公顷，自然保护区面积 3.89 千公顷。建成区绿地总面积 1.35 千公顷，绿地率为 40.3%；建成区绿化覆盖总面积 1.51 千公顷，绿化覆盖率为 45.1%；建成区公园绿地总面积 0.39 千公顷，城市人均公园绿地总面积 18.2 平方米/人。全年城区空气质量优良以上天数 293 天。2003 年 10 月和 2017 年 10 月，分别获"国家园林城市"和"国家森林城市"称号。保护潭江的"潭江模式"得到省的肯定，河长、库长责任制得到落实，开平市的生态环境不断得到改善和提高。另外，开平市党的建设、社会建设、廉政建设都得到强化，为开平市的经济社会发展提供了强大动力和有力保证。

八、人民生活显著改善。改革开放以来，开平市人民的生活不断得到改善，人民的获得感、幸福感不断提升。第一，社会保险方面。2017 年全市参加城镇基本养老保险 24.17 万人，城镇职工基本医疗保险 13.70 万人，城乡居民基本医疗保险 49.42 万人，其中：农村居民参保人数 41.94 万人，失业保险 8.97 万人。该市各种社会福利收养性单位 16 个（开平市福利院在 2017 年荣获"广东省四星级养老机构"称号），各种社会福利收养性单位床位 1753 张，城镇居民最低生活保障对象 1022 人，农村居民最低生活保障对象 8607 人。随着经济不断发展，这些人员的生活保障标准也在不断提高。第二，交通通信方面。2017 年末，市内公路通车里程 182.9 千米，汽车保有量 10.54 万辆，摩托车保有量 24.37 万辆，公共汽车拥有量 268 辆。固定电话用户 12.45 万户，移动电话用户 91.86 万户。第三，储蓄存款方面。2017 年末，全市金融机构存款余额 576.07 亿元。其中，城乡居民储蓄存款余额 398.02 亿元，各项贷款余额 313.89 亿元，侨汇收入 0.35 亿美元。第四，集体和个人收入方面。2017 年该市各级财政民生支出 29.55 亿元，落实基本公共服务均等化补助和资源激励型财政补贴政策，全市村级集体可支配收入达 18 万元以上。城镇新增就业 7921 人，城镇登记失业率为 2.37%。城乡居民医保被成功纳入省财政转移支付范围。城乡居保基础养老金、城乡医保财政补助、城乡低保、特困人员和孤儿供养等底线民生保障标准全面提高。建成公租房 146 套，新增入住公租房 103 套。新建农村居家养老设施 14 个。城乡居民的生活条件和生活环境继续改善，人们正享受越来越舒适优质的生活。

开平，是南粤大地的一颗明珠，珠三角的一处"福地"，经过改革开放 40 年，已经发生了翻天覆地的变化。下一步，美丽的开平将在全面实现小康的基础上，沿着率先基本实现社会主义现代化的宏伟目标继续阔步前进。

革命老区概况

一、老区的评划和依据

老区村庄的评定，是根据国务院批准的划定革命老根据地的标准，于 1957 年，省、地、县集中不少干部，依据革命斗争史实，依靠群众和基层组织，认真评定老区村庄的。按国务院批准的标准，革命老根据地包括第二次国内革命战争根据地和抗日战争根据地，其他革命时期不评划老区。

第二次国内革命战争根据地的划定标准是从 1927 年 4 月 15 日起至 1937 年 7 月 6 日止，曾经有党的组织，有革命武装，发动了群众，进行打土豪，分田地、分粮食、分牲畜等运动，主要是建立了工农政权并进行了武装斗争，坚持半年以上时间的。抗日战争根据地的划定标准是从 1937 年 7 月 7 日起至 1945 年 8 月 15 日止，曾经有党的组织，有革命武装，发动了群众，进行减租减息运动，主要是建立了抗日民主政权并进行了武装斗争，坚持一年以上时间的。如果只有地下党，群众组织，游击队活动，没有建立政权，或者建立政权但没有分别坚持一年以上时间的，都不算作革命老根据地。划定革命老根据地应以生产大队为单位。如果一个公社内，属于革命老根据地的生产大队超过半数，这个公社可算作革命根据地公社。1960 年 7 月 22 日，根据标准评定，该县水井区水一乡秀才坪村、狮山村、黄桐坑村、牛坑村，水四乡木桥村、凤奕咀村，大沙区岗坪乡岗坪村、竹林村、雪梨坳村、西湾乡西水村、高田村，红星乡榄坑村，东山区上下洞乡下洞村、塘仔村（1959年修筑狮山水库，村民分别搬迁到东山区的夹水塘、黄松村、高龙、松南等乡分散居住，故塘仔村已不存在），横洞乡小水村、五稔坑村、虎爪村，长塘乡茅坪村等19条村属老区村庄。

1989年8月，开平县认真贯彻落实粤府〔1988〕129号文件精神，从积案、提案、来信来访入手，对在第二次国内革命战争时期和抗日战争时期为中国共产党做了大量工作的虾边村、白石塘等15条自然村进行了调查摸底，整理材料上报，到1989年12月中旬，经江门市人民政府批准：该县赤水镇的白石塘、尖冈、新冈、高冈村，百合镇的虾边村，马冈镇的中和里，长沙镇的田南村，水井镇的龙尾、牛仔坑、新屋，秧坎咀等11条自然村被评为革命老区村庄。解决了长期以来没有解决的历史遗留问题，使老区村庄的人民深受鼓舞。

1992年8—12月，根据上级的统一部署，开平县开展了对解放战争游击根据地的划评工作，由于领导重视，工作措施到位，材料真实可靠，这项工作进展顺利。经江门市人民政府审批，该县共有54个村委会499条自然村被评为解放战争游击根据地。

1994年2月，经开平市（其时已经撤县改市）人民政府审核上报，江门市人民政府批准，水口镇金山村委会翘桂里、塘口镇以敬村委会庆民村、龙田村、大湖塘村共4条自然村被划为抗日根据地。

通过以上四次评划和补评工作，开平市一大批村庄分别被授予"革命老区村庄""抗日战争根据地"和"解放战争游击根据地"殊荣，这既是对老区人民在革命斗争年代勇于牺牲、特殊贡献的充分肯定和褒扬，也是老区人民的莫大光荣，标志着该市革命老区建设从此以一个整体纳入全市经济发展战略，成为党委政府的重大政治任务，为该市革命老区协调快速发展奠定了良好基础。

二、老区镇的基本情况

开平市有大沙镇、金鸡镇、赤水镇、月山镇四个革命老区镇，各镇概况如下：

（一）大沙镇概况

大沙镇位于开平市西北部，与恩平和新兴交界，距开平市区56千米，全镇总面积215.6平方千米。大沙镇既是开平市边远山区、革命老区，又是水库移民区，全镇总人口3.3万人，水库移民7600多人，下辖14个村委会、1个社区居委会和168条自然村，其中革命老区村委会11个，革命老区自然村111条。

大沙镇山、水、林资源丰富。天露山脉群峰挺拔，林木茂盛，风光秀丽，主峰海拔1250米，是广东南部最高的山峰。大沙河水库，集雨面积217平方千米，总库容2.58亿立方米，是江门市三大水库之一，也是开平市区及周边镇近40万人重要的饮用水源供应地。全镇现有林地面积18万亩，种植树种以杉树、松树为主，林木郁郁葱葱，森林覆盖率高，生态环境保护良好。

改革开放后，大沙镇充分利用各级扶持资金，加大公共基础设施投入力度，着力改善投资环境，交通、供电、供水、通信等基础设施日臻完善，为客商投资大沙创造良好条件。同时，结合本地实际，坚持"生态立镇、农业兴镇、旅游强镇、招商助镇"发展思路，制定一系列优惠政策，大力引进民资、外资，重点发展茶叶、花卉、青梅、小水电等特色产业，现种植名优茶树4000多亩，花卉培植3560亩，青梅种植6000多亩，小水电站32座，茶叶、青梅等农产品在开平地区已有一定的知名度和影响力。

大沙镇拥有独特的自然景观，春有漫山绯红的杜鹃花海，夏有清澈见底的溪水，秋有绚丽迷人的梯田，冬有洁白如雪的梅花，优美宜人的自然环境已吸引众多游客前来大沙游玩观光，生态旅游业开发潜力巨大。

（二）金鸡镇概况

金鸡镇位于开平市西南部，地处恩平、开平、台山三市交界，距开平市区 38 千米，东与开平市赤水镇相邻，北与蚬冈镇接壤，南与台山市那扶镇交界，西与恩平市东安镇、东成镇毗邻。全镇总面积 120.5 平方千米，总人口 2.1 万人，下辖 11 个村委会、1 个社区居委会和 145 条自然村，其中革命老区村委会 9 个，革命老区自然村 94 条。另华侨、港澳台同胞有 1 万多人。

金鸡镇自然环境优美，有独特的地理优势，为各方来客提供怡人的投资旅游环境。金鸡镇属亚热带季风气候，地处丘陵山区，依山傍水，物产资源丰富，为农林牧副渔业的发展提供了有利的条件。镇政府所在地金鸡圩，圩镇总面积 2.5 平方千米，城镇规划、管理、监察、环保等机构健全，各项公共配套设施日趋完善。

金鸡镇近年来贯彻"科技兴农"方针，积极调整农业产业结构，农业发展势头迅猛，以发展养鸡业、种植业、生态旅游业为龙头带动农业产业化经营。全镇拥有可耕地面积 2.5 万亩，林地、山地面积 8 万多亩。盛产水稻、花生、木薯、甘蔗、水果、蔬菜等。畜牧业以饲养生猪、家禽为主，水产品以"四大家鱼"、塘虱为主，农业特产有肉鸡、沙葛等。以"公司 + 基地 + 科技 + 农户"为模式的养鸡业，年总饲养量达 2800 多万只，建立了蔬菜、生猪、肉鸡、优质粮、林业、水果等商品化基地。同时，金鸡镇农业基础设施较为完善，全镇拥有大小山塘水库 60 个，有力地促进了农村经济稳步发展。

金鸡镇交通方便，资源充足，投资环境得天独厚。省级公路直通开平市区、台山、恩平等地，全镇所有通村委会道路铺设了水泥路面，镇内拥有库容量 480 万立方米的自来水工程，建有 11 万伏输变电站、一条 1 万千伏备用线路和从赤水镇拉入一条供电线路，水电充足，通讯实现网络化，投资环境良好。金鸡镇致力于发展沿路工业走廊，全长 5 千米，现已开发了北郊工业区、大同工业区、金鸡圩商住开发区、南郊工业区等 3000 多亩工业用地，主要以建材水泥、五金加工、仿古家具等产业为主，支柱产业为水泥建材行业，其中龙头企业有耀旋实业有限公司、诚辉建材有限公司、广鸿建材有限公司、恒海工艺厂等。

文教卫体事业蓬勃发展。目前，金鸡镇有初级中学 1 所，小学 1 所，幼儿园 1 所，在职教师 163 人，在校中、小学生 2318 人，全面普及九年义务教育。现有医院 1 家，计生服务站 1 所，卫生站 11 间，办有刊物《金鸡侨刊》。

金鸡镇党委、镇政府一贯重视对外开放和引进外资民资工作。在搞好基础建设的同时，成立了金鸡镇招商办公室，免费为外商民企投资办实业提供"一条龙"服务。金鸡镇人民热忱欢迎各界朋友前来观光投资，携手共创美好明天。

（三）赤水镇概况

赤水镇位于开平市西南端，距离市区 40 千米。该镇东邻台山市，西毗金鸡镇，地域辽阔，是开平市面积最大的镇，镇域总面积 301 平方千米（包括国营东山林场 37.6 平方千米，狮山林场 29.6 平方千米，狮山水库 4.1 平方千米，镇管辖 229.7 平方千米）。赤水是革命老区，总人口 4 万人，现辖下 16 个村委会，3 个居委会，293 条自然村，其中革命老区村委会 10 个，革命老区自然村 100 条。有耕地面积 6.9 万亩，山地面积 12.5 万亩。

赤水镇与原东山镇有很深的渊源，原东山镇是革命老区，1955 年属赤水区，1956 年 3 月划为东星乡，1957 年 1 月改为东山乡，1958 年 9 月并入赤水公社，1961 年 3 月分出东山公社，1963 年再并入赤水公社，1973 年又分出东山公社，2003 年 10 月东山镇与赤水镇合并组成新的赤水镇，所以赤水镇亦称革命老区。

赤水镇土地资源丰富，地貌多山丘陵地，是开平市的农业大镇，传统的农产品以水稻、甘蔗、花生、木薯、蔬菜等为主。近年来，该镇通过发挥土地资源优势，新发展起一大批特色农业项目，如裕茂农业开发有限公司、东山鸿懋有限公司及"天地一号"生产有限公司等，并通过农业基地、农村合作社等模式，带动农户生产种植，发展了冲口青皮冬瓜基地、高龙辣椒生产基地、涩溪马铃薯基地、瓦片坑农产品批发市场、祥兴农机专业合作社等，实现农业增效，农民增收。全镇工商业有一定的规模，个体工商户 535 户。2018 年，赤水镇农业总产值 10.1 亿元，规模以上工业增加值 8527 万元。镇级财政收入 976.87 万元，固定资产投资 1.53 亿元。

赤水镇山清水秀，旅游资源丰富，拥有目前开平市境内唯一的温泉资源。通过与立园、自力村等世界文化遗产景点串联起来，形成优势互补、资源共享的旅游线路，吸引了众多游客。此外，为配合温泉旅游，赤水镇近年发展了一系列饮食业、旅业、娱乐业、零售业等第三产业，如丽都酒店、赤水河农家庄、京园等特色酒店。

赤水镇是著名的侨乡，港澳台同胞多达 2.5 万人，广大华侨素来爱国爱乡，改革开放以来捐资赠物共计 8000 多万元。较为著名的侨胞，远有著名侨领邓荫南先生，曾追随孙中山一起革命，创立同盟会并任副主席，对早期革命作出重要贡献；近有香港名贤利国伟先生，捐资兴建公益项目遍布五邑地区。

（四）月山镇概况

月山镇位于开平市东北部，全镇面积 123 平方千米，辖内 2

个社区，18 个村委会和 209 条自然村，其中革命老区村委会 6 个，革命老区自然村 33 条。户籍人口 4.88 万人。拥有"广东省专业镇技术创新试点单位""广东省卫生镇""广东省教育强镇"等称号。2015 年 11 月，开平市从战略高度，以体制创新驱动月山镇整体发展，该镇与翠山湖管委会合并称为"开平市翠山湖产业转移工业园管委会（月山镇）"。

月山镇与原水井镇关系密切。原水井镇是革命老区，1956 年称水井乡，1958 年 9 月成立水井公社，1963 年并入月山公社，1979 年分出复称水井公社，2003 年 10 月，水井镇与月山镇合并组成新的月山镇，所以月山镇亦称革命老区。

月山镇区位优势明显，东邻水口镇，南倚梁金山，西接翠山湖产业转移工业园、沙塘镇及苍城镇，北与鹤山市宅梧镇毗连。路网四通八达，开阳高速、江罗高速贯穿镇内南部、北部，省道 S273（高铜线）贯穿镇域东部，新建翠山湖大道东延线连接翠山湖产业园区与镇域西部，规划中的 G325 国道开平市过境公路经过镇域中部。

月山镇具有雄厚的产业基础和浓厚的企业文化氛围。镇域拥有月山工业集中区、白石头工业集中区和水井工业集中区三大工业集中区，西南与省级产业转移工业园—— 翠山湖工业园相接。目前，镇内有广东省高新技术企业 2 家（广东彼迪药业有限公司、广东德康化工实业有限公司）。医药制品、化工电镀、水暖卫浴等产业集聚发展，市场辐射华南地区以及东南亚、欧美等国。

月山镇具备发展绿色生态农业和休闲观光旅游业的自然优势。地貌类型以平原、丘陵为主。属亚热带季风气候区，阳光充足。境内有潭江支流，总长 20 千米，有大小山塘水库 56 个，水土资源充足。水井片区拥有最高峰海拔 807.7 米的皂幕山风景区。国家级万亩高产示范区和开平市测土配方施肥示范区是月山镇现代农业的两张名片。

同时，月山镇文化底蕴深厚，拥有近代名校和红色遗迹。博健小学创办于 1903 年，是开平市第一所由华侨捐建的学校。校名由中国近代著名政治家梁启超亲笔题写。学校曾培育出不少突出且有影响力的人物，如：梁湘、梁嘉、梁奇达等。位于该镇水井片区的万隆客栈革命纪念馆，是江门市党员教育基地、江门市党史教育基地及开平市青少年革命传统教育基地。

目前，月山镇党委政府正秉承"务实、高效、创新、廉洁"的宗旨，不忘初心，砥砺前行，创建发展新格局，打造魅力新月山。

三、老区村委会、自然村数量及分布

从 1960 年 7 月评划第一批革命老区村庄开始，至今已有 48 年了。这期间，经过多次撤并变更，全市革命老区村委会、自然村数量已有很大变化。根据全面调查核实，开平市现有 50 个革命老区村（居）委会和 521 个革命老区自然村，分布在 15 个镇（办事处）、63 个村（居）委会。革命老区村（居）委会占全市村（居）委会总数的 21.9%（按可比口径）；革命老区自然村占全市自然村总数的 18.9%；革命老区总面积 741.2 平方千米，占全市总面积的 44.7%；革命老区总人口 14.2 万人，占全市总人口的 20.6%；革命老区耕地面积 11 957.65 公顷，占全市耕地总面积的 38.4%；革命老区林地面积 27830.3 公顷，占全市林地总面积的 42.2%。

需要说明的是：1. 村委会后面有★的，属革命老区村委会；没有★的，为非革命老区村委会。2. 自然村名称后面带有＊的，是第二次国内革命战争和抗日战争时期的革命老区村庄；不带＊的自然村，是解放战争时期游击根据地村庄。3. 有 3 个在革命老

区居委会中的小村庄，由于过去疏忽，档案里没有名字，根据所在镇政府和村委会的强烈要求，这次补上，它们是：赤水镇高龙村委会坑尾村、岭岗坡村，以及金鸡镇联庆村委会网山村。4. 国营大沙林场榄坑村，1980 年 1 月从大沙镇新星村委会划出，本来属于江门市林业局序列，但该村一直参加大沙镇和新星村委会的老区活动，故不剔除在外，仍然纳入新星村委会统计。

（一）大沙镇

该镇有革命老区村委会 11 个，自然村 111 个（分布在 11 个村委会）

1. 岗坪村委会★：岗坪村＊、竹林村＊、雪梨坳村＊、茅坪村、茶坪村、坪田村、井田尾村

2. 西湾村委会★：西水村＊、高田村＊、水田村、横坑村、茶坑村、黄潭水村、湾田村、虾山村、李坑村、潭村、大岭头村、东成村、龙岗村、头村、牛湾村、米田村、新村

3. 黎雄村委会★：联新村、塘角村、大塘面村、梨院村、黎塘村、新安村、南安村、龙安村

4. 大塘村委会★：平乐村、楼迳村、东成里

5. 蕉园村委会★：蕉园村、长江里、上间村、下间村、东风村、虎山村、龙田村

6. 白沙村委会★：大石古村、下琶村、芒林村、坪坑村、塘冲村、镰钩洞、龙真村、宅联村、南群村、田寮村、东岗村、龙岗村、新马洞村、旧马洞村

7. 夹水村委会★：岗头咀村、竹莲塘村、矮岭村、楼岗村、良田村、小陂村、斗岭村、龙塘村、罗汉田村、田仔村

8. 新星村委会★：新和村、田湾村、新屋村、榕背村、新江村、石屋村、松塘村、沙罗村、龙盛村、龙安村、大坪村、青盛村、坪坑村、榄坑村＊（现属大沙国有林场）

9. 联山村委会★：佛岭山村、田头岭村、涩田村、龙尾村、凤背村、九桥村、南里村、新村、新田里村、龙湾村、平岗村、横水村、平阳村、黎边村、中田村、石桥村、蕉塘村

10. 星山村委会★：鹿湖村、荻塘村、大斜村、坑底村、叶洞村、黄塘村、新塘村、流岭村、田心村、上苏村、苏村、南岸村、樟洞村

11. 沃富村委会★：簕竹塘村

（二）金鸡镇

该镇有革命老区村委会9个，自然村94个（分布在9个村委会）

1. 五联村委会★：寿传村（又称摇钱塘村）、南安村、金龙村、竹篙塘村、石坡头村、三间村、高坡村、新向北村、洋溪村、瑞溪村

2. 石迳村委会★：东盛村、石迳村、横岭村、上洞村、过水塘村、石围墙村、朝阳村（由原合和村、水口村合并）、红升村

3. 向北村委会★：安沙村、石古洞村、东和村、蟠龙村、长坑村、篱仔坑村、大网山村、盘村

4. 红光村委会★：大板村、柳溪村、同和村、龙湾村、岐阳村

5. 金鸡村委会★：南胜村（含原鸡鸣村、新地村）、瑞金村、新屯村、三社村（含原龙眼树村、当铺村、石岭村）、添田村、凤来村

6. 游东村委会★：胜和村、田心村、西潮村、瑞龙村、行雅塘村、江背村、高咀村、那潭村、新溪村、河坑村、茶厂村、那旺村、榕树塘村、联和村、象山村、黄茅村、东阳村、双迳村、新安村、东坑村

7. 锦湖村委会★：沙兰村、南联村、中闸村、北闸村、河安

村（含原华富村）、雁湖村（含原锦湖圩）、信和村、大中联村、中和村（含原长兴村）、和西村、和中村、和北村、龙和村、仁和村

8. 联庆村委会★：飞鹅村、建新村、开新村、周坑村、黄庆村（由原黄坭湖村、湖清园村合并）、龙口村、龙山村、田角村、进庆村、狗槽村、长安村、草坑村、网山村

9. 高镇村委会★：上西村、下西村、高洞村、下丹村、上丹村、乌石村、木龙村（含原老卢厂村）、东和村、镇一村、香十村

（三）赤水镇

该镇有革命老区村委会 10 个，自然村 100 个（分布在 10 个村委会）

1. 步栏村委会★：东和村（含水松荫村）、中和村、西和村、水马塘村、清湾村、大果村

2. 长塘村委会★：上洞村＊、下洞村＊、茅坪村＊、悦上村、悦下村、悦安村、龙塘村、南蛇村、长塘村、狮山头村

3. 高龙村委会★：小水村＊、五稔坑村＊、虎爪村＊、高龙村、正面咀村、荷木龙村、黄榄坑村、水浸村、交椅山村、牛栏坳村、望天村、旗尾村、汶水村、担水坑村、坳仔村、长坑迳村、湘洞村、冷水迳村、横洞村、塘榜村、上湾村、沙洲尾村、坑尾村、岭岗坡村

4. 东山村委会★：东兴村、黄茅咀村、森村、高洞村、白石岗村、大坪村、塘村、格下村、牛角龙村、东山圩、东山村、柠溪村、迎龙村

5. 高山村委会★：果子坑村、旗古岭村、高山村、新厂村、新村、新二村、新三村、黄茅花村、上虎头村、下虎头村、黄松树村、管行山村、牛一村、牛二村、牛三村、农中村、合一村、

合二村、合三村、合四村、合五村、合六村

6. 松南村委会★：松柏村、信宜坑村、石古角村、胜塘村、南安村、南一村、南二村、白水塘村、马尾村、斗米迳村、石仔岭村、蕉窝村、交剪石村、新村

7. 和安村委会★：尖冈村＊、新冈村＊、高冈村＊、牛山村

8. 林屋村委会★：白石塘村＊、大波村、东溪村

9. 瓦片坑村委会★：龙安村、龙昌村

10. 三合村委会★：水松荫村、黑泥灶村（长庆村）

（四）月山镇

该镇有革命老区村委会 6 个，自然村 33 个（分布在 6 个村委会）

1. 水一村委会★：秀才坪村＊、狮山村＊、黄桐坑村＊、牛坑村＊、新安村、新珠里、龙井村、大坑村

2. 水二村委会★：龙尾村＊、新屋村＊、新农村（牛仔坑）＊、秧坎咀村＊、叶屋村、杨屋村、三山塘村

3. 水三村委会★：江湾村、会龙村、邓屋村、公莞村、古洞村

4. 水四村委会★：木桥村＊、凤奕咀村＊、平塘村、交椅山村、獭山村、那青村、磨刀水村、大坪村、大坪口村、望高山村

5. 金村村委会★：天平村

6. 天湖村委会★：葭山村、麦边村

（五）水口镇

该镇有革命老区村委会 0 个，自然村 1 个（分布在 1 个村委会）

金山村委会：翘桂里＊

（六）沙塘镇

该镇有革命老区村委会 1 个，自然村 10 个（分布在 1 个村

委会）

丽新村委会★：龙凤村、塘唇村、向南村、雅联村、联巷村、企联村、双水村、齐洞村、田心村、新楼村

（七）苍城镇

该镇有革命老区村委会4个，自然村33个（分布在4个村委会）

1. 新村村委会★：新村

2. 联兴村委会★：蛇子岗村、庞村、关村、上佛村、下佛村、罗葫村、北村、游曲水村

3. 大罗村委会★：一村（咀头坊）、二村（湾头坊）、三村（深巷坊）、四村（边塘坊）、五村（石豆坊）、六村（岗尾坊）、七村（凤湾坊）、八村（塘庆坊）

4. 联和村委会★：竹龙村、生水村、大塘村、苟尾村、办葫村（涩葫村）、江田村、新丰村、上古村、下古村、佘水村、那社村、金安村、就龙村、泽村、办象村（涩象村）、简坪村

（八）龙胜镇

该镇有革命老区村委会3个，自然村18个（分布在4个村委会）

1. 和兴村委会★：岗咀村

2. 齐洞村委会★：坑表村、二间村、五间村、月塘村、斗南村、沙田村

3. 棠安村委会★：棠安村、东兴村、新岗村、布移村、桥康村、龙村、棠荣村（伙岗村）

4. 黄村村委会：黄村、陈村、旧李村、古下村

（九）马冈镇

该镇有革命老区村委会0个，自然村2个（分布在2个村委会）

1. 荣塘村委会：中和里村 *

2. 大厂村委会：松新村（松柏塘村）

（十）塘口镇

该镇有革命老区村委会 0 个，自然村 5 个（分布在 2 个村委会）

1. 仲和村委会：田头岭村、米筛园村（西成村）

2. 以敬村委会：庆民村 *（东新村）、龙田村 *、大湖塘村 *

（十一）赤坎镇

该镇有革命老区村委会 0 个，自然村 5 个（分布在 4 个村委会）

1. 永坚村委会：德庆村

2. 塘美村委会：高咀村

3. 灵源村委会：虾村、樟村

4. 五龙村委会：毓秀里

（十二）百合镇

该镇有革命老区村委会 0 个，自然村 1 个（分布在 1 个村委会）

厚山村委会：虾边村 *

（十三）蚬冈镇

该镇有革命老区村委会 1 个，自然村 12 个（分布在 1 个村委会）

群星村委会★：虾洞村、中和村、塘环村、水埗村、横山后村、蚬山村、高冈村、和联村、碧坑村、望牛田村、稿东村、李坑村

（十四）三埠办事处

该办事处有革命老区村委会 5 个，自然村 95 个〔（分布在 6

个村（居）委会]

1. 三围村委会★：田南村＊、田波村、潮江村、莲阳村、迎美村、西岭村、岐岭村、冲美村、超然村（含原超边村）、莲湖村、长乐村、尤安村、园美村、丰乐村、冲间村、田心村、厦村、冲环村、华庆村、回龙村、张冲村、联桂村

2. 燕山村委会★：包岭村、脑园村、大盛村、盛良村、大成村、大富村（含原大兴村）、大岭背村、大昌村、大岭村、岐昌村、大良村、大塘村、大新村、大田村、大宁村、大隆村

3. 仁亲村委会★：大同村（含大林村）、大园村、大阳村、大元村、东华村（含大福村）、中心村、中华村、龙边村、龙安村、吉安村、塘边村、塘美村、井头村、新巷村、汇潮村、凤冈里、盘星里、菱角塘村

4. 南山村委会★：李边村、杏园村、包边村、大井磅村、塘边村、芳苑里、南山村、大塘村、大安村、北山村、牛仔山村、小坊村、包安村、蟠仁村、檐香村、塘子美村

5. 思始村委会★：龙冈村、莲美村、朝安村、坑美村、塘口村、联美村、新美村、成美村、德华坊村、龙田村、龙头村、龙溪村、小莲塘村、塘头村、联安村

6. 迳头居委会：凤潮村、陈边村、岐阳村、岐安村、汉塘村、鹤湾村、祝华坊村、龙湾村

（十五）长沙办事处

该办事处有革命老区村（居）委会 0 个，自然村 1 个（分布在 1 个居委会）

三江居委会：红门楼村（儒林里）

第二章

大革命和土地革命战争时期

大革命时期,马克思主义和进步思想的传播,开平的工农运动蓬勃兴起,为中共开平党组织的成立创造了条件。土地革命战争时期,国民党右派发动了"四一二"反革命政变,工农妇青各方面运动处于低潮。由于叛徒出卖,开平党组织遭受重创,但广大党员理想信念不灭,继续为重建党组织、恢复革命活动不懈努力,终于度过困难时期,迎来革命转机。

第一节 五四运动的影响和革命思想的传播

1919年5月4日，北京爆发了以学生群众为主体的反帝爱国运动，影响所及，开平在广州就读的学生，立即利用暑假的机会，组织宣传队伍，返回乡间汇合各自母校的师生，开展反帝反封建的宣传。广大师生一经先进思潮的启迪，很快便激发起爱国热忱和民主思想。赤坎的光裕，蚬冈的希宪、启新，楼冈的育英、中庙的天然等小学师生，首先联合起来，在赤坎镇举行声势浩大的反帝反封建的爱国示威大巡行，高呼"外争国权，内惩国贼""拒绝在巴黎和会上签字""废除二十一条"等口号，一致要求"惩办曹汝霖、陆宗舆、章宗祥三个卖国贼"。队伍所到之处，群情汹涌，纷纷响应。示威结束后，各校师生回到自己学校及所在的地区，继续深入向群众展开宣传。五四运动提倡的民主思想和爱国精神，便逐步深入人心，增大影响。从此，开平揭开了新民主主义革命的序幕。

一、进步思想的传播，为革命的到来创造条件

1921年7月1日，中国共产党成立，这是一个划时代事件。自从有了中国共产党，中国革命的面貌焕然一新。从此，中国人民有了坚强领导核心，中国革命的航船有了舵手，黑夜茫茫有了指路明灯。马克思主义和中共的政策纲领得以迅速传播。加上1924年1月，第一次国共合作实现，为中国共产党公开组织领导

革命运动创造了有利条件，工、农、学运就更加活跃起来。1924年夏，中国社会主义青年团广东区委宣传部、学生部联合倡导开展平民教育运动。开平"小海留省学会"的会友们立即响应，在邓朝均（岭南大学附中进步学生）等的组织下，他们办起了"小海平民义学"（简称"平校"），吸收了不少平民入学就读，教以识字、计数，灌输新的思想，并在他们创办的《小海青年》中，公开提出"打倒土豪劣绅"和一些改革社会的口号。此后，他们还在团粤区委编发的"平教"课程和《新学生》半月刊的指导下，逐步完善和充实了"平校"的制度与教学内容，并坚持办学多年。

与此同时，开平中学学生设立的阅读书报室，又得到了团粤区委的支持，并介绍给团中央，还请团中央直接赠寄《向导》和《中国青年》两份刊物给该校。这对开平的社会变革和工农运动及青年学生运动，起到了很好的鼓舞和推动作用。

二、广州农讲所学员回乡，策划农民运动开展

1924年6月，中共中央通过在国民党中央农民部任职的中共党员林伯渠（部长）、彭湃（秘书）等的建议，决定在广州建立农民运动讲习所（以下简称"广州农讲所"），以培养农运干部。广州农讲所在中国革命历史上有重要地位，彭湃、罗绮园、阮啸仙、谭植棠、毛泽东先后任所长（主任），彭湃、毛泽东、萧楚女、周恩来、恽代英等为教员，共举办了六届，大部分学员是共产党员、青年团员和进步青年。1924年8月下旬，在党团粤区委的指导下，开平县百合虾边村青年关仲（出身于农民家庭，当时在中山石岐当理发工人），以具备了"在农民运动、劳工运动中与中共接近的工人、农民"这个条件，参加了广州农讲所第二届学习。10月底，关仲毕业，并加入了中国共产党，被任命为国民

党中央农民部特派员。这时，中共广东区委已正式建立了农民运动委员会，负责指挥国民党各县地方支部的农委以及农运特派员的工作。关仲与广州农讲所第一、二届的同学，农运特派员，中共党员李冠南、施展、梁坤一起，奉派到江门成立"四邑农民运动办事处"，负责宣传发动和组织新会、台山、开平、恩平四县农民建立农会工作。

根据组织"运动者以本地人为宜"的要求，关仲被分工负责开平农民运动。从此，中国共产党开创了派遣党员在开平县开展革命活动的先河。

第二节

农民运动蓬勃兴起

一、第一个农民协会诞生

1925 年，开平县农民运动蓬勃兴起。初春，共产党员关仲以农运特派员身份，回到家乡百合虾边乡。他首先物色了老同盟会员关以文、回乡海员工人关树南等进步人士为骨干，便即展开关于农民问题的大宣传。他们深入各家各户进行发动，使广大贫苦农民明白世代贫穷的原因，认识组织和参加农会同自己切身利益关系的道理。经过骨干们大半年的艰苦斗争和细致工作，建立农会的一切工作筹备就绪了。1925 年 10 月 2 日（中秋节），开平县第一个农民自己的组织——虾边乡农民协会——宣告成立了！全乡九成五的农户和农民加入了农会。会址设在虾边村常显祖祠堂。在庆祝成立的大会上，关仲代表广东省农民协会授予会旗会印，并作了讲话。大会一致选举关以文为农会委员长，关仲为副委员长，执行委员关树南兼任农民赤卫队队长，另有执委四人，分任宣传、组织、财政、总务等职。农会订有章程、会规，确立它的性质、任务、条例和制度，并决定凡是会员都发给胸佩圆形铁质铜面证章一枚，缠臂红布号带一条；赤卫队队员则加发印有该会简称字样的号衣一件，笠帽一顶，并配枪一支。

根据当时农会发展的需要和农民群众的要求，虾边农会开展的斗争是：（一）清算和接管公尝、庙产；（二）将公尝购置的枪支弹药移交农会，并向土豪劣绅征借部分武器，以武装全体赤卫队员（50多人，人手一枪）；（三）进行减租减息；（四）反对随意夺田；（五）禁烟禁赌；（六）解放下户、婢女；（七）反对高利贷（押）；（八）取消积弊多端的所谓"书田""学谷"制度。这八项斗争先后付诸行动，都取得了不同程度的效果，既壮大了农会的声威，又解决了农会的开支，还有余力开办了夜校，逐步提高会员的文化水平和思想觉悟。

二、区、乡、村农会纷纷成立

当关仲以特派员身份回乡开展农运的时候，在广州从事工运青运工作的团粤区委委员周文雍，非常关心此事。他在百忙中找到了住在广州的同村兄弟周金屏、周寿金两人，动员他俩参加了广州农讲所第三届学习，以便助关仲一臂之力。他俩于1925年4月1日毕业后，便回到家乡百合茅冈凤凰里（宝顶村），发动组织农会。周文雍也曾回过乡间，指导和支持他们开展工作，并与虾边等乡互相呼应。虾边农会成立不久，就推动了附近的林塘、长安、齐塘、北降、马降龙等十多个乡、村，相继成立了农会。关仲、关以文等在百合地区展开活动，把各个乡、村的农会联合起来，组成了开平县第四区农民协会（会址设在百合圩口黄仕忠祖祠）。关以文当选为四区农会委员长。附近的茅冈、赤坎、蚬冈、大同一带，也先后成立了区、乡农会。

1925年冬末，"开平县农民协会联合会"庄严宣告成立了！会址设在赤坎镇塘底街爱善堂。农会成立的当天，举行庆祝大会，全县各区、乡、村农会都派出代表以及全副武装的赤卫队员参加，盛况空前。大会隆重地举行了揭幕礼、授旗礼。广东省农民协会代表关仲、开平县国民党左派人士关士秀分别在会上作了讲话，关以文宣读县农会章程。大会进行民主选举，产生执行委员会，公选关以文为县农会委员长，组成了统一全县农运的领导班子。县农会机构设有秘书（关幼远负责）、组织、宣传、武装、财政等部门，并建立起各种会务制度，开展各方面工作，实施会章规定的性质、任务。从此，开平农运便不断向着新的广度、深度发展。

1926 年 5 月初，广东省第二次农民代表大会在广州举行，开平县两名代表关仲、关以文出席，全县农民大受鼓舞，斗志更旺。这时，水口龙塘乡何国铭接受了农民运动的思想，也从广州回乡搞农运。在县农会的支持下，于 1926 年 6 月 17 日成立了龙塘乡农民协会。这又进一步打开了赤坎以东一带地区的农运局面。接着，长沙、幕冲、沙冈、月山等一大片地方，都纷纷成立了自己的农民协会。此后，随着形势的发展，各区、乡、村的农会组织数量还不断增加。

三、农会在斗争中巩固发展

1926 年 6 月 27 日，龙塘农会处决了屡次破坏农会的坏分子、乡团局队长何能。事泄，会长何国铭、秘书何诒沃和一些骨干先后被当时的司法机关逮捕。县农会立即组织各地武装赤卫队员一百多人，包围县法庭，要求放人。反动检察官姜颐竟以"武装干涉司法"的罪名，反唇相胁。县农会即采取相应对策，进行细致调查，发现法庭内仍挂不符合革命政府规定的北洋军阀旗帜，立即拍摄下来，向上控告姜颐"追随北洋军阀、违抗政府法令、破坏农民运动、非法扣留农会骨干"等罪状。省农会也在《犁头周报》发表文章进行抨击，并刊载了省农会常委罗绮园的公开信《致徐季龙先生书——讨论改造司法问题》。这场激烈斗争进行了四个多月，姜颐被迫释放了龙塘农会部分骨干，但何国铭、何诒沃在辗转解押中，还是先后被折磨致死。

继龙塘农会与封建势力及反动司法机关进行斗争之后，蚬冈农会也爆发了对反动军警的斗争。蚬冈警察所警长黄昂凡，是当地豪绅中的一条狼犬。他们相互勾结，狼狈为奸，破坏农会，欺压农民，群众积怨已久。为了打击他的反动气焰，扫清农运障碍，县农会组织附近农民赤卫队员数十人配合蚬冈农会，到警察所把黄昂凡捆绑起来，戴上高帽子，驱赶着他到蚬冈、百合、赤坎等圩场游行示众，并当众揭发他的罪行，以儆效尤，给农会、农民大力撑腰。龙塘、蚬冈两地农会对反动司法、公安机关的斗争，当时震动较大，影响也广。此后，开平农会进入了既巩固又发展的阶段。

工人运动风起云涌

一、开平工人阶级的觉醒

大革命时期，侨乡开平的工商业、交通运输业、服务性行业和手工业作坊，均有较平稳发展，赤坎、长沙、水口几个较大的镇，都拥有为数不少的店员工人（单是赤坎已达 2000 多人），这些店员工人，尤其是在水陆交通业、装卸搬运业、手工业和各种服务性行业的工人，每天劳动工时长而且强度大。他们的经济生活和政治地位，同农村的贫雇农一样痛苦、低下，迫切寻求一个组织力量以作保障。当开平农运正在兴起、虾边村农会宣告成立的时候，赤坎、长沙两镇的工人，也在自发地相互串联，酝酿组织，初步建成了榨油、碾谷等好几个行业性的工会。它们为解决劳资纠纷，为工人谋求经济利益，进行了一些有益的工作。这个情况表明，开平工人已经开始觉醒，自觉起来斗争并为全县工人革命运动的全面开展建立了基础。

二、各业工会应运而生

1925 年 6 月，省港大罢工爆发，大革命进入高潮，广东革命根据地迅速得到巩固和发展。在这个有利形势下，全省的工人革命运动出现了新的高涨。年底，国民党中央工人部和中共领导的广州工人代表协会（后改"大会"），为了"实行统一工会运动的策略"，以便"扩大到整个广东和广西"，决定由省属各业总工会派出特派员，分赴一些县市开展工作。其中来开平的有：印务总工会王强亚，不久，改派谢钿（开平潭溪乡人）；铜铁总工会张振文（开平四九乡人）和汽车总工会袁松。这四人都是中共党员，是党在开平组织工人开展革命斗争的带路人。经过他们艰苦深入的调查、指导和组织，加上工人本身的积极行动，很快便分别组成了广东省铜铁、印务、汽车三个总工会的开平分会（地址均在赤坎），同时产生了领导机构。三个分会的委员长是：铜铁工会谢启荣，印务工会周叔平，汽车工会伍觉铣。接着，酒楼茶室、土木建筑、车衣、革履等行业也相继组成了工会，负责人分别为司徒棠、黄大海、胡休、司徒彬。此后，理发、药材等各个行业的工会，也都先后成立。到1926年春季，全县各个行业基本上组成了自己的工会，工作进展较为顺利。

三、百赤茅行车工人罢工

开平县一些行业工会在成立的初期，为了维护会员和工会的权益，曾经一度重于猛烈斗争，忽略运用策略，因而也有过一些教训。

约1926年5月间，百赤茅行车公司一位售票人员因出点工作差错，被资方解雇了。该公司工会会员立即提出抗议，除要求恢复该员工工作外，还提出今后雇请工人时，必须首先聘用工会会员或经工会同意；并要将"下脚料"作为"花利"给工人分红。这些要求，资方不予接受。工会便即发动罢工。经过激烈斗争，双方申诉到县"仲裁"也解决不了。斗争持续下去，台山宁阳铁路工会发出声援。资方被迫接受了部分要求，但工人仍不肯复工。双方又坚持不休，省机器总工会（黄色工会）便乘机派出工贼李德轩到来出面"调停"。他要工人参加"同仁大会"，阴谋瓦解该工会组织。汽车工会会员识破工贼的阴谋，拒绝参加大会，不受其蒙骗。这场斗争持续两个多月，结果竟不了了之。对于此次罢工斗争，事后就有不少有识之士认为：为了维护工人正当权益而坚决斗争，是一个坚持原则的表现，但这次斗争缺乏了灵活性。假使当时工会同意资方接受部分的要求，先解决一些问题，以加强群众斗争的信心，然后再图进展，目标还是可以实现的。但由于当时没有经验，不懂得运用原则性与灵活性相结合的斗争策略，以致不能达到预期目的，这也反映出大革命时期，开平的工人运动仍然处于起步阶段。

第四节 开平支部的诞生和工农运动进一步发展

一、中共开平支部诞生

开平的革命形势发展到了 1926 年，由于有了第一次国共合作、孙中山"联俄、联共、扶助农工"的三大政策，以及北伐战争的胜利进军等较好的政治气候和革命条件，所以全县各界群众运动都蓬勃发展。当时，工农两大阶级已经分别成立了县级农会和各大行业的县级工会，商人随后也成立了"商民协会"，而青年学生则早在五四运动之后就有了学生会（或学生自治会）组织，这样，"士农工商"四大界都先后有了自己的团体。上级党组织先后派出的几位中共党员分别以农运、工运特派员的身份到达开平以后，他们在致力于开发工农运动的同时，还着意在斗争中传播马列主义和党的基本知识，从中发现并培养了一批建党对象。这样，中国共产党在开平地方建立党组织，当时的政治气候、社会基础、群众思想、组织准备等各方面的条件均已成熟。

1926 年秋，由工农运动特派员、中共党员亲自在开平县培养的建党对象中，有领导工农运动的主要骨干谢启荣、关以文、关幼远、周叔平，以及当时表现颇为积极的余则夫、关照国共六人被吸收入党，成为开平县发展的第一批中共党员。经上级党委批准，即由省属各业总工会派来的袁松、谢钿、张振文、梁坤四位中共党员和这六位新党员，共同组成中共开平支部。他们就在赤坎上埠三角市河面一只小艇上，举行了支部成立大会，公推袁松为支部书记。中国共产党在开平县的第一个支部庄严诞生了。从此，开平人民的革命斗争，就在中国共产党的直接领导之下，进入了一个崭新的历史时期。

二、县总工会和妇协会成立

中共开平支部成立以后，即根据上级的指示精神，结合本县当时的实际，决定集中主要力量领导工人运动，以工运带动其他方面的斗争。因而在这段时期，开平工运不但高潮迭起，富有成果，而且联合了最可靠的同盟军，同农民协会并肩战斗。在政治、经济领域的斗争中，取得了节节胜利。县总工会的成立和工运策略的制订，以及百赤茅行车公司工人罢工斗争结束后，开平党支部了解到各个工会的成员，已普遍意识到开展斗争的艰巨性和壮大力量的必要性，因而有要求建立全县性工会的迫切感。于是，党支部立即因势利导，积极领导他们进行筹备成立县总工会的各项工作。经过三四个月的努力，于1926年冬，开平县第一个全县性的工会组成了。当时，根据中共中央领导下所成立的全国总工会、广州成立的工人代表协会的情况，开平县采用的名称是，"开平县总工会工人代表协会"，简称"县总工会"。通过全县工人代表会议，选出谢启荣为委员长，下设组织、宣传、纠察、妇女、财务等部门，会址设在赤坎镇康乐书院。

县总工会的成立，标志着开平县工人运动进入了新的阶段。它既有利于县党支部对工运的统一领导，也有利于培养工人阶级先进分子，以及教育党员、提高党员素质等。不久，县党支部就在工会骨干中发展了一些新党员，壮大了党组织的力量。这样，开平工运就能较好地在党的领导下沿着正确的方向前进。

与此同时，开平支部也积极加紧县妇协会的组建工作，在总工会内设立了一个妇女部。不久，又推动成立了开平县妇女解放协会，会长为马奕秀，会址就设在赤坎镇康乐书院县总工会内。

"县妇协"在党的统一领导下，在县农会、总工会的公开支持下，发挥了组织的力量和作用，做了大量工作，其中较为突出的是：从"乡长王"关纪云的手心里、大恶霸陈扬威的虎口中，解放了在这两家豪门里受尽苦难的婢女，并迫使关、陈交清她们应得的工钱，补给路费送她们回家。此举对当时蓄婢的豪户震动颇大，虐婢现象稍见收敛。

还有一次，"县妇协"了解到赤坎妓院以拐骗手段诱来一批少妇少女，强迫她们卖身为娼。便即组织力量，直捣妓巢，把这批年轻妇女解救出来，并请县总工会发给路费，送她们回家团聚。

此外，"县妇协"还为处在旧中国数千年来封建制度"四条绳索"捆缚下的姐妹们争取"男女平权"，自由平等，到处奔走呼吁，大造社会舆论，并为妇女们本身觉悟的提高，破除不良陋习，团结各阶层进步妇女参加反帝反封建斗争等，都作出了有益的尝试。

三、推动工人运动上新水平

县总工会成立不久，开平支部又帮助工会领导成员研究和制定了工运的方向和策略。根据当时的实际，决定了斗争的主攻方向，是以维护工人切身利益为主，具体内容有四项，（一）增加工资；（二）提取店佣；（三）缩短工时；（四）反对无理开除工人。斗争的策略和程序，一般是先由工会向资方提出要求，定期双方派代表谈判，如达成协议，则算问题得到解决；如资方不接纳，工人又不肯让步，工会就发出通牒，限期答复；如到期仍不答复，则实行罢工。在罢工期间，工会派出工人纠察队到其店门站岗，监视资方或工贼的破坏行动；如有破坏行为，即行拘送工会处理，同时劝止顾客进店交易。自从确定了这些方针、策略，大家又注意了灵活运用，开平工运就更为健康的进展，后来开展的工人运动成效就大为改观。下面列举赤坎工人的两次大罢工为例。

1927 年 2 月，赤坎上埠"其兴昌""源利"两家铜铁铺的工人，通过工会向资方提出增加工资的要求，老板不但不接受，反而开除为首的工友，并把店门关住，不让参加工会活动的工友回店食宿，对问题表现出了毫无协商可言的态度。两店工人针对资方这样顽固的对抗行为，便实行罢工。县党支部即与总工会研究，根据定出的斗争策略，马上派出工人纠察队到该两店门前站岗，并将店门反锁了，使老板也出不来。这样坚持了十昼夜的斗争，两店老板的气焰被压下去了，只好全部答应工人的要求，在店门口挂上"欢迎本店全体工友回店复工"的大红牌。其他店铺老板以此为鉴，也纷纷表示接受工人的合理要求。这是开平工人在党的领导下，以工会为后盾，取得的一场维护工人基本权益的胜利斗争。

3 月中旬，混入党内的投机钻营分子、"民生印务局"老板关照国的丑恶面目终于暴露了。他害怕铜铁工会的胜利斗争会危及他的利益，便串通"其兴昌"等几家店铺和《开平明报》个别顽固老板，暗中破坏劳资双方签订的协议，对工人的基本权益愈加限制；并收买了印务工会委员余则夫为其走狗，拉拢、挑拨、欺压工人，破坏工会活动。印务工人对此更是气愤，在县总工会的支持下，立即掀起了第二次罢工高潮。这次罢工比第一次时间更长，斗争更为激烈。当时，《开平明报》一些顽固老板宣布关门停业，干脆溜回家去。"民生"老板则恃自己几个儿子熟识排印，工人罢工，他们开工。县党支部和总工会认为，问题既然出在内部，就要采取相应措施，立即进行整顿。于是，县总工会马上改组印务工会，把余则夫等人撤换下来，补上周初平、周楚等骨干；党内则将余则夫和关照国除名，不再承认这两人是共产党员。同时，进一步把斗争引向深入：由印务工会公开提出打倒工贼的口号，铜铁工会立即响应，把为非作歹的工贼谢权绑到县总工会门前，标明罪状示众；县总工会则加派工纠队伍，到处严密监视资本家的活动，并通过出布告、发宣言和快邮代电等多种宣传攻势，全面揭露和谴责不法资本家的阴谋。此时，全县各业工会又纷纷响应，以大团结精神全力声援。省印务总工会闻讯，又派出工纠队员三四十人，由谢钿率领，前来支持斗争。不法资本家见到四面受困，理亏势孤，阴谋不得逞了，只好承认这场"风波"完全是由自己引起的，是自己的不对，表示接受工人的要求，与工会重签协定，具结保证履行；并向工人赔礼道歉，燃放爆竹迎接工友回店复工。第二次罢工斗争又取得辉煌战果。

四、促成工农大团结大联合

在大革命期间，开平工运、农运到处蓬勃兴起，持续高涨，不但巩固和发展了工会、农会的各级组织，维护和争取了工农群众的基本权益，而且开始冲击了社会上的一些积弊，逐步干预到政治领域。这当然是和当时的国共合作、省港大罢工、工农两大阶级的觉醒和团结等重要条件分不开的，然而归根结底，还是有中国共产党的领导。中共开平支部建立以后，就积极组织、领导和发展工农运动，通过县工会、县农会的力量，已经做了几项重大的工作，这时，为了开拓新的革命领域，又正在为促进工农的大团结大联合而努力。

1927 年 4 月，中共开平支部根据当时形势的发展，为了检阅革命队伍力量，宣传前段工农运动成就，鼓舞各界群众斗志，进一步加强工农联合，以便更为有利地开展各方面的斗争，决定于 4 月 15 日，由县总工会、县农会联合出面，组织全县工会、农会会员，在赤坎河南洲举行一次规模盛大的工农联欢大会。岂料，是日，广东反动派在广州发动了反革命政变。由于当时交通不便，消息不能当即传到开平来。全县工农联欢大会便按原定时间在这天举行了。大会除了围绕上述目的，宣传一年多来全县工农运动所取得的巨大成就及其斗争的经验，特别是工农团结的重大意义以外，还提出了当年的斗争任务和方向。会上群情激愤，情绪高涨。会后又整队示威游行，沿途高呼"工农大团结万岁""拥护孙总理的三大政策"等口号。此次工农大联欢、大联合，正是全县工农联盟健康发展的重要标志。

五、维护"三大政策"，把贪官赶下台

在县党支部的领导下，开平工运不但取得了节节胜利，而且在斗争中，工人又注意团结农民这支最可靠的同盟军，使工会与农会联合起来，维护了孙中山制定的"联俄、联共、扶助农工"三大政策，以至打击了贪官污吏，在政治上也起着一定的作用。

中共开平支部成立不久，即 1926 年的九十月间，国民党开平县党部的右派秉承蒋介石炮制的"整理党务案"意思，要改选各级党部，企图借此以压倒优势的人数，排除在县、区党部里的共产党人和左派力量。这是一个明显破坏"联共"政策的阴谋。但在当时的情况和条件下，如果开平县党组织单靠自己原有的力量去硬碰，就势必上当、失败。面对这个现实，开平支部当机立断，

立即动员工会、农会大批会员参加国民党（大家不愿意，党支部派人说服），以平衡选举力量；另在选举那天，通过工会、农会调动了一大批工农武装队伍，开赴选场周围，以显示开平党组织的力量。这样，选举的结果，完全达到了党组织预期的目的，右派们苦心经营的改选阴谋，又宣告彻底破产。

《开平明报》是当时在全县公开发行的刊物，每周出版一期，发行量大、面广，颇有影响。但它当时为右派势力所把持，充当了反动派的"喉舌"。县总工会成立不久，它就攻击工农运动，反对"三大政策"。报社个别顽固老板还直接参与破坏工会的活动。一位姓简的编辑则利用他的职权，更是肆意妄为，把十月革命后的苏联比作沙俄，与帝国主义等同起来，明目张胆反对联俄、联共。于是，县总工会又和县农会联合起来，组织工人农民和各界群众，将该报社围住，把姓简的编辑拉出来，进行质问和痛斥。最后，以县总工会、县农会的名义限令它停止出版，候上裁处。直至次年3月，国民党广东省党部做出决定："撤换原编辑人，由宣传部派员监督"，才"准予复刊"。

当时，开平县处在国民政府的统治之下，官吏贪赃枉法，手段层出不穷，人民怨声载道。工农运动兴起以来，开平党组织就曾领导工农群众，对这类贪官已经作出了一些惩戒。1927年初，三区（赤坎）区长司徒耀权，又向赤坎镇一位居民妇女勒索了现金一百元，却假意写回"借据"以作掩饰，该妇女不甘损失，私告于"县妇协"会长马奕秀。马即向县总工会反映。总工会与党支部研究，一致认为司徒耀权其人，不扶助农工还勒索群众，而且贪劣成性，又爱好坐轿，可根据其特点，做出相应的惩戒，以维护群众的利益。于是，编织了一个大猪笼，笼上挂着标明"区长的花轿"大字长条，贴上区长的"借据"，并在两旁写上强硬的警告："如不立即将款交还，请乘这顶花轿过市"。这顶"花轿"就挂在区署门口，围观者如潮。此事当即轰动一时，形成社会舆论，矛头直指贪官。司徒耀权感到无地自容，只好连夜将款送还该妇女。此后许久，不敢返回区署，以致区署陷入瘫痪状态。县总工会和县农民协会便联名向上申报，推举关祖唐（中共党员）为区长，并获批于 2 月28 日到赤坎区署接任。赤坎继续维持开平革命中心的地位。

第五节 青运、学运全面展开和开中支部的建立

一、建立青年团体，开展平民教育

大革命时期，开平工农妇运全面开展的同时，青年学生运动也蓬勃兴起。当时，政治环境比较宽松，革命思想广泛传播，结社、集会法律允许，从 1926 年开始，广大热血青年陆续组成众多地区性的青年团体。这些团体的参加者既有教师、校友、在校学生，也有工人、农民、华侨子弟。各个团体都定出自己的名称、宗旨和细则，办得颇为活跃。当时影响较大的有：里讴革进社、小海励进会、儒良革进社、锦湖青年励进会、潭溪青年先锋、古宅青年改进社、蚬冈黄氏革命青年同志社，稍后还有龙塘励进社，等等。它们大都同时出版刊物，如《里讴革进月刊》《小海青年》《儒良月刊》《潭溪青年先锋》《博（健）文学会杂志》《齐塘月刊》《茅冈月刊》《蚬冈月报》《教伦月报》《古宅月刊》等。这些团体和刊物的言论与行动，往往是针砭时弊、提倡破旧立新、传播科学知识和先进思想，为群众兴办福利事业，以及为革命大造社会舆论的。但也因此常与本地的封建势力发生矛盾，展开斗争。这些团体，实质上就是一支反对封建、提倡民主的力量。当时，里讴、龙塘等青年团体，分别在周锦照、何世熊等进步知识分子的主持下，表现尤其突出。

这些青年组织成立后，第一战役就是将两年前开展的平民教

育运动发扬光大。平民教育运动是当时开平青年学生运动的重要内容之一。早在 1924 年，小海乡已经有了较具规模的活动，兴办了颇为完备的平民义学。随着农民运动的兴起，各地农会的普遍建立，由农会举办的农民夜校又到处出现，"平教"运动更是蔚然可观。到了 1926 年夏，"开平中学留省同学会"在广州成立以后，就更为全面地、健康地发展了。因为该会成员都经进步思想和开中阅书报社的熏陶，到穗后又接受省市党团组织的宣传教育，加上他们离校不久，对母校同学有着深厚的感情，保持着密切的联系。而在校学生也对他们这些"学长"十分尊重和信赖。中共开平支部为了促进"平教"运动的开展，便派人与该会联系、商议。经过一番酝酿、发动和组织工作，一场规模颇大的"平教"运动便在开平大地上开展起来了。

1927 年 5 月，开中留省同学会以回乡推广平民教育的名义，向在省港两地的开平人士募捐了一笔款项，作为开办"平校"的各项经费。临近暑假，该会人员全部返乡，与母校学生共同研究，制定了一个具体方案：（一）在开平范围内凡有条件举办"平校"的地方都办；（二）开办时间是每年寒暑两大假期；（三）教师统由留省和在校学生担任；（四）教育对象以贫苦农民、工人、船民为主，其他社会青年、家庭妇女均可参加；（五）教育目的是识字、计数，从中进行进步思想启蒙；（六）一律免费入学；（七）一切课本纸张笔墨等费用均由募捐款中开支。这些做法不但实际可行，而且深得民心。经过青年学生们的积极努力，"平校"便如雨后春笋，一时遍及全县，不少地方还坚持办了多年。这对于广大劳苦群众学习文化知识和接受新的思想教育，对于青年、学生进行社会实践和工作锻炼，都有很大的好处。获得了社会各界人士的普遍赞扬。

二、反对基督教大同盟的成立和活动

这是青年团体成立后的第二战役。青年们对以传教为名、文化侵略为实的基督教十分不满。反对帝国主义利用基督教进行思想文化侵略，是大革命时期开平县青运、学运的另一重要内容。早在1924年底，团粤区委就成立了"广东反对基督教大同盟"并开展宣传活动以后，开平县青年学生和有识之士，联系本县实际，已逐步认识到为帝国主义服务的教会一些丑恶的行径。因为那时，开平各个大小圩镇，几乎都设有基督教堂（会）的组织。长期以来，那些披着宗教外衣的帝国主义传教士，除了为帝国主义实行思想文化侵略服务，到处欺骗愚弄群众以外，还恃着帝国主义者和当地反动派的庇护，为非作歹，有的甚至充当特务，有的竟然调戏妇女。开平人民面对这些现实，更感到十分愤慨。而在此之前，开平中学的学生，通过阅书报室得到的材料更多，对于反基督教运动的意义、策略等也更明确，斗志更为坚定。这些奋发图强的爱国青年，早就利用时机和适当场合，展开了各种形式的宣传。经过一段较长时间的活动，反对基督教运动的意义更加深入人心，一场较大规模的行动就在群众思想上酝酿着，以至一触即发。

1927年11月3日，设在赤坎下埠"牛圩"的"中华基督教堂"，举行所谓"五十周年纪念"活动，聚徒大吹大擂。此事立即激起公愤，舆论纷纷。4日，开中学生吁请了各界爱国民众，集中到该教堂门前，实行公开宣传，揭发它的丑恶行径。9日，全县有40多位社会各界代表齐集在赤坎爱善堂开会，成立了"开平反对基督教大同盟"，即席推选出开中进步师生周允元、胡剑魁等7人为委员，并订立了章程，研究了一些行动计划。此后，便在圩镇和农村接连多次举行宣传、揭发和示威活动。到了12月

25 日"圣诞节"那天，教徒活动最热闹。"大同盟"的中坚力量——开中学生会，抓紧时机首先行动，组织一支强有力的队伍，开赴该教堂门前的大空地上，鸣鼓聚众演说，猛烈抨击帝国主义利用宗教进行的种种阴谋和罪行。"大同盟"的骨干组织——开平县总工会，立即派出一支数十人的队伍，到场支持。霎时，声势更大，聚听的人越来越多，越听越激愤。人们在听到揭露基督教传教士的种种罪行，特别是知道有的已经直接危害中国利益，有的胆敢侮辱妇女时，真是忍无可忍，竟一齐冲进教堂，把"圣经"撕毁，门窗砸碎，赶走传教士，拆下"中华基督教礼拜堂"旧匾，挂上"中山纪念堂"新牌。此次行动，不但使在场群众深受教育，而且轰动全县，影响甚为深远。

三、开中支部的建立和读书会的扩展

开平中学是当时开平的最高学府，又是开平各地知识青年荟萃的中心。它的学生会和进步书报阅览室建立最早，是开平青年学生运动的策源地。中共开平支部在领导和发展工农运动的同时，于 1927 年初腾出了部分力量，深入该校，进行建立党组织的工作。经过调查了解，发现青年教师周允元、何世熊两人思想比较进步，又能团结各方面青年，即指定专人负责联系。经过一年时间的考察、培养，到 1928 年春吸收二人到党组织中来，并成立了开中党小组。这时，冯燊以恩平县委负责人兼管开平党的工作的身份，经常到开平来，并多次深入开中。1928 年 7 月，开平党组织又在该校陆续发展了周锦照、谭鉴青、周郁扶等人入党，同时把开中党小组扩展为党支部。这样，开平就有了两个中共支部。

开中党组织建立以后，就积极引导同学们寻求真理，把过去那些自发的秘密阅读进步书报的行动，逐渐变为有组织、有计划、有系统地进行革命理论学习活动。他们设立小图书馆，组成"读

书会"。小图书馆分公开的和秘密的两所，公开的就在原开中图书馆基础上扩充进步书报，由训育主任何世熊主持；秘密的设在里村育才学校校楼，由周锦照、周郁扶二人掌握。借书和阅读都在秘密进行。绝大多数进步书报，是由在广州中山大学读书的校友和留省同学会一些同志密购密送。"读书会"的成员除了学习、生活在一起外，还经常在晚饭后到校外聚会，交流思想和讨论时局；假日或星期天，有时还"远足"到乡间或到百足山去，以增进校外联系，团结更多的青年。开中党支部又因势利导，帮助读书会物色人选，扩大组织，并指导其更名为"读书讨论会"，以示不但读书，而且寻求真理。1928年整个暑假，该会同学都不回家，全部自觉自动地留在学校，更加集中时间认真读书和讨论。这些有为的青年，积极向上，热情奔放，一心要为国家、为社会做点事业。经过党的哺育和读书会的陶冶，他们中的大多数人成为当时学校里和以后在社会上改革、创新的骨干力量。

四、与阻挠学运的校长过招

当时，开中学生所开展的种种进步活动，很快就引起了国民党开平县党部右派的注意。他们指使开中校长刘建一进行秘密监视，并对进步师生的活动和要求进行诸多阻挠，甚至解聘进步教师。开中党组织曾与学生会多次采取对策，以反击反动势力，巩固自己的阵地。1928年秋末，学生会发现了刘建一有克扣学生伙食费、贪污体育款等行为。事情披露后，全校学生和家长都极为不满。开中党支部即与学生会骨干研究，派出代表向刘建一提出质询。刘无词以对，并借故逃往广州。学生们更是愤怒，即召开全校学生大会，实行罢课抗议，同时向上提出控告。反动势力竟然为刘袒护，并对学生进行诸多恐吓。党支部又与开中留省同学会研究，决定以该会的名义，发表檄文，声讨刘建一，支持母校同学的斗争。在校学生得此有力的声援，便在校园内和赤坎街上，到处张贴标语，大量散发传单，一场"驱刘运动"便火热地开展了。此后，学生会每日都派队上街，宣讲刘建一之劣迹；校内则继续团结广大师生，把问题越揭越深。至 11 月 20 日，即把刘建一的问题归纳为六大罪状，向社会全面公布，每一罪状都列举了大量事实，揭发得淋漓尽致。至此，社会各界人士均已明了开中学生罢课、"驱刘"之真相，都给予很大的同情。党支部又及时通过学生会提出：不要荒废学业，一面复课，一面候裁。于是学生们又自动复课，直至寒假不辍。此举又得到全校学生、家长和社会各界的好评。但是，在国民党反动统治下"候裁"是很难指望得到应有效果的。拖至越年春初，开中党组织遭到敌特破坏，周允元被捕后叛变。那些国民党右派乘机把刘建一从广州接回来，继续捧为校长。刘建一一回校，便乘机洗刷自己的罪名，说这次学潮"纯属共党煽动闹事"，于是宣布将这场斗争的骨干李俊洁、周晃、方左英等 9 位学生开除出校。开中又回到刘建一的高压统治之下。

第六节 革命低潮和党组织的顽强斗争

一、抵制改组工会，实行工人自救

1927 年 4 月 12 日，蒋介石在上海实施了密谋已久的反革命政变，对共产党员和进步人士进行疯狂搜捕和屠杀。紧接着，4 月 15 日，广东反动派与蒋介石共谋的反革命大逮捕、大屠杀活动也在广州开始了。他们实行全面"清党"，疯狂屠杀共产党人和革命群众。

4 月 16 日，国民党广东省执行委员会发出《通告各县市党部检举共党分子》；同时通令全省所有农运特派员停止职务，陆续撤回广州；接着派出"改组委员"到各地去"改组"中共领导的工农群众团体。一连串的反革命行动接踵而来，大有"黑云压城城欲摧"之势。然而，革命力量是吓不倒杀不绝的，开平党组织以各种应变方法，不折不挠地继续领导工农群众进行斗争。4 月下旬，"改组委员"周翰勋、黄锦田等人来到开平，即施展他们的"改组"伎俩：首先要县总工会交出所有工会的名册、印信、财务。他们在遭到总工会留守人员的严正而坚决的拒绝后，便擅自召开各工会会员大会，妄图进行欺骗和恐吓，以达到其阴谋目的。而工会会员来者稀稀，听者藐藐，不久又纷纷借故离场。他们两手失败，还要第三手，找个别人上茶楼，企图收买人心和刺探内情，结果也一无所获。他们"机关算尽"，而"改组"的阴谋却被一个个地击破。

1927 年 4、5 月间，革命处于低潮，反动势力步步紧逼。县党支部领导人、总工会委员长谢启荣从上级接头回来，带回党的指示：即在工人积极分子中私密组织"工人自救团"，并把它武装起来，使它成为开平党组织直接掌握的武装力量和工会的得力支柱。经过对入团人员的严密遴选和组织审查，履行了各种手续，合格者有 50 多人，当即成立了县总团和三个分团。总团长为谢启荣，一、二、三分团团长分别由司徒棠、黄大海、胡休和关南担任。初时，自救团的武器只有手枪三支。铜铁工会会员便连夜赶制一批匕首，实行人手一剑。工人自救团的成立，大大增强了工会的组织力量，坚定了工人的斗争意志。从"四一二"到广州起义失败的八个月时间，开平县各业工会还能不断进行斗争，所签一切协议，资方仍要继续执行，效果是明显的。在这期间，工人自救团涌现出一大批优秀分子，1927 年夏，中共开平支部在其中先后吸收了关山、周星三等近 10 位同志加入中国共产党。这时的党支部书记是谢启荣，组织归属中共五邑地委领导。

二、台开工人大示威表达对时局不满

1927 年 5 月，国民党开平县党部的右派又唆使一些工会的摇摆人士另立黄色工会，企图从组织上分化、瓦解革命的工人队伍。他们一面继续勾结广州工贼李德轩到开平来，搞了一个"台开恩新（四县）铜铁业特别分会"，一面指使本县工贼谢权、谭平等在三埠又搞一个"新长荻赤（四镇）铜铁业特别分会"。同时，率领一班打手冲进总工会，进行捣乱并声言进驻。他们以为这样即可实现迫使革命工会解体、工人转入黄色工会的阴谋。然而，处在革命低潮期间，开平党组织和觉悟了的工人，不但有着高度的警惕性，而且随时准备好应变的对策。当时，县党支部和总工会都知道，"广东省铜铁总工会台山分会"即于 5 月底在新昌成立，负责人就是开平党支部党员周星三。于是提出乘着庆祝之名，联合台山工友，进行一次大规模的游行示威，以显示台、开两县工人的坚强意志和团结力量。这个想法马上得到广大工人的热烈拥护，便立即据此准备行事。"台山分会"成立那天，开平县各业工会集合了一千多位会员，先在赤坎整队示威游行，之后即分乘几十艘木船，直到新昌汇齐台、开两县在三埠的工友，作更大规模的示威。当队伍开到两个黄色工会门前时，大家迸发着满腔怒火，怒目直视，齐声高呼口号，大有一拥进去之势，吓得在里面的工贼及其同伙面如土色，龟缩着不敢动弹。三埠示威游行结束，又一鼓作气，扬帆向水口进发，汇合水口工人再作同样游行，直至深夜。翌晨又全部渡江到公益，六个镇的工友直把公益埠闹得热火朝天。此次行动，横贯开平，纵及台山，声威之大，影响之广，是历史上前所未有的。行动结果，达到了预期的目的，体现了开、台两县工人阶级的团结精神，也说明了开平党组织在领导方法上和各级工会的组织能力上的提高。这是一场在上级党的领导和兄弟县的支持下，具有多方面收获的两县工人大联合的壮举。

三、开平特支成立，不久又遭重创

1928 年夏，开平中学党支部成立以后，开平县便有了两个党支部，它们相互间一时未有明确的隶属关系，但在领导群众运动方面，分工仍较明显。开平支部主要是领导工农运动兼及其他，开中支部则主要是领导学运和青运。到 10 月间，中共广东省委根据当时形势的发展和党内工作的需要，派吴炳泰到开平来，召开两个支部全体党员会议，以解决统一领导及当时必须解决的几个问题。会议地点选在百足山的一个天然石室（俗称"新娘房"）

举行。吴炳泰传达了省委的指示：要彻底批判陈独秀的右倾机会主义和瞿秋白的"左"倾盲动主义，肃清其余毒；要纯洁和壮大党的队伍，增强党的战斗力，要统一领导机构，成立中共开平特别联合支部。会议按照省委的指示内容进行，在提高认识后，选举了周允元、谢启荣、谭鉴青三人组成特支"干事会"（即委员会），周、谢分别为特支正、副书记；确定工作上的分工，工运：谢启荣、关山；兵运：胡休、周楚；学运、青运：周允元、何世熊、周锦照；交通联络：周星三。为了进一步纯洁党的队伍，会议还决定：除前期党内已将关照国、余则夫除名以外，根据关祖唐长期意志消沉、不参加组织生活和党的工作的表现，当其自动退党处理，不再联系。同时根据发展对象的成熟程度，通过吸收了胡剑魁等数人入党。这时，全县中共党员实有24人。

开平特支成立后，组织上归属于中共江门市委领导。到1928年11月，省委扩大会议作出决定，并于26日发出指示：撤销江门市委，改为新会县委。开平特支相应转归中共新会县委管理。12月间，六大代表、省委委员梁祖谊到开平来，传达党的六大政治报告和决议，地点在里村育才学校。开平党组织经过这次由省委直接指示而进行较大的整顿和发展，又有了六大精神的指引，党员思想觉悟提高了，组织力量也增强了。

开平特支组成以后，即以新的面貌展开各项工作。但当时局势剧变，国民党反动当局加紧派遣特务，百倍疯狂地到处搜捕共产党人，大肆破坏中共各级党组织。1929年春节期间，国民党广州市公安局特别侦缉队破坏了新会县委机关及其常委住宅，搜出了县委与开平党组织联络的绝密地址和代号。2月16日（农历正月初七）上午9时许，一班便衣特务直到里村圩邮政代办所找"周立平"（开平县党组织的联络暗号）。特支书记周允元误以为上级派人来联系，立即赶来会见，当场被捕。他被解往赤坎警察所,仅在一次刑讯之下,竟无耻叛变,出卖组织,供出党员名单和各人住址,以及联络暗号,并在当天晚饭后,亲自带领特务到赤坎建昌铜铁店,诱捕了特支副书记谢启荣。翌日,两人同被解送到广州。2月20日,周允元又从广州带引特务到开平里村,企图搜捕周锦照、周星三等人。由于这些同志早已离乡隐蔽,敌特无所获,就将育才学校捣乱一番,掠走所有革命书报。他们旋即转往儒良团防,在公路上瞥见了胡休,即下车追捕了他。在敌特将革命同志解往广州的时候,无耻叛徒周允元,还盘算着与自己一起参党的同学、同事、好友何世熊,必然隐避在广州大塘街思成书室,这是他俩在广州读书时经常聚会的地方。3月7日(农历正月廿六)深夜,他竟又带领当局公安局大批军警,将该书室包围,把所有正在住宿的人赶起来,列队阶前,由这个叛徒当面指认,何世熊又遭逮捕。叛徒周允元连续出卖三位同志,开平党组织遭受极其严重的破坏。敌特拿着叛徒供出的名单、线索,竟赖在县内频频出动。到处搜捕,妄图"一网打尽"。在这样严重的情况下,为了保存实力,更为了将来革命,不做冒险牺牲,党内同志迅速交换意见,决定所有共产党员,包括易被暴露的进步人士,均应根据自己的实际和社会关系,分头易地隐避,全部疏散。当时,先后去南洋的就有关仲、关以文、关幼远、关山、周锦照、周楚、周晃等十多人,去美国的有胡剑魁等人,还有去日本的,有到别的省市的,有在外地避过风头便回开平继续隐蔽的,大家都安全撤退。

谢启荣、胡休、何世熊三位同志在狱中受尽了严刑折磨和威迫利诱,始终坚贞不屈,丝毫没有暴露党的机密,充分表现了共产党人的崇高品质和革命气节。1929年4月上旬,先后英勇就义于江门、广州。三位烈士大义凛然,永垂不朽!

至此,开平早期的党组织和它的革命活动,被迫转入地下活动。

四、为重建党组织不懈努力

"九一八"事变以后，日本帝国主义加紧对中国的侵略，蒋介石政府却采取妥协投降的政策，造成民族危机日益深重。在这个紧急关头，中国共产党号召全国人民起来开展抗日救亡运动，同时大力促进国共两党第二次合作，共同抗日。在广东，自从1936年9、10月间，中共南方临时工委、广州市委相继成立后，就在广州、香港等地一些抗日救亡团体中开展工作，推动救亡运动的发展。当时，开平人民抗日救亡的呼声日益高涨，重新建立开平党的组织，从而有计划、有领导地在全县掀起抗日救亡的新高潮，这既是形势发展的急切需要，也是开平民众的共同愿望。

关山、谢创、胡剑魁、周晃四位同志回乡后，各自都找到了社会职业做掩护，并通过关系，相互介绍认识后，来往甚密，经常一起学习研究，开展工作。他们以学校为阵地，以联校开展文体活动为形式，以宣传抗日救亡为内容，在赤坎、塘口、百合等地区，广泛而积极地开展校际交谊活动，从中广交朋友，结识志士，并发动筹建了"青年进德社""姐妹互助会"等群众组织，进一步宣传党的抗日民族统一战线政策。这样经过约半年时间，在党内方面，关山虽未透露他负有重建开平党组织的任务，却已观察到谢创、胡剑魁都在急切寻找党组织，周晃也有入党的迫切需求。在社会方面，情况已经表明，开平广大群众受过大革命运动的洗礼，有一定的思想觉悟，加上国民党的反动统治与共产党处处为工农群众着想的鲜明对比，也在迫切期望着共产党能够早日重来，领导他们革命。在宣传、舆论方面，除周晃在里村继续出售进步书报以外，进步人士司徒囿又担任了司徒氏图书馆馆长兼《教伦月报》编辑，并在赤坎代售多种进步报刊。这样，加上校际活动的组织，宣传工作的开展，也就颇有基础了。经过这样多方面的努力，对于重建开平党组织，就不单有了思想准备和组织准备，而且有了舆论基础与群众基础。

1937 年暑假，关山偕同谢创、胡剑魁、周晃一起，到中山通过孙康取得了接头地点，去找广州市委。他们见到了市委外县工作委员会书记邱萃藻，汇报了开平准备重建党组织的工作进程，介绍了谢创他们几人的具体情况。邱萃藻回市委汇报后，市委肯定了他们在开平的工作成效，确认了谢创的组织关系，同意恢复胡剑魁党籍，同时吸收周晃入党，并指示他们回开平重建中共开平特别支部。至此，经过关山、谢创等同志的不懈努力，重建中共开平党组织的愿望终于实现了。

在革命有转机的时候，开平有两位中共党员、农民运动领袖离世。一位是百合镇厚山虾边村农民协会委员长关以文，1934 年，在一次紧急转移行动中，在家收拾衣物，不慎从木梯上跌下来导致重伤，数天后不幸去世，时年 64 岁。另一位是广州农讲所学员、虾边农民协会副委员长关仲，此时他经常辗转于开平、香港、马来亚进行革命活动，1935 年 11 月的一天晚上，关仲在马来亚一个矿区参加会议，在返回住地时，因天黑路险，一个同事跌落山坑，关仲和其他同事紧急施救，不幸关仲又滑落山坑，且碰到大毒蜂窝，被群蜂刺得全身浮肿，遍体染毒，送医院抢救无效而早逝，年仅 36 岁。人们在痛惜之余，迅速抹干眼泪，又坚定投入新的战斗。

第三章

全民族抗日战争时期

　　抗日战争时期，开平县广大人民群众，面对日本侵略者的穷凶极恶、疯狂抢掠、奸淫妇女、火烧民房，极致愤慨。他们在中共党组织的领导和组织发动下，践行"国家兴亡，匹夫有责"的神圣职责，纷纷成立"抗日先锋队""自卫队""教抗会""青抗会""妇抗会""政治大队""抗先大队"等组织，组成广泛的抗日爱国统一战线，走上抗日救亡第一线，奋起卫国保家乡，众志成城，抗击日军，创造了丰功伟绩，谱写了壮丽诗篇。

第一节 广东中区特委的领导和开平党组织的发展

一、开平特支的重建及开平县委的建立

开平党组织被破坏后的几年时间里，开平革命形势暂时处于低潮。1935 年前后谢创、关山、胡剑魁等党员先后回到开平活动，才重新点燃燎原的革命之火。

抗日战争全面爆发前夕，经过关山、谢创等一段时间的努力，重建中共开平特支的条件成熟，并得到中共广州市委外县工作委员会的批准。1937 年 8 月 18 日，在塘口以敬庆民里谢创家里召开重建特支的会议，到会的有谢创、关山、胡剑魁、周晃。广州市委外县工作委员会派温焯华参加会议。会上，选出谢创为特支书记，关山为组织委员，胡剑魁为宣传委员。会上决定：（1）以抗日救亡运动为中心，首先组织剧团演出，扩大宣传。（2）确定以过去接触的进步小学教员为培养对象，制定分期发展党员的计划。1937 年 9 月至 12 月为第一期。1938 年上半年为第二期，下半年为第三期。（3）放手发动群众开展抗日斗争。开平特别支部重建后，归中共广州市委外县工作委员会领导，由温焯华联系。1937 年秋，中共南方工作委员会（以下简称"南委"）成立，广州市外县工作委员会属南委领导。1938 年 4 月中央决定撤销南委，成立中共广东省委。中共开平特别支部转由省委直接领导。

开平党组织重建后，立即抓紧发展党员工作。首先于 1937 年

冬季，吸收周新、周天行、谢鸿照入党。1938 年 5 月省委根据中央《关于大量发展党员的决议》和长江局关于"猛烈地十倍百倍地发展党组织"的指示精神，积极加强各地党组织的发展工作。1938 年发展的党员有 30 多人，并编成立人、以敬、里讴、赤坎、北炎、芦阳、长师等党小组。1938 年下半年又发展了 40 多个党员，增编了长沙、永美、长塘、赤坎、护龙、北炎、绍宪、启新、小海、沙冈、蚬冈和开侨中学等支部或小组。接着，小海、永美、护龙、北炎四个支部组成了江南联合支部。1939 年间，全县党员增至 150 多人。1940 年初又增至 180 多人，党组织的力量不断壮大。

这段时间，发展党员工作做得较好的有赤坎、以敬、里讴、江南、长师、长塘、沙冈等地区和单位。1937 年春夏间，中共广州市委外县工作委员会根据《游击队》杂志发行网的情况，派温焯华到长师与进步学生周炳生等联系，经过考察教育，直接吸收周炳生入党，随后将他的组织关系转交开平党组织。1938 年春，开平特支派支委李木子去长师联系，又发展周松欲、关禄庭入党，成立党小组，并于同年秋扩大为党支部。7 月，周炳生和新党员李龙在长师毕业，即根据开平特支的布置，回到赤水长塘活动，培养建党对象，发展党员，于 1938 年 8 月底便成立长塘党小组。1938 年夏，沙冈乡青年张彬从南海县入党后，回到开平，在当地党组织领导下，先后在沙冈发展张伟、张定原等参党，并成立沙冈党支部。

随着党员人数的增加，形势发展的需要，开平党组织机构也相应发生了变化。1938 年 8 月，谢创从武汉长江局学习回来，广东省委为加强台山、开平、恩平、新会四县的领导工作，决定成立四邑工委，由谢创任书记。这时，开平特支升格为区工委，书记谢创（兼），领导成员有关山、李木子、周天行。10 月，区工委又升格为县工委，书记为谢创，领导成员有关山、李木子、周天行。1939年1月县工委又升格为县委，书记为谢创，组织部部长李木子，宣传部部长周天行，青委书记关山。3月，县委书记周天行，组织部部长关禄庭，宣传部部长朱缵琳，青委书记关山。7月，县委书记李木子，组织部部长周明，宣传部部长周天行，青委书记关山。11月，县委书记谢创，组织部部长周明，宣传部部长周天行、司徒卓，青委周新。这段时间，县委机关先后设在以敬、百合、赤坎等地，领导全县革命活动。

重建后的开平党组织，经过两年时间的发展，党员人数大增。新发展的党员中，多数是侨眷青年和知识分子。因为开平是个著名侨乡，经济文化较为发达，侨眷和知识分子众多。这些有文化的青年，对外来的影响和对新鲜事物的反应都较为敏感，有爱国的热情。因此，在民族矛盾极其尖锐的严峻时刻，在抗日民族统一战线旗帜下，在国共合作形势下，受到开平党组织的教育和影响，从爱国主义出发投身抗日救亡的群众运动，在实践中得到锻炼，从而提高思想觉悟，成为共产主义者，加入了党组织。他们通过革命斗争考验，成为革命的骨干力量，其中不少人后来还成为党组织的领导干部。这些都是开平党组织重建后力量发展的一个突出特点。

二、广东中区特委对开平工作的领导

1938年10月，广州沦陷前夕，中共广东省委领导机关迁往韶关，并把广州的大批党员干部分散到各地区去，加强和充实当地党组织领导力量。根据省委的决定，10月中旬至11月间，罗范群、冯燊、周楠、林锵云、张靖宇、邓健今、谭婉明等，先后到开平，组成中共广东西南特委，特委书记罗范群，副书记冯燊。同时撤销四邑工委，谢创参加西南特委。特委机关初设在谢创家里，后迁往赤坎镇。开平县委还把由谢创等创办作为宣传阵地和联络点的新中书店让给特委作为通讯联络站。这时，特委书记罗范群兼管开平工作，并分工特委宣传部部长邓健今经常与开平县委联系。当时，特委着重抓了三个方面的工作：一是调整了领导班子，切实加强县委领导。二是巩固抗日团体，深入开展抗日救亡运动。三是加强党的建设，壮大党的力量。在特委的直接领导和推动下，开平县革命斗争更加健康地向前发展。

1939年5月，西南特委在塘口以敬庆民里谢创家里召开第一次扩大会议，省委书记张文彬到会传达党的六届六中全会精神和检查特委工作。会上作出决议：深入发动群众，组织群众，团结起来，全面抗战；加强统一战线工作，揭露国民党顽固派消极抗日、积极反共的阴谋；大力发展党员，扩大党的力量；派遣党员干部深入前线和沦陷区发动群众，组织武装实力，为开展抗日武装斗争做好准备。会上还宣布，省委决定将西南特委改为中区特委，另派周楠到高州，成立高雷工委。这次特委会议确定了中区特委的基本工作方针，对推动开平抗日救亡运动发挥了重要作用。会后，特委贯彻扩大会议精神，指定谢创（暂不负责党内工作）、司徒毅生、李重民等负责发动群众，争取乡政权和组织武装力量，做好备战工作。7月间，特委还在赤坎办了刊物《中流》，宣传中共的抗战政策，推动抗日救亡运动。开平县委派出党员配合特委，做好刊物的编辑出版工作，并将《中流》及时分发到各个党组织和进步团体中，广大党员和人民群众得到正确理论武装，把思想和行动统一到党的方针政策上来，有力推动了开平的抗日救亡等各项工作深入开展。

三、举办党训班武装党员骨干

1938年6月，省委根据党组织大发展的新情况，决定进一步加强对党员的教育工作。中区特委和开平县委把教育党员的工作分三个阶段进行：第一阶段是 1938 年 12 月开始至 1939 年间，特委先后在赤坎镇举办三期党员训练班，每期 10 至 13 天。受训人员是县委、区委骨干。特委领导成员罗范群、冯燊、邓健今、陈春霖、陈能兴、谭婉明和冯扬武都亲自讲课。学习内容有：当前形势、中国革命性质、党的建设和工作方法、群众运动、游击战争等。开平县委还先后在赤坎东南戏院、横桥头等地方举办了几期党员训练班。每期学习人数 20 人左右，都是各个党支部的骨干。第二阶段是 1940 年至 1941 年期间，针对国民党反共逆流到来，党员中出现的一些思想混乱，组织党员骨干学习马列主义基础知识、党的秘密工作、党的纪律和革命气节等课程，进一步加深对党的认识，提高思想政治觉悟，加强组织纪律。当时开平以赤水和安圩以及楼冈南阳里等地为办班地点。第三阶段是 1942 年间，以增强党员党性观念为目的，组织党员学习延安整风文件，强调调查研究，树立实事求是、理论联系实际、开展批评与自我批评的作风，把革命引向胜利。上述各个阶段对党员的训练教育，对巩固党组织、加强党的建设起了重要作用。

由于中区特委机关设在开平，使开平党组织在领导开平革命斗争实践中得到了具体的指导。因此，开平这段时间的革命斗争，是整个抗日战争时期最兴旺、最蓬勃的阶段。在那个轰轰烈烈的革命年代中，大量革命知识分子加入党组织，党的力量迅速壮大起来。在特委的推动下，由于抓紧举办各级党员训练班，使党员政治素质不断提高，党性逐步增强，因而在抗日斗争中，党员发挥了先锋作用，经受了各种考验，党组织真正成为开平人民的革命中坚。同时，在革命实践中，开平党组织培养了一大批干部，尤其是大沙、赤水、东山、月山、水井等老区干部，成为当地革命斗争骨干力量，并向上级输送了不少人才，这是广东中区特委及开平党组织高度重视党员思想建设和实践锻炼的成果。

四、掩护中区特委开展隐蔽斗争

广东中区特委机关于 1938 年 10 月开始进驻开平，前后达五年时间。开平县委和一些党员同志，为了掩护中区特委机关做了不少工作，保证了特委的安全。

1938 年下半年，罗范群、冯燊等一班人来到开平，成立广东西南特委，在谢创、关山等党员的掩护下，先住在赤坎新中书店和谢创家里，不久，又搬到赤坎镇。1939 年 5 月，中区特委在谢创家里的碉楼召开第一次扩大会议，省委书记张文彬参加会议。开平县委派出人员保卫大会安全和生活服务。这里的党员和谢创的家人都做了大量工作。1939 年冬天，中区特委机关撤出赤坎镇分散到农村，也由开平县委协助解决住处和负责掩护工作。

1939 年冬天，国民党反共逆流冲击到开平，特委机关迁出赤坎镇，分散到赤坎附近农村。1940 年 6 月，特委成员陈能兴、谢创和冯燊等先后调离中区。八九月间，罗范群等也离开开平，由刘田夫接任中区特委书记。刘田夫在靠近开平的鹤山址山大蓢短暂停留后便转回开平水口，住在沙冈乡翘桂里张伟家，他改名为张伟流，以经商为掩护。张伟还通过乡亲关系，到当时沙冈乡公所为刘田夫领了一张"国民身份证"，以便安全外出活动。开平党组织为了保证特委机关的安全和工作需要，还在离张伟家数千米的新华小学、色褐小学设置交通联络点。此后，特委成员梁嘉、邓健今、李国霖、陈春霖、黄泽成等常到这里来研究工作。直到 1943 年 3 月，刘田夫离开张伟家，中区特委机关也没有丝毫的暴露。后来，刘田夫、周敏玲又转来赤坎高咀村地下党员司徒新积家住，仍以走货客的面目出现。司徒新积由地下党安排，通过姓氏关系担任下股乡副乡长兼保长，掌管乡政权，更有利于掩护中区特委的领导同志。特委副书记梁嘉及爱人许桂生也在司徒新积的掩护下，到赤坎高咀村一户侨眷家里住。梁嘉专管开平的工作，经常在那里与开平县委领导人李海、张彬、周新等研究情况，布置任务。负责联系开平工作的特委宣传部部长黄泽成，较长时间住在荻海附近三思乡大林村（三踏半）党员余新家里。1942年2月，特委组织部部长李国霖及爱人黄素心来到开平水井圩建立秘密交通站——万隆客栈，黄国霖当老板，在党员张丁、吴文的掩护下展开活动。刘田夫也曾到万隆客栈来召集特委成员研究工作。特委还在三埠东河路福禄横街开设源昌杂货店，由李克平坐柜面。张伟等又在荻海中和路开设了华丰米店，梁嘉以店股东身份出现。这两间商店都是特委活动的重要据点。这段时间，在三埠活动的台山党组织领导成员黄文康等推动下，于东河余叔英祖祠成立五邑民众救济院，在新昌开办荔园糖果饼干商店，台山北区党组织负责人伍伯坚在荻海公园路开办木屐店，党员李如壁在新昌小学和戏院以绘画为职业，女党员李桂籍在新昌摆卖故衣，在社会上为党组织进行联络工作。通过以上各个据点的工作，形成了对特委机关多渠道、多形式的掩护。直至1943年9月，中区特委才撤销，刘田夫、梁嘉分别于9月、11月离开开平。这时，党组织领导体制改为特派员制，中区特派员李国霖、周天行、郑锦波。开平由李国霖联系。开平党组织在革命斗争中能够坚韧不拔、战胜艰险、勇往直前，并且不断取得新成绩，这与中区特委的领导是分不开的。

抗日救亡运动蓬勃开展

一、建立抗日统一战线和群众团体

全民族抗日战争爆发后，开平党组织紧密结合开平的斗争实际，认真执行中共中央制定的抗日民族统一战线方针，紧紧抓住中日民族矛盾这个主要矛盾，正确处理民族斗争与阶级斗争的关系，团结一切可能团结的力量，推动抗日救亡运动的蓬勃开展。在贯彻抗日民族统一战线的策略方针中，开平党组织注意争取各阶层抗日力量，包括与主张抗日的开平国民党人士的合作。同时发挥政治影响，使党组织成为开平人民抗日的中坚，在整个抗日救亡斗争中带领人民群众坚持抗战，并在一定的条件下，实行独立自主，敢于同一切破坏抗战行为做坚决斗争。

为了贯彻抗日民族统一战线的策略方针，发展进步、势力争取中间势力，团结一切抗战力量，实现中共的全面抗战路线，争取抗日战争的胜利，开平党组织在实践中坚持又合又斗争，以斗争求联合的政策。实行全县总动员，号召"各界人民动员起来，武装起来"，"有力出力，有钱出钱，有枪出枪，有知识出知识"，把一切力量投入到抗日斗争中去。

在抗日战线的旗帜下，大批政治团体和群众组织应运而生，如雨后春笋，纷纷成立，并有效开展工作。

（一）开平县教师抗敌同志会率先成立

1938 年 5 月，开平国民党当局颁发了一个建立各界民众"抗敌同志会"的章程。中共开平特别支部认为，这是以"合法"形式建立各种群众抗日组织，是扩大开平县抗日战线的好时机。于是便积极串联发动，组织各阶层建立起各种抗日救亡团体，以壮大人民群众的抗日力量。首先由共产党员关山、司徒毅生、司徒克夫等在教师中发起建立抗日救亡团体。经过一段时间的串联、发动，到1938年6月6日"教师节"那天，他们在赤坎开平酒家召集一次全县性的教师联欢会，提出成立"开平县教师抗敌同志会"（简称"教抗会"）的问题。经过讨论，一致通过，并上报国民党开平县党部备案。6月6日，他们又在赤坎司徒氏图书馆举行成立大会，参加者80多人。会上，通过了章程、大会宣言，以及由筹委会提议举办暑期军训班，召开教育会议，推广战时民众教育等工作计划。同时，选举了关山、司徒毅生、司徒克夫等11人为第一届理事会干事。"教抗会"的会址设在赤坎立人小学。1939年1月、6月，"教抗会"分别召开全体会员大会，在选举第二、三届干事的同时也选出一些新的干事，司徒毅生、司徒克夫继续当选。"教抗会"的活动约在1940年初才结束。

（二）开平突击抗日救亡工作团及暑期服务团相继成立

1938年5月，在广州读中学的共产党员谢永宽、谭行等6至7人，组成"开平留省学生回乡抗日救亡工作队"。他们回到开平，即与开平党组织取得联系。6月，谢永宽在赤坎镇与周天行会同由广州迁到开平的越山中学、兴华中学学生，以及原开侨中学"红黑社"成员关沃荣、邓一飞、方源湜等，发起成立"开平突击抗日救亡工作团"。经过发动，有进步中学生、社会青年和小学教师50多人参加了该团。团长是关沃荣，团部设在赤坎上埠。他们积极开展宣传抗日救亡工作。同时，谭行回到母校开侨中学，在校长陈家骥的热情支持下，依靠该校进步学生组织"红黑社"，串联发动"红黑社"社员和其他进步学生10多人，组织了"开侨中学红黑社抗日救亡暑期服务团"，谭行为团长。他们以开侨中学为基地，深入开平县第二、四区积极地开展宣传抗日工作和售花售旗的募捐活动。当时捐得白银 70 多元（折算），转送给前方将士。在这期间，党员谢永宽、周天行等还在开侨中学秘密举办了一期有 10 多个发展对象参加的学习班。通过学习，在学生中发展了党员，为开侨中学于同年 9 月建立第一个党小组打下了基础。这些工作团、服务团活动直到暑假结束为止。

（三）开平政治大队和抗先大队先后诞生

1938 年 10 月，国民党当局在赤坎设立一个"广东民众抗日自卫团第 6 区统率委员办事处"，统率开平、恩平两县抗日自卫队。开平党组织派党员司徒毅生通过对该处政训主任司徒友白进行统战工作，促使该处秘书长周梅羹召开会议，动员恩平、开平两县中小学师生，以武装民众抗日为宗旨组织"政治大队"。当时，司徒友白提出要把参加暑期中小学教师军事训练班的教师组织起来，成立政治大队。开平党组织立即派党员和进步人士参加组建工作。开平政治大队于 10 月底成立，大队部设在赤坎立人小学。这个政治大队是半武装性质的群众组织，约有 300 人，其中 100 多人带有手枪，主要成员是中小学教师，并吸收年龄较大的小学生、中学生和社会青年参加。政治大队名义上属司徒友白的政训室管，为了有利于统战工作的开展，党组织提出由周梅羹当队长，党外人士张乐民和越山中学体育教师朱寮生当副大队长。整个政治大队实际上是由开平党组织掌握的，开平党组织指派谢创负责大队的军事委员会，司徒毅生负责大队的政治委员会，李木子、关山等都是政治委员会委员。到 1939 年初，政治大队才停止活动。

1938 年 11 月，开平县工委在中区特委宣传部部长邓健今和青年部部长陈能兴（省抗先总队的宣传部部长）的直接指导下，组建了"广东青年抗日先锋队开平大队"（简称"开平抗先大队"）。1939年2月26日，开平抗先大队在赤坎关氏图书馆举行成立典礼。为了使工作顺利开展，开平县工委决定推选国民党开平县党部书记长周秉维为大队长，共产党员关山和进步侨属青年司徒省吾为副大队长，党员余新标、邓职聪、关海也先后担任过副大队长。当时，县教抗会、政治大队和其他抗战团体都抽调骨干力量，参加抗先大队。抗先大队实际上成为全县抗日群众团体中组织性最强、声誉最高、行动最活跃、力量最强的一支抗日救亡队伍。大队部建立不久就发展了10个分队，队员500多人，大力开展抗日救亡宣传活动。

（四）开平青抗会和妇抗会携手面世

1938年秋，开平县国民党当局为了控制青年运动，组织"开平青年抗敌同志会"（简称"青抗会"），企图同开平党组织争夺群众和抗日救亡运动领导权。开平党组织针锋相对派出党员加入这个组织，并利用合法形式，团结广大抗日青年参加救亡活动。这时赤坎、沙冈、长塘还先后成立青抗分会。当时，县青抗会的领导成员中，谭煊材、张彬、张伟、关云、关境潮、关伯南等都是开平党组织的地下党员，其他的则是党组织的统战对象，都是主张团结抗日的。青抗会成员大多数是小学教员、社会青年和学生，活动据点在小学，会员有480人。

1938年10月，随西南特委到开平来工作的妇女干部有谭婉明、周志筠，以后还有邓戈明、林彩容等。她们结合原来调到开平工作的女党员谢燕、梁英韬等，积极发动开平妇女开展抗日救亡工作。1938年12月，特委妇委负责人谭婉明亲自布置组织"开平县妇女抗敌同志会"（简称"妇抗会"）。她们与开平妇女骨干一起，开展一系列筹备工作，确定以恒安、毓秀、北炎、以敬、立人等小学高年级女学生为基本会员，以学校为基地，动员各乡妇女尤其是女青年参加。经过一段时间的组织发动，1938 年 12 月底，县妇抗会在赤坎开平酒店大礼堂举行成立大会，并选出邓碧瑶、梁英韬等 7 人为第一届委员，邓碧瑶是驻会委员。1939 年 6 月、12 月，县妇抗会又进行两次改选。县妇抗会下设 10 多个工作队，会员有 300 多人，后发展到 2000 多人，其中不少是侨属女青年和家庭妇女。1940 年初，反共逆流冲击开平，国民党当局要解散妇抗会，另成立妇女会。为此，妇抗会会员与之抗争。不久，由于形势变化和一些妇女干部调到外地去，为了保存革命力量，开平县妇抗会也就停止了活动。

（五）其他群众组织也争相成立

胡根天等 8 人筹组的"开平美术界抗敌同志会"和由梁质君等 9 人组成的"广东省立广州女子中学战时乡村服务团开平队"，在开平抗日救亡运动中都起过积极的宣传作用。

以上是开平县较有影响力和号召力的 9 个群众团体，成员达到 1400 人，这是一股抗日救亡活动的强大力量。这些团体的总部，大多设在赤坎，其中赤坎立人小学是个重要阵地，教抗、妇抗、抗先和政治大队的牌子都挂在该校门口。当时县里一些中共党员和骨干力量也荟萃于此，他们大多数以教学为职业开展革命工作，领导群众运动。从当时的实际看来，开平县的抗日救亡运动，在党的领导和影响下，确实是蓬蓬勃勃地发展，影响也较为深远，所有这些，都应该在开平历史上写上光辉的一页。

二、开展抗日救亡宣传和募捐慰劳活动

1937 年 8 月，开平特别支部重建后，积极推动组建各种抗日进步团体，并以此为载体，广泛深入发动群众，组织群众，大力开展抗日救亡宣传活动。在整个宣传工作中，开平县的进步知识分子起了桥梁作用。当时，以小学教师为主要力量的抗日宣传活

动十分活跃。开平党组织首先以小海、以敬、楼溪、宏英等小学为阵地，以建党对象的教师为骨干，组织话剧团，排演了《卢沟桥之战》等剧目，在赤坎一带巡回演出，时达两个月。接着，各进步学校都组织了讲演队、歌咏队、演剧队等，开展宣传活动。为了运用舆论工具，党组织还组织进步教师办刊物，秘密编印《开平教育界》，并直接掌握了《潭溪月刊》《儒良月报》《小海月报》等侨刊。1938 年，谢创等筹集资金，又在赤坎上埠开设新中书店出售抗日书刊，秘密翻印毛泽东的抗日著作。一些党员在学校还组织了读书会、抗战形势报告会，围绕"抗日"这个中心举办各种专题讲座，大力宣传中共的抗日路线、方针、政策。与此同时，教抗会、突击救亡工作团、开侨暑期服务团、开平政治大队、青抗会、妇抗会和抗先大队等抗日团体，都把抗日宣传工作当作救亡运动的主要内容。他们的宣传活动形式，主要是深入城镇、乡村，运用演讲、唱歌、演剧、画漫画、写标语、出墙报和举办识字班、民众学校等多种多样形式，帮助群众学文化、学政治时事，宣传抗日救国的道理，宣传抗日民族统一战线，宣传团结抗战、全民抗战和持久抗战的主张：号召大家行动起来，有钱出钱，有力出力，清除汉奸，收复失地，保家卫国。有的抗日团体还出版自己的刊物，如突击救亡工作团的《突击》，政治大队的《人报》，抗先大队的《开平抗先》，紧密配合抗日宣传，对团结、教育和鼓舞群众起了良好的作用。

为了鼓舞抗日前线将士英勇杀敌，抗日群众团体积极开展募捐慰劳活动，其中以妇抗会和抗先大队最为突出。他们除了自己带头捐钱、捐首饰、捐衣物外，还走村串巷深入发动群众募捐。妇抗会的会员，在党组织的领导下，不辞劳苦深入每家每户，把群众特别是侨眷妇女发动起来，使募捐慰劳工作十分活跃。当时党组织培养的周老太太、司徒老太太、谢老太太等典型，起到了很好作用。周老太太等在党组织的支持下，曾越过日军封锁线到达香港，在旅港乡亲中开展募捐活动。她成为"妇抗旗帜"，名扬四邑。

当时，妇抗会组织的募捐慰劳，规模较大的活动有三次：第一次是在1939年初，妇抗会发动募捐，广大妇女纷纷送来年糕、桔、蔗等一批食品。妇抗会派出代表把这些慰劳品集中起来，用一只舢板船运去长沙慰问江防司令部的战士，接着专程到水口和新会潮透慰劳抗日将士。第二次是在妇抗会的发动下，会员积极赶制寒衣，在周老太太和胡如英带领下，把大批寒衣送到鹤山古劳前线慰劳抗日将士。第三次是1939年4月，前往恩平县城慰问伤病员，由当时县委领导成员关山负责带队，妇抗会下属每个工作队都派有代表参加。她们扛着妇抗会的大旗，带着周老太太从港澳募捐回来的药品和衣物，浩浩荡荡行进，对当地人民影响很大，给受慰问的伤病员以很大的鼓舞。

在此时期，赤水东山一带的抗日救亡活动也很活跃。尤其是学校教师，最快接受革命真理，他们以教学职业为掩护，以学校为阵地，进行一系列的抗日活动。当时，赤水分为三个片进行抗日救亡工作。每片设有联络点。赤水片的联络点在赤水小学（赤水圩）。在该校任教的有李重民、李龙、林炳霖等人。从1938年底到1939年，中共赤水区第一个支部（长塘特别支部）就是在这所学校成立的。由李龙任支部书记，李重民任组织委员，张克任宣传委员。中间片以民德第三分校（现尖冈小学）为基地，1938年由陈乃彩、张克、张铁等教师在此地区开展抗日救亡活动。组织农民妇女识字班，一方面帮助妇女们文化翻身，另一方面教育农民和妇女积极参加抗日救亡运动。同时发展党的组织。抗日期间同尖冈所属的上下三村，一共发展党员14人。建立了中共赤水第一个农村支部。羊路片的活动据点设在民德小学。以张克、张浓、陈乃彩等为领导，组织"抗日救亡剧团"，进行革命宣传，发动民众募捐慰劳前线，计民德学校共捐得金戒指 3 枚，棉衣 20 多件，食品一批，直接支援抗日。

三、大力开展武装训练，做好战斗准备

"七七"卢沟桥事变爆发后，中共中央向全国发出通电指出："只有全民族实行团结抗战，才是我们的出路。"并号召全国同胞、政府与军队，团结起来，筑成统一战线的坚固长城，抵抗日本帝国主义的侵略。1938 年 4 月，根据党中央的指示，广东省党组织召开会议，成立中共广东省委，当即讨论了党组织和武装工作问题，要求各地党组织努力建立群众性抗日武装自卫团体，号召党员积极参加群众武装工作。开平党组织根据上级的指示，结合本地实际，在领导人民大众进行抗日救亡活动中，除积极开展宣传工作外，还大力开展武装训练，并为推动全县各地建立抗日自卫武装展开了一系列工作。

1938 年初，国民党开平县国民兵团社会军事干部训练总队，在赤坎河南洲举办一期社会军事干部训练班，培训抗战的军事人才。开平党组织立即布置党员和进步群众，通过各种关系参加这个训练班。这期"社干班"结束后，原打算不再举办了。开平党组织认为这是培养社会军事人才的一个途径，要不失时机地利用它培训自己的军事干部。因此，决定以"教抗会"的名义，积极争取把"社干班"继续办下去。结果，经县人民政府批准，又办了"中小学教师暑期军事训练班"。与此同时，社会军事干部训练总队另在赤坎河南洲举办了"妇女军事干部训练班"，学员有 70 多人，学习时间三个月，期满后派出去担任各乡妇女社训教官。党组织派女党员梁英韬和一批进步女青年参加。这两期军事训练班对开平县培养抗日武装骨干力量起了一定的作用。

　　1938 年 10 月，开平政治大队建立后，开平党组织就以它为阵地，进行武装抗日准备工作。这个大队组织队员每两个星期进行一次军事演习，先后到四九、瓦片坑、马岗、百合、罗汉山、合山桥，以至恩平等地开展了八次露营及进行长途行军活动，并作了伏击战、夜战和巷战等训练、演习。

　　1939 年初，开平抗先大队成立后，党组织又通过它进行了一些野战训练。抗先大队曾动员近 2000 名青年群众进行拆毁公路桥梁阻挡日军入侵的活动。在党组织领导下，县抗先大队还分别动员青年参军参战。1938 年秋，就有关沃荣、邓一飞、李其新（李林）以及邓旭初等从开平奔赴陕北，入"抗大"，参加八路军、新四军。1939 年秋，有邓汀、余琼、司徒明、周健明等从开平到八路军驻广东办事处去工作。抗先队员深入农村对出征军人家属进行访问，帮助他们解决生活上各方面的困难，使前方战士减少后顾之忧。抗先队在配合政府进行肃奸防奸方面也做了大量工作。

　　经过开展军事训练，有相当一部分的党员和进步群众，初步掌握了军事和救护常识，有的回去农村当起军事教官，有的回到学校开办军事课程，在群众中普及军事知识教育。这一系列的工作，都为群众性抗日武装自卫斗争打下了基础。

　　1939 年 3 月 29 日，江会沦陷，日军逼近单水口。开平广大人民的生命财产直接受到威胁，纷纷要求组织武装自卫。开平县工委及时向全县党员发出号召，要求利用各种关系和条件，推动群众组织抗日自卫队，抗击入侵的日军。当时，由开平党组织派党员进去并逐步掌握领导权的有潭溪、以敬、仲和、强亚、儒良、蚬冈、张桥、波罗、沙冈、北炎、护龙、西村、长塘、横溪、司徒四姓等抗日自卫队，织帽村、横桥头、尖岗等抗日自卫小组。潭溪龙田堡有一部分妇女也参加了抗日自卫队。这些群众性的抗日武装自卫队伍，后来在打击进犯的日军中谱写了光辉的一页。

华侨港澳同胞全力支持抗日

开平县是著名侨乡，华侨、归侨、港澳同胞、侨属家庭众多。在抗日战争时期，华侨港澳同胞各界人士热烈拥护和大力支持人民抗日战争，有的自觉加入革命行列，参加开平党组织的地下活动；有的参加了中国空军；有的慷慨解囊，捐献巨款或金器首饰给开平党组织作为活动经费；有的直接为中共党组织和人民武装队伍带信息、送情报，以及转运物资、医药、衣物等工作。据粗略统计，抗日战争14年间，美洲华侨为祖国捐款总额达6900多万美元，其中美国华侨捐款5600万美元。仅纽约筹饷总会募捐就达1400万美元。美国华侨为祖国抗战捐献飞机30多架，捐献各种车辆数百辆，为抗日斗争作出很大贡献。

华侨、归侨、侨眷、港澳同胞在人力、物力上大力支援抗日战争的动人事例不胜枚举。最突出的是老侨领司徒美堂先生。他积极抗战，保持民族气节。1937年，全面的抗日战争爆发了。司徒美堂在美洲积极拥护抗战，反对投降。他与进步人士共同发起组成"纽约华侨抗日救国筹饷总会"，并担任常务委员。他知道，这次抗战是长期的，募捐救国也是要长期的，便放下了其他工作，专责纽约筹饷工作达五年之久。在八年全面抗战期间，纽约华侨捐款共330万美元，平均每人达到1000美元，另外公债和杂捐不算在内。纽约成为美国华侨募捐支持抗日最活跃、最有成效的地区。

1940 年，国民党顽固派发动了破坏抗战的反共高潮，在艰难时刻，司徒美堂在美洲与宋庆龄所领导的"保卫中国同盟"保持密切的接触，支持了中国人民的抗战主力部队八路军和新四军。当国民党顽固派制造"皖南惨案"，屠杀新四军及抗日军民时，他十分愤慨，立即发表通电，反对分裂，呼吁团结抗战。

为了了解祖国人民抗战的真相，1941 年冬天，司徒美堂自美洲回国，行抵香港，遇上太平洋战争爆发、香港沦陷，他也被日军拘捕。日军指挥官知道他在侨胞中很有威望，便威迫利诱他，要他当"维持会长"。他表现了高度的民族气节，拒绝伪命，并乘敌人戒备疏忽，在一个早晨，改换装束，乘坐小艇，逃出香港，当时他已是 73 岁的高龄，不顾劳累辗转 200 多里路，脱险抵达粤东游击区。随后，经韶关、桂林到达重庆。

1942 年夏，司徒美堂被聘为"国民参政会"华侨委员，并在重庆期间拜会了中共中央代表团负责人周恩来，出席了周恩来在八路军重庆办事处专为他举行的欢迎茶会。周恩来向他介绍了抗日民主根据地和八路军、新四军的情况，还每天叫人送给他一份《新华日报》，从而使他明白：八路军、新四军及其他由中共领导的人民抗日游击武装，当时虽然缺枪缺饷，环境十分艰苦。但是，为了抗日，坚持斗争，使力量不断壮大，解放了大片国土，取得巨大的战果。司徒美堂对中国共产党及其武装部队的爱国精神和浴血奋斗非常敬佩。

在这段时间，司徒美堂还与冯玉祥、陶行知、黄兴夫人、黄宗汉等爱国人士广泛接触，了解情况。他知道国民党消极抗日、积极反共的真相后，在思想上有了很大触动和变化，他发表了演讲。他说："忠于抗战事业，而且创造了抗战办法，展开了抗战局面的是共产党而非国民党，那么凡是爱国的人，就绝不该反共，反共的人实际上也一定反对抗战。"他决定将这一看法告诉海外侨胞们。

1943 年，司徒美堂返回美国后，在北美、南美各地，向华侨及美国友人报告抗战真相，帮助侨胞正确认识祖国胜利前途。1945 年 3 月，司徒美堂为集中华侨力量，支持祖国的抗战事业，遂将美洲洪门致公堂改为"中国美洲致公党"，并被选为主席。1945 年 4 月，"联合国筹备会议"在美国三藩市举行，他被聘为"中国代表团"华侨顾问。司徒美堂，为争取抗日战争的最后胜利，为祖国的独立、为实现世界和平贡献了全部力量。

抗击反共逆流，转变斗争策略

一、与反共势力巧周旋，坚持革命斗争

自 1938 年 10 月，武汉、广州失守，抗日战争进入战略上的相持阶段。一方面，日本侵略者以主要力量对付共产党所领导的人民抗日武装，向解放区战场进攻，对国民党则采取政治诱降，停止了对国民党正面战场的进攻。另一方面，国民党顽固派害怕共产党领导的人民力量不断扩大，转而采取消极抗战、积极反共的政策，全然不顾民族大义，破坏团结抗战。

对于国民党的投降主义路线，中国共产党带领人民群众立即进行针锋相对的斗争。1939 年 5 月，国民党广东省党部委员伍智梅亲自到四邑布置反共的活动。她到开平赤坎，策谋解散中共领导下的抗日群众团体。开平抗先大队部接到国民党县党部通知，要派人去见伍智梅。当时，党组织决定派县抗先副大队长关山去见她，司徒毅生以县教抗代表身份陪同前往。伍智梅等企图借听取县抗先工作汇报为名，从中抓到把柄来达到煽动反共逆流、解散抗先的目的。席上，关山详细地摆出大量事实，说明抗先在抗日救亡工作中取得的不容置疑的成绩，使在座的县抗先大队长、国民党县党部书记长周秉维和县党部秘书司徒荫也不得不说：关同志汇报的都是事实，他们确实做了许多抗日工作。伍智梅一心想追问下去，想抓关山谈话的"岔子"，但始终不能得逞。事后，

党组织在斗争策略上，就以周秉维这次说话为依据，利用合法斗争的形式，揭露国民党顽固派"假抗日真反共"的阴谋，从而反击了国民党无理解散开平抗先队的可耻行径。伍智梅只好又一次来开平，召开粤中区党政军头目会议，进一步布置反共阴谋活动，强令解散全部抗日团体，扼杀抗日救亡运动。她还和国民党顽固分子、反动政客马超俊先后分别到长师、三埠等地演讲，攻击中国共产党，污蔑八路军新四军，诽谤抗先队。长师党支部组织进步师生进行批驳和辟谣，挫败了敌人分化师生、解散抗先的图谋。

1939 年冬到 1940 年 3 月，国民党顽固派掀起了抗日战争期间的第一次反共高潮。在此期间，开平党组织坚决执行特委关于反击反共逆流的指示，确定"组织上退却，政治上进攻"的方针，号召全体党员和全县人民，反对国民党无理解散抗日群众团体，并向社会各阶层和海外侨胞揭露国民党顽固派企图投降的阴谋，公开声讨国民党反共反人民与破坏抗战的严重罪行。县教抗、妇抗、抗先和青抗等抗日群众团体都利用合法地位与之进行斗争，尤以抗先大队最为突出。1940 年 3 月，国民党开平县党部发出了停止抗先队活动的通知。开平党组织立即进行反击，由县抗先大队部发出了给广东第一行政区专员古鼎华一封"快邮代电"公开信。在信中，针对国民党诬蔑抗先队成分复杂和行动诡秘的"罪名"，列举抗先队的成绩，充分说明它的活动是符合当时群众利益和要求，符合政府提出的地无分东西南北，人无分男女老幼，均有责任抗日救国的主张，指出停止抗先活动是无理的，必须立即"收回成命"。这封"快邮代电"印成传单在全县广泛散发，伸张了正义。

1940 年 4 月，国民党开平县党部为了装饰一下"抗日"的门面，召开各个群众团体代表会议，筹备举行一次反汪（精卫）大会。党组织决定抓住这个机会，进行一次政治反攻，组织巡行示威，向广大群众揭露国民党顽固派进行投降反共活动的丑恶嘴脸。会议原定在赤坎二七市挞举行集会，但集会前夕，国民党当局临时改在关氏图书馆举行，企图使各个群众团体措手不及，以便任由他们摆布。党组织及时获悉情况，立即通知抗先各小队组织群众先到图书馆，并布置人员把守门口。开会时，县抗先、教抗代表发言，揭露国民党顽固派投降反共的罪行，指出"汪记""蒋记"都是一路货色。会后，打出抗先队旗帜组织队伍上街巡行，沿途高呼口号。主持这次集会的国民党县党部秘书司徒荫和赤坎区区长严某也无可奈何。

1940 年秋，开平形势进一步恶化，开平县委对国民党反共政治逆流进行坚决反击。为了隐蔽精干，积蓄力量，等待时机，经中区特委请示省委批准，有计划地分期分批撤退暴露的党员、干部。1940 年 2 月，县委领导班子作了调整：书记周明，组织部部长谢鸿照，宣传部部长周天行（往外地学习）、司徒卓，青委周新。当时除特委原主要领导成员先后撤离外，开平县委谢创、关山（参加省训班后调去沦陷区）、群运负责人司徒毅生等也陆续撤离开平。

在国民党反共政治逆流的冲击下，开平的群众抗日团体陆续被无理解散，抗日救亡群众运动受到严重影响。开平县委根据形势的变化和上级的指示，及时从组织上和工作方法上实行大转变，决定各个抗日团体的成员转入基层，进行隐蔽的革命活动。为了掌握学校这个阵地，县委根据中区特委的指示，动员一些党员和进步青年进入学校读书，从中秘密发展组织，开展学生运动。县委青委周新和十多个党员以及一批进步青年考入从广州迁来开平的国民大学及其附中，一边读书，一边以灰色的面目和隐蔽的方式开展革命活动。他们通过广交朋友，利用各种形式团结广大青年学生，揭露国民党顽固派消极抗战、积极反共的阴谋，挫败三青团监视和限制学生活动的诡计，有力地推动这间学校学运的发展。另外，开平中学、开侨中学、越山中学、大中中学、长沙师范、开平简易师范等学校，都有党员和进步青年进去读书。他们按照县委的指示秘密开展工作，团结同学进行抗日救亡的宣传，与国民党顽固派展开斗争，使这些学校打破了沉寂的局面，出现了生机。

二、深入基层，扎根群众，共渡难关

1941 年和 1942 年是中国抗战最困难的时期。这一时期，日本侵略者已停止了对国民党的正面战场的战略进攻而以主要力量对付共产党所领导的人民抗日武装，解放区战场也成为抗日主要战场。1941 年 1 月，发生皖南事变，国民党掀起了第二次反共高潮。而且在 1941 年的 3 月和 9 月，日本侵略军两次进犯开平，骚扰水口、三埠、赤坎等地区。12 月，太平洋战争爆发。不久，香港沦陷，旅港同胞纷纷逃难回乡，途经三埠的竟达数万人，人满为患，粮食供不上，加上 1942 年、1943 年两年又出现严重的旱灾，农田龟裂，禾苗枯死，粮价暴涨，每斗米由原来 2 元上升到 30 元。不少人靠吃野菜、竹米度日，加上疫症流行，侨汇又告中断，天灾人祸接踵而来。据不完全统计，1941—1944 年间，全县饿死、病死、逃荒的达 10 万人以上。

在这种异常恶劣环境中，为了适应形势发展和对敌斗争的需要，开平党组织遵照上级的指示，在活动方式上实行转变：党的力量部署由城镇转向农村，由人口集中的平原地区转向偏远的半山区。动员党员深入底层，扎根农村，采取各种各样的组织形式和活动方法，发动群众开展新的斗争。通过组织自卫协会、生产合作社、农民夜校、妇女识字班等，进行生产自救和抗日救亡工作。县委书记周明离开赤坎，带领十多个党员到一区，分散到马

冈织帽村、南蛇岗、棠红、龙胜、西杰、潭碧等地的小学去。在山区夹水湾田（注）、水井秀才坪、狮山村、赤水尖冈、冲口市冠英、钟毓等学校也有党员到那里工作。

当时，一些基层党组织也以合法的名义和合法的工作方式进行革命活动。长塘特支从原在赤水小学活动，转到长塘保和堂中药店二楼开办青年补习班；蚬冈党支部从原来在启新小学活动，转到蚬冈圩开设七七公司，后来又开设仁友商店；赤坎一班党员自己凑了钱，先后在赤坎镇开办立达书店、制枧工场和故衣店；三埠的党组织也派党员在荻海开设孚信金铺、在新昌开办荔园糖果饼干店。这些都是秘密活动据点，党员以此做掩护，开展新的斗争。

在困难时刻，开平市各地党组织响应县委提出的到农村生根的号召，深入实际，扎根于群众。长塘特支派白石塘村党员回去，把贫苦农民组织起来，开垦荒地，建立农民生产合作社（后改称"农会"，又改为"牛会"），并在实际工作中发展党员，于1941年10月建立白石塘党支部。蚬冈启新党支部原来教书的党员也回家乡从事农运工作。他们组织了至德乡农民垦荒合作社，把来龙挞60亩荒地开垦为农场，发展生产，解决一些农民生活的困难。他们还通过向村民进行抗日宣传，发动侨眷募捐经费购买武器，组织农民自卫队，开展军事训练和政治学习活动。为了解决灾年歉收的困难，他们又组织至德乡一百多个佃农向祖尝管理提出"二五减租"，进行说理斗争，迫使他们实行"二五减租"。1943年春，赤水尖冈党支部积极帮助农民度荒，组织冈溪农民生产合作社，集体开荒200多亩，种植水稻、花生、番薯等农作物，解决饥荒时年的生活困难，也体现出基层党组织与人民群众休戚与共、同甘共苦的高贵品质。

三、整风学习，提高素质，蓄力待机

1941 年以后，由于受国民党掀起的第二次反共高潮的冲击，革命形势日益恶劣。开平党组织绝大部分党员是坚持革命的。但也有少数党员对革命的前途认识不足，出现一些思想混乱，表现出小资产阶级的动摇性和脆弱性。在反共逆流到来时，这些人自动疏远组织，不过组织生活，不执行党的决议，拒绝党的调动，拒绝去前线，有的还借口家庭困难而放弃党的工作，埋头做生意，个别的跑到外国去了。开平县委针对这些情况，自上而下，有计划、有步骤地对党员进行了解和审查，开展个别谈心、个别思想教育工作，使党员认清前途，增强革命信念。为了加强对党员的教育，中区特委于 1941 年、1942 年先后在赤坎镇附近列溪小学和马冈附近一间小学这些据点，由刘田夫、黄泽成等亲自布置，由赵向明、周健明等负责刻印，陆续秘密出版了油印《干部学习》等党内刊物，指导教育党员干部工作的开展。1942 年延安整风，特委宣传部部长黄泽成在三埠附近的犁头咀小学组织力量刻印延安整风文件，秘密分发到各县，以便组织党员学习整风文件。开平党组织认真组织党员学习这些文件，特别是学习加强党性、加强组织纪律性和理论联系实际等课题，对党员教育很大。这期间，县委先后在潭溪、棠红、赤坎近郊和楼冈泊头等地办过几次短期的、小型的党员训练班，学员少则 2 至 3 人，多则 6 至 7 人，每期为时一个星期左右。在学习中，除学习整风文件外，还学习"坚持抗战，反对投降；坚持团结，反对分裂；坚持进步，反对倒退"的方针；学习关于党的建设、中共党史和青年运动等专题，直到形势严峻，不能集中学习，便强调有自学能力的党员要坚持自学整风文件并写学习心得。通过一系列学习活动，对党员进行阶级斗争教育和革命前途教育，坚定了党员革命的意志和革

命胜利的信心。在学习中，还针对个别同志损公利己的错误，进行批评教育，使大家重视思想改造，防止蜕化变质。通过谈心交心，互学互帮，很多共产党员受到革命战争的洗礼，最终成为坚定的共产主义者和无产阶级革命战士。

第五节 形势向利好转折，武装抗日转入反攻

一、党组织活动和老区建设全面加强

1944 年形势起了很大的变化。国际上反法西斯的战争形势大好，德国法西斯的最终失败已成定局，抗日战争转入了反攻阶段。1944 年 7 月，日本帝国主义为了进行垂死挣扎，调遣华南日军北上西进，配合南下日军企图打通粤汉线、湘桂线，广东省有全面沦陷的危险。当时，中共中央电示广东省临委，凡敌向北侵占之地，应立即派出得力干部或武装小队，到该地区与当地党组织取得联系，大力开展抗日武装斗争。省临委召开会议，传达贯彻中央指示，决定放手发动群众开展全省抗日游击战争，并全面恢复和加强各地党组织的活动。1945 年 1 月，恢复中区特委，谢创为书记，李国霖为组织部部长，周天行为宣传部部长。在特委领导下，属下各县党组织逐步得到恢复。

开平特支的恢复，是在金鸡镇锦湖小学完成的。当时在该校任教的年轻教师（中共党员）李俊洁，利用放寒假时间，亲往阳江城党的秘密交通联络站，同周天行（兼粤中区副特派员）取得联系，接受指示，回来后即正式恢复开平党组织活动，并调整开平特别支部，由李俊洁当支部书记，关云当组织委员。后来，关云当宣传委员，李俊洁兼任组织委员。特支恢复后，重点抓了几件工作：第一，总结党在停止组织活动时期的工作和经验，迎接

新的斗争任务——坚持地下党活动和准备开展武装斗争。第二，审查党员，恢复党的组织活动，对在最艰难时刻仍与党组织保持联系的党员同志，全部恢复组织联系，同时积极培养和吸收积极分子入党，加强党的力量。第三，积极做好宣传工作，开展政治斗争。第四，了解情况，进行社分调查。自此，开平党组织又逐步发展起来，领导群众进行武装抗日。至1945年秋，全县党员已增加到60人。

这个时期，大沙、东山、水井等革命老区建设也有较大发展，老区的干部群众全力支持革命政权建设和游击队发展，青年踊跃参军，群众全力支前，起到了重要作用。

例如大沙革命老区。该区是抗日战争中期，中共广东省中区党委从战略高度出发、重点建设的武装斗争根据地。这里山高林密，地势险要，在这里建根据地，可以成为开平游击队的家，也可以成为恩平、新兴游击队的接济地。因此上级党组织陆续派遣共产党员和部队同志到这里开展革命活动。

早在1940年初，中共开平一区特支书记梁文华到尖鹤地区进行革命活动，在鹤洲乡蕉园村梁池寿家里建立据点，开展抗日救亡宣传，为恩（平）开（平）新（兴）边区的武装斗争创造了条件。跟着，中共恩平县委派共产党员甄棠到夹水乡湾田村以教学为掩护开展革命工作，并从恩平葫底乡塘背村仲甫小学抽调进步教师梁沃兆（西水村人）回西水小学教学，协助甄棠工作。同一时期，中共恩平县委还相继派遣共产党员李继白、梁福生、马千里等到岗坪小学、老虎坑小学和西水村工作。他们以学校为基地，深入群众，宣传共产党的政治主张和抗日救亡的方针政策，为创建沙水地区游击根据地奠定基础。这期间，党组织和部队还先后派遣共产党员司徒荣、李洁、黄薇、陈牧丁、邓来等人到西水、岗坪等地搞群运工作，组织设立西水、岗坪联络站，发动和组织群众参加革命斗争。

1942 年，西水、岗坪交通站正式建立。接着，成立岗坪援军组和西水武装民兵队，组长、队长分别由岗坪村梁木荣和西水村梁坛娇担任，他们积极为中共武装部队筹粮筹枪，并协助武装部队放哨锄奸，提供给养协助开展生产自救。同时，他们积极给部队放哨、通讯、购物、当向导和维持地方治安，立下不少功劳。

地方组织和人民武装建立后，他们积极动员青壮年农民参军入伍，开展革命斗争。1944 年 8 月，夹水乡竹莲塘村农民欧植梅（又名欧开华），毅然到鹤山县双桥游击区加入新（会）鹤（山）人民抗日游击大队，后来被编入广东人民抗日解放军（此部队亦称粤中纵队，1945 年 1 月中共中央批复同意此称呼，1946 年 6 月番号取消，并整编成粤中武工队），不久参加了共产党，成为大沙区的第一位共产党员。1946 年 12 月，欧植梅接受了扩军任务，返回夹水、三联乡串联发动小陂村梁庚林、大塘村李榕长等 23 位农民，分批到鹤山加入广东人民抗日解放军，被编入第一团属下的雄狮中队（后更名为"民族队"），欧植梅任该队特务长。1945 年 2 月，广东省人民抗日解放军向粤桂边区云雾山挺进时，途经新兴县蕉山，被国民党六十四军一百五十八师等部包围。部队突围时，欧植梅中弹牺牲。

从蕉山战斗突围出来的广东人民抗日解放军，由连贯、罗范群、刘田夫、郑锦波等率领，抵达夹水乡榄坑村休整，他们把一挺机枪和部分武器交给该村农民莫伙收藏，把两名重伤员托付给莫南、莫金水料理。经过精心医治和调理，两位重伤员一年后重回前线。1945 年 3 月下旬，整编后的广东人民抗日解放军主力一团，由罗范群、谢立全、刘田夫率领，与当局反动势力做斗争，得到岗坪援军工作组梁木荣、梁伦祥、梁坛福等的热情接待，并发动村民筹集粮食、蔬菜、副食品接济部队，谱写了一曲革命老区与子弟兵鱼水情深的颂歌。

在那峥嵘岁月，大沙人民群众为革命作出了很大牺牲和贡献。据统计，有259人参军，372人加入民兵队参战和办后勤，筹给军粮3074担，提供武器358支。在40多次大小战斗中，有52名武装指战员牺牲在大沙这块土地上，其中大沙籍的有26人，许多为革命作过贡献的人，革命胜利后不居功。

又如月山水井革命老区。该区位于开平县东北角，东毗鹤山，北靠高明，西邻新兴，是一个偏僻的山区。抗日战争期间，此地成为粤中通往西江地区的交通要道。当时，日伪军驻扎在江会，逼近开平水陆交通枢纽水口镇，对人民群众的生命财产威胁很大，对中共党组织和进步团体的活动也极为不利。为了沟通四邑以至西江同珠江三角洲游击活动的联系，1942年2月广东中区特委在水井圩建立的"万隆客栈"此时发挥了重要作用，这个交通联络站，除接待上级领导同志来往住宿、开会，还负责转送从三埠、水口等交通站送来的情报，并转送到当时珠江三角洲游击活动中心——中山县五桂山游击队司令部。同时，"万隆客栈"还负责了解掌握月山、水井一带敌情，及时向上级党组织汇报。"万隆客栈"在1942—1944年，经常接待刘田夫、谢永宽、陈江、陈福生、郑祝山、郑锦波、李克平等同志在那里开会或活动。1944年，随着革命斗争的形势发展，这里的隐蔽活动逐步成为公开的革命斗争，并在同年10月建立了水井乡民主政权。11月新高鹤人民抗日游击队李龙英中队到水井活动。年底，又有珠江纵队某主力部队进驻开平水井，在秀才坪村和狮山村与当地党员联系，召开群众大会，号召青年报名参军，消息传开，水井各村庄青年踊跃报名，十多位青年入伍，参加到主力部队，壮大了革命队伍。

同一时期，开平党组织根据上级的指示，先后输送周新、司徒辉、谢宝月、梁美润、邓悦庄、余怡、邓碧瑶等一批党员到中山加入珠江地区人民武装部队。后来，又输送了梁文华、谢瑞珍、关吕刚、吴郁友、吴勇、司徒焕棠、司徒棠、关境潮等一批党员加入新鹤人民抗日游击队，为革命队伍增添新生力量。

二、渗透和掌握自卫队，建立人民武装

整个抗日战争时期，对于由党组织推动组织起来的，或者在中共的抗日统一战线指引下，地方自行组织起来的自卫队，开平党组织都千方百计派党员进去工作，从而使这些自卫组织得到巩固和发展。这些自卫队或小组，对宣传抗日、为群众办事、保护群众利益等方面都起着积极作用，有的还在抗击日军的武装斗争中立下了战功。下面介绍四个自卫队的简况。

（一）护龙民众抗敌自卫中队

1938 年 7 月成立的护龙民众抗敌自卫中队，它的前身是乡公所的团防，由海外侨胞捐款和各村祖尝集资支持的。正式组成自卫队后，有配备全副武装的 99 名队员。护龙党支部三分之二的党员参加该队，中队副是共产党员邓世英，掌握了实权。该队经常进行军事训练，日间操练，夜间执勤，并与本乡学校师生一起到各村进行抗日的宣传活动，还积极组织进行赈米救荒工作。这支自卫队既是战斗队，又是宣传队和工作队，影响较大。1939 年 9 月，国民党开平县长李锡朋曾借口"共产党阴谋捣乱"，授命赤坎伪警察所贾巡官带领 40 多个警察跑到护龙，企图解散这个自卫队，强行收缴他们的武器。该队在共产党员的带领下，经过有理有节的斗争粉碎其阴谋。这支自卫队坚持到 1941 年夏，被国民党政府勒令解散。1944 年 7 月，为了打击入侵开平的日军，护龙自卫队又重新组织起来，投入抗日斗争中。

（二）幕冲人民抗日自卫队

1944 年 6 月底，共产党员谭行和伍辉从外地回到开平，与中

区副特派员周天行取得联系，接受他的指示，由谭行通过与国民党开平县党部书记长吴杰东的关系，在楼冈圩建立县战时工作队第一中队，由谭行任中队长，伍辉为第一分队长，开展抗日武装斗争。不久，伍辉带领这支队伍几经周折，进入他的家乡幕村冲澄一带活动。他们团结当地的抗日力量，先后召开群众大会和父老大会，号召群众起来进行武装抗日。会上，100多人报名，当即宣布成立幕冲人民抗日自卫队。该队由伍辉任大队长，分两个中队：第一中队由幕村伍姓组成；第二中队由冲澄李姓、梁姓和三江陈姓组成。这支自卫队在保护群众、打击日本侵略者方面做出不少努力，立了不少战功，得到乡民的赞誉。

（三）织帽村自卫队

马冈织帽村（中和村）是开平党组织地下活动的一个老据点。1938年底，共产党员王仕钊、胡炎基、关境潮及革命青年周镜明、朱素强等5人，以战时工作队成员的身份来到织帽村，组织群众进行抗日宣传活动。他们发动群众80多人成立了织帽村民众抗日后援会，培养、吸收积极分子周木友入党，并推选为抗敌后援会会长，负责抗日宣传工作。在抗日战争中后期，织帽村党组织除积极带领群众开展抗日救亡活动外，还开展反霸斗争，夺回被该村旧保长吞并的田地，交回农民耕种。1944年6月，织帽村成立了抗日自卫队。1944年7月，日军沿公路向西北进犯，队伍逼近马冈，群众受到严重威胁。织帽村自卫队埋伏村边，向日军扫射，大大鼓舞了群众的抗日斗志。

（四）长塘洞自卫队，起义成为长塘洞人民抗日游击队

赤水长塘洞位于开平、恩平、台山三县交界，方圆100多千米。1939年春，中共长塘特别支部着手进行发动群众组织武装抗日工作。是年夏，经国民党广东省第一区行政督察专员公署批准，成立了恩平、开平、台山长塘洞抗日联防委员会。这个联防会由

当地 9 个乡的头面人物和 6 个圩镇的商会会长组成。共产党员李重民、余质夫当上了委员。同年秋，在联防会属下组成一个长塘洞联防自卫队，有 70 多人。党组织派党员谭炳池在自卫队当事务长（总务）。1942 年，因香港沦陷，侨汇中断，自卫队经费不足，队员减少到约 30 人。联防会指定李重民兼管自卫队工作。这时，为进一步控制这支队伍，便决定谭炳池担任队长。1944 年，根据形势的发展，为了充实自卫队里党的力量，党组织决定谭炳池辞去队长的职务，从新鹤人民抗日游击队抽调党员黄英来长塘洞联防自卫队当队长，在尖冈村抽调党员张峰来任副队长、党员张锡山当班长，党员张明爱当事务长。

1944 年 9 月，广东人民抗日游击队珠江纵队宣布成立。为了实现省临委制定的开展粤桂边境勾漏山脉抗日根据地的战略，珠江纵队先派一个大队，会合台山地区的抗日武装开辟古兜山根据地。10 月，珠江纵队分出主力 400 多人挺进粤中，会合新鹤人民抗日游击第二大队、高明人民抗日游击第三大队，建立皂幕山根据地，作为西进的立足点。10 月间，粤中副特派员周天行来长塘向长塘特支领导成员传达上级党组织的决定：策划发动长塘联防自卫队起义，要求待珠江纵队一部分主力挺进到粤中，并公开成立台山县人民游击队第四大队时，长塘特支立即配合，组织长塘洞联防自卫队武装起义。11 月，台山游击队又派梁文华与长塘特支领导成员研究有关起义问题。于是，在 11 月下旬一个晚上，联防自卫队 20 多人，加上尖冈自卫队、白石塘村更夫队及当地共产党员，共 50 多人，在党员李重民、林炳琳、张峰的带领下，携带枪支、弹药进入东山乡的上燕洞。第二天上午，成立了游击队党支部，下午进行编队，正式宣布成立台山、开平、恩平长塘洞人民抗日游击队，李重民担任队长。当天把成立游击队的布告张贴到各地，人民群众拍手称快。这支游击队成立初期，与台山人民抗日游击队会合，留在台山、开平、恩平交界山区活动。后来，改编为广东人民抗日解放军第四团。为了打击顽固派的气焰，他们曾袭击了赤水尖冈的地主恶霸张椿英，没收其财产，分给贫苦农民。长塘洞自卫队由原来一支松散的联防自卫队，发展成为中共领导的一支武装力量，并举行武装起义，对推动当地抗日武装斗争发挥了良好影响。这是开平党组织认真贯彻上级的指示，一贯重视武装建设的结果。

第六节 人民群众和自卫队奋力抗击日军

据开平史料记载，日军入侵开平县共有三次：第一次是 1941 年 3 月 3 日—6 日，共 4 天时间，日军共 700 多人，从新会进入开平，侵略水口、沙冈、三埠、赤坎、百合等地，在国民党挺进第七纵队（简称"挺七"）和开平沿途各自卫队强力抵抗下，日军最后从台山方向撤退。第二次是 1941 年 9 月 20 日—27 日，共 8 天时间，日军抽调江门、新会的兵力 1000 多人水陆并进侵略开平，经水口、沙冈、三埠、赤坎等地，在国民党军"挺七"、广东省保安一团、九团和沿途自卫队的强力反击下，日军最终失败并从原路撤退。第三次是 1944 年 6 月 24 日至 1945 年 8 月 19 日，日军 1000 多人，侵略地区有水口、龙塘、沙冈、三埠、楼冈、赤坎、百合、塘口、马冈、尖石、鹤洲、龙胜、石桥、那廊、苍城等地，在三埠、赤坎、楼冈、苍城那廊村等地设有据点。这次日军侵入开平时间较长（14 个月），烧杀抢掠无所不作，人民群众恨之入骨。开平地方自卫队和人民群众奋起反抗，誓死保卫开平乡土，谱写了一曲曲壮丽诗篇，最终把日寇赶出开平。以下是 10 个可歌可泣、荡气回肠的抗日战斗故事。

一、茅丛岭上驱日寇

1941 年 9 月 20 日，日寇又一次大举入侵开平，为掩护其大部队行动，派出一个排的兵力为先遣队，顺着公路南下"扫荡"。

当先遣队到达百合区茅溪乡，看到茅丛岭不但地势高，而且岭上还有一座扼守公路和茅溪地区的碉楼时，便立即向该楼发起进攻，攻占了只有几个更夫留守的碉楼。为了防御游击队和村民的反击，敌军还在该楼外四周挖掘战壕，妄图扼守据点，掩护其大部队在茅溪乡一带抢掠。日寇的侵略行径，激起了开平县人民极大的愤怒，纷纷行动起来向日寇反击，特别是茅溪乡莲蓬、良坑两村壮丁行动更为迅速。翌晨，他们在火力的掩护下，勇敢地向占据该楼的日军发起一次又一次猛烈的进攻，日军用机枪和钢炮进行顽抗。一时茅丛岭上枪声大作，杀声震天。

日军挨了打，便恼羞成怒。在其大部队到达之后，除了留一个班守碉楼外，其余的迫不及待地下山进行"扫荡"。在路上，见一个老人背着一包东西向外逃命，日军立即向老人连开三枪，把老人杀死。日军在村里抢掠时，又把一个不肯交出金戒指的妇女打死。日军不但惨无人道杀戮村民，还肆无忌惮地放火焚烧村民房屋。这天茅溪乡到处火光冲天，凄惨的哭叫声不绝于耳，整个茅溪乡都笼罩在腥风血雨之中。日军的暴行，更激起了莲蓬、良坑两村壮丁的极大愤怒，他们义愤填膺，坚决要把日军赶出茅溪乡。但日军势力大，日间难以反击，他们便在夜间进行袭扰。他们每天利用黑夜爬到碉楼附近，向日军打冷枪、放鞭炮、打锣，到天亮才收兵。日军在壮丁们的袭扰下，整天提心吊胆，惶惶不可终日。最终为了保命偷偷地滚出了茅丛岭。

二、九二三沙冈抗日保卫战

1941年9月23日，日军分水、陆两路攻打三埠，三埠沦陷。沙冈毗邻幕阳乡，敌人的魔爪，已迫近沙冈西边的门户——西楼。为了保卫家乡，沙冈西楼有该乡自卫队驻守，队长张叙（神冲村人），队员有张群大（古洲北人）、柯金广（神冲村人）等十七八人，并在冲翼桥头一带放哨驻守。其他南、北、东楼（卡）的乡团也随时准备互相配合，抗击日寇。众兄弟众志成城，同仇敌忾。

23日下午，西楼的乡团发现，近100名日军从幕阳出发，经幕村沿沙水公路转向冲翼桥头方向开来，并不时鸣枪示威。自卫队员立即鸣枪阻击来犯之敌。西楼乡团开始战斗，3名鬼子横尸当场。日军顿时慌乱逃窜，溜到桥下的小溪，并以小溪渠基为掩体，架起机关枪向西楼扫射，因为自卫队的武器大都是单响毛瑟枪等旧式长枪，只有一支机关枪可以连发，但射程短，且弹药不足。渐渐地，自卫队阵地被敌人的火力控制，只能依靠坚固的碉楼顽强抵抗，经过2个多小时战斗，敌人受阻无法前进，恼羞成怒，立即在长沙增调人马，在炮火掩护下，大举进攻。西楼乡团因弹药不足，且寡不敌众，无奈之下开始向梁金山撤退。队员们离开阵地转移时，张群大、柯金广两人被击中，当场壮烈牺牲，其他队员亦有几名负伤，他们边打边撤。敌人在猛烈的机关枪掩护下，抢占了梁金山脚的古沥俣小山制高点。

战斗延续到了傍晚，新屋村青年张近留、张法、张德、张保照、张燕培、张练培等10多人，以及沙冈各卡各村的青年，纷纷挺身而出，拿起武器，向古沥俣山方向奔去，进行救援。到达山脚时，他们遭到敌人居高临下的扫射，当即多人中弹，后经及时抢救，才免于难。战斗结束后，人们为了嘉奖当日抗击敌伪英勇战斗的自卫队员、青年农民，及追悼死难烈士，乡亲父老在乡公所门口，召开了一个规模盛大的军民追悼大会，表彰嘉奖勇敢的队员，追认张群大、柯金广为烈士，并在振华圩口设立烈士纪念碑，以纪念烈士、激励后人。

三、腾蛟自卫队主动杀敌

1944 年 7 月 21 日，盘踞三埠的日军，由三江出动，企图经榕树尾偷渡过河，向龙滚冲进攻南北楼。腾蛟团队（自卫队）接得情报，为了先发制人，即由班长兼机枪手司徒遇率领数十人，携带步枪及轻机枪一挺，过沙湾渡登岸，向三江方向前进。途中发现一队敌伪军已临近，便迎头痛击，敌军慌忙回射，于是双方激战半日。团队枪械虽劣，但队员勇敢，不怕牺牲，猛冲猛打，追敌至桥尾村侧，敌伪不支，死伤十多名，正在溃退。在战斗中，三埠的敌人闻讯，大队来救，团队寡不敌众，主动撤兵回防，敌伪也自知难以取胜而退回长沙。侵驻获海的敌伪牛原联队，时常外出附近杀人放火、强奸妇女、抢劫财物，村民们恨之入骨。早稻收割完毕后的一天中午，十多名敌伪军，在余家祠（风采中学）河边，抢了一艘木船，强迫船家运他们到沙湾渡头上岸，企图到附近村庄抢东西。腾蛟团队闻讯后，立即施行"半路打狗"战术，见敌人行进在田野中，便乘其不备，架起轻机枪猛射，结果把佩长刀的敌伪小头目打倒在田里，其余的敌伪军，慌忙倒伏在田中还了几枪后，就扶着被打倒的小头目，逃到陈塘口村，拆了一户村民的木门，强迫两位躲避不及的村民，用木门作担架抬着中了三枪的小头目，窜到松下村，又抢了村民两艘小船，并强迫船家开船，将他们运回长沙码头。船刚靠岸，敌伪军即抬着重伤的小头目，慌忙返回三埠据点。

四、南楼七勇士抗日

南楼，矗立在潭江之滨，是一座古式碉楼，为钢筋水泥建筑，楼顶设有探照灯，居高临下，睥视四乡。它南临潭江之水，北扼东滘龙公路，是三埠、赤坎的水陆交通要塞，司徒氏四乡自卫队部就设立于此。三埠沦陷后，敌寇屡次派汽艇从水路试探，均被自卫队击退。南楼对保四乡安宁，起着重要的作用。

1945 年 7 月 16 日，盘踞三埠之敌，分兵三路进犯赤坎，左路由荻海、潮境、白沙扑向赤坎；中路以汽艇溯潭江而上直犯赤坎；右路经波罗、楼冈、塘口迂回围攻赤坎。司徒氏四乡自卫队据守南楼抗击沿潭江进犯之敌。敌人以汽艇三艘从水上猛袭南楼。自卫队员在楼顶架起白朗林轻机枪，反击来犯之敌，击毙敌人十多人，迫使敌军后退。水路受阻，敌不甘心，改从陆路进攻，他们在龙滚冲登陆，妄图以龙滚村外的低场田为掩护，向南楼摸来。自卫队员居高临下，一目了然，便暗做准备，待敌到达有效射程范围内，以机枪猛烈向敌人扫射，打得敌人狼狈逃窜。

敌军为了打通三埠之水上交通线，于 17 日晚上，趁着天色漆黑，从陆路向南楼包围而来，当时正在外围放哨的司徒承亨、司徒庭长被敌兵捅了多刀，身受重伤，敌人乘机向南楼包围。守楼团队鉴于敌众我寡，决定突围，除突围者外，还剩司徒煦、司徒璇、司徒遇、司徒昌、司徒耀、司徒浓、司徒丙 7 位队员，他们凭楼坚守，以待时机。

当时楼内只有粮食二十多斤，食水短缺，弹药也有限，七壮士斗志旺盛，在墙壁上写下了血书，誓与碉楼共存亡，没有水，就用东西装雨水饮，火柴用尽，就用棉絮搓成棉条引留火种。他们打退了敌人一次又一次的进攻，给敌人以重创。

敌人多天疯狂进攻，未能得逞，老羞成怒，兽性大作，先后在南楼对岸高咀村大冲口及南楼的西面天然里架起大炮数门，向南楼轰击，将楼墙铁窗打破，穿成大洞，毒气炮弹在楼内爆炸。七壮士中毒气而昏厥，遂落敌手。

敌人攻破南楼，将七壮士解至赤坎下埠敌军大本营（今司徒氏通俗图书馆），肢解示众，后将七壮士尸体抛入潭江。尸体流到天然里附近，司徒煦烈士尸体不知去向。乡民将其余六烈士的遗体捞起妥为安葬。

南楼七壮士牺牲后，大大地激发人民群众的爱国热情和对日本侵略者的无比愤慨。抗战胜利后，8月25日，由司徒氏四乡事业（族务）促进会同仁发起，在开平一中广场，召开大规模的追悼会，到会群众及各界人士共三万余人，怀着崇敬的心情鞠躬致哀，表达深深的怀念和敬仰。

五、魁冈设阵勇杀敌

1944年6月，日寇第三次入侵开平。各地乡民纷纷成立自卫队，保家卫国，英勇抗战，赤坎关氏乡民也成立了自卫队，而且不断扩大组织，充实武装。有声望的长辈关能创，独资购买了重机两挺，捷克轻机两挺，子弹一批，交给关姓自卫队使用。关姓自卫大队大队长关伯汉统领三个小队：第一小队队长关利和第三小队队长关生配捷克轻机两挺防守赤坎圩；第二小队队长关英伟配两挺机枪，防守滘流渡芦阳碉楼。司徒氏自卫队则驻守在南楼和北楼。各处自卫队互相配合，紧密团结，多次击退日寇的进犯，保住了乡民生命财产的安全。

1945年7月中旬，日寇为了打通南路经开平、新会到广州的交通线，开辟两阳通往四邑的捷径，以便掩护从西南、海南向华中撤退的十多万人马过境。日军南路部队先抵达开平县义兴圩，长期盘踞在江会、三埠的敌人闻风而动，迅速占领楼冈，继而分水陆两路向南楼、北楼和滘流渡芦阳碉楼进攻。霎时间烽烟四起，炮声隆隆。这阵势，令当时的广阳守备区指挥官李江和广东省第一区专员兼保安司令黄秉勋、副司令彭济义等吓破了胆，慌忙带领部队向夹水逃窜，任由日寇蹂躏百姓。赤坎乡民，纷纷逃难。赤坎汉奸关子良、司徒毅雄等匪，则列队欢迎"皇军"，上演媚敌辱国丑剧。这时，团务组负责人关以舟找到当时原任新会国民兵团上校副团长，因不满国民党反动派消极抗日而自动离队回乡的关文周。出于民族大义，铁骨铮铮的革命之士关文周临危受命，挑起了抗敌护乡的重担子。

赤坎沦陷后，日寇向郊外进发，大肆"扫荡"。一天，一队敌军约百多人由赤坎公路向塘口圩方向进犯。关姓自卫队在魁岗文林学校集中，关文周和关利、关英伟、关玉书等几位自卫队长研究，决定在文林学校后背山地一带布防抗敌。关文周率领关中坚、关俊民、关文官等人在文林学校碉楼打头阵，牵制敌人，给后防部队制造有利的战机。日寇在文林学校前 2 千米地停下来，派出 2 个探子侦察碉楼情况，探子被自卫队的哨兵捉住并就地枪决了。敌人失去了耳目，冒险推进。关文周等且战且退，巧妙地诱敌深入。敌人恼羞成怒，立即兵分三路，向自卫队阵地发动进攻。自卫队员沉着应战，用猛烈的炮火将敌人击退。这次战斗日寇伤亡惨重。自卫队也牺牲了关炳星、关广廿、关良俊、关伯强、陈德五位壮士，他们的芳名永载史册。

六、护龙自卫队三击日军

1944 年 7 月，为了抗击入侵的日军，护龙自卫队重新组建起来。他们坚持抗日保家乡，曾经三次抗击日本侵略者。

第一次是 1944 年早稻收割的时候。一天傍晚，护龙自卫队开到获海燕山大岭村突袭日军。每个队员把左臂衫袖卷起作为标记，摸黑由田洞迅速前进，到距离敌人驻地约 100 米地方，即以轻机枪突然向日军扫射。打得日军龟缩在碉楼不敢动弹，只是偶尔放过几枪。不久，敌人就分兵两路转移到别地去了。

第二次是 1944 年农历八月的宝国寺战斗。宝国寺后面有个莲塘楼，日伪军占为哨所，以拱卫大本营和威胁当地群众，自卫队和当地群众都想拔除这一眼中钉。八月间，护龙自卫队开到靠近宝国寺牛山脚下伺机行动。一天上午，有个村民来报：敌人正在山顶挖战壕、筑炮垒。自卫队当即决定打它个措手不及。中午时分，自卫队与附近乡村自卫武装配合，迅速冲上宝国寺山顶攻打莲塘楼。敌人仓促应战，彼此对垒2至3个小时，双方虽无损伤，但给敌人的嚣张气焰以有力的打击。

第三次是在1944年10月，日军派100多人，从荻海沿公路入侵黄沙坑抢劫。黄沙坑是护龙一个门户，唇齿相依。当敌人要越过黄沙坑向护龙进犯时，自卫队立即占据"斗米垯"山顶为制高点，严阵以待。敌人进入射程范围，自卫队当即炮火齐发。日军遭此突然猛击，狼狈不堪，几次企图组织冲锋都被自卫队击退。经过几十分钟激战，敌人占不到半点便宜，只留下斑斑血迹，狼狈溃退。后来，敌人转向水井坑，登上三圭山。敌人的援军又从黄大桥开过来了，几百个日军压境，形势危急。自卫队即向驻赤坎的国民党第四战区挺进第二纵队求援。"挺二"纵队即派200人前来助战，驻护龙乡的国民党保安第七团部分士兵也参加战斗。经过3个多小时连续激战，终于击退敌人的进犯。敌方伤亡惨重。自卫队也牺牲2人，伤1人。这场战斗在开平民众抗日自卫史上写下了光辉的一页。

七、三思乡自卫队奇袭荻海

1944年，日本帝国主义为了扩大向东南亚的侵略，妄图以广东的沿海为其南侵的后方，再度占领南路交通要冲三埠，以便向西南进犯，6月24日，日军首先占领长沙、新昌，后企图渡江，把侵略魔爪伸向荻海。在这危急的时刻，三思乡（现在三围、思始乡等地）自卫队20多人，在乡长余和俊（中共党员）带领下，会同荻海自卫队20多人和台山四区自卫队6至7人，驻守荻海抗击日军。他们以猛烈的炮火向企图渡江的日本鬼子扫射，封锁了江面，这场隔江对垒的战斗，从上午 10 时一直坚持到下午 6 时多，使日本侵略者一时无法施其伎，只能龟缩在原地。直至晚上，自卫队为了保存实力才暂时停火。大约过了 10 天，日军发现自卫队撤走了，才乘虚而入，占领荻海。不久，根据党组织的指示和群众的要求，三思乡自卫队又决定袭击侵驻荻海的敌人。附近的两堡乡壮丁队 50 多人，听到消息也主动请缨，前来参战。台山四区区长也自动派出自卫队加入战斗行列。于是，三支队伍联合起来，共有 110 多人，并号召荻海附近乡村人民群众配合战斗。经过战前动员，一切安排妥当。在一个漆黑的夜晚，抗日的队伍神不知鬼不觉地开到荻海四周埋伏下来。袭击敌人的枪声一响，土炮、步枪齐鸣，荻海一带村庄的群众也同时鸣锣呐喊。杀声震天，仿佛千军万马袭来。日伪军从梦中惊醒，受到突如其来的袭击，不知虚实，手忙脚乱地且战且走，慌忙下船渡江，向新昌方向逃窜。奇袭荻海胜利了，对当地人民群众奋起抗日是个极大的鼓舞。

八、沙冈自卫队袭击钟鼓楼

潭江之滨的沙冈金山圩有个用钢筋水泥建造的钟鼓楼。1944 年夏，日伪军占领三埠后曾占据此楼，不时对沙冈的村庄进行骚扰，伤害乡民的生命财产。

当时，沙冈乡乡长和开明乡绅，出于义愤，在中共地下党员积极帮助下，组织起沙冈抗日自卫队。党组织派党员张定原在该队当文书，党员张伟在该队当中队副，从中掌握了这支武装力量。当时，自卫队员们看到日伪军的胡作非为，恨之入骨，经过侦察和周密布置后，决定袭击钟鼓楼。1945 年 2 月 1 日，张伟带领自卫队员在靠近钟鼓楼的地方埋伏下来，定好联系和进攻的信号，并在附近的东边围和大夫祠各架设机枪守候。第二天凌晨，当敌人打开楼门外出打水时，自卫队员集中火力扫射。日伪军猝不及防，20多人全部束手被擒。从三埠开船运送粮食来钟鼓楼的日伪军，当时也被该自卫队打得落花流水。后来，日伪军为了消灭这支抗日武装，出动大批军队，分水陆两路，疯狂地袭击沙冈振华圩。张伟等带领自卫队还击，在"同和押"楼上架起机枪，配合地面队伍，以猛烈炮火扫射日军。战斗坚持到傍晚，日伪军无法得逞，龟缩回三埠。这场战斗，给敌人一个沉重打击，谱写了一曲抗敌御侮、保家卫国的壮歌。

九、幕村轮番斗敌护家乡

1944年6月底，日军占领三埠长沙，周围成了沦陷区。幕冲自卫队大队长伍辉带领幕冲人民抗日自卫队奋起抗敌，使附近的伪维持会纷纷瓦解，伪军据点的供应也被切断。敌人十分震惊，日伪军司令部召开会议，密谋趁该自卫队立脚未稳就发动进攻。一天拂晓，日伪军400余人分三路包围自卫队。经过激战，由于寡不敌众，自卫队分两路退出幕村。敌人扑进幕村，到处奸淫掳掠，杀人放火。至11月中旬，晚稻收割进入大忙时节，守在炮楼的伪军到各村口和稻田抢粮。群众收割时又遭到日伪军在炮楼开枪扫射，为了保护群众，抢收稻谷，幕村自卫队带领群众开展反夺粮的斗争，盘踞的日军一个小队同伪军一个团共100余人，向自卫队进行猛烈的攻击。自卫队员毫不畏惧，与敌人进行了一天两夜的战斗。第二天深夜。自卫队集中全力，并发动群众数百人手持铁锄、担挑，带备鞭炮，分三路对付敌人。黑夜中，枪声、鞭炮声齐鸣，喊杀声震天动地，使熟睡的敌人摸不着头脑，匆忙逃走。自卫队又派出伏击小组迂回狙击敌人。这一仗，毙敌伪军十余人，日兵2人，并从敌人手中夺回了群众的粮食、衣物等一大批。自卫队再度进入幕村，以后，又与日伪军进行了几次较量，从而牵制敌人，打击其嚣张气焰。这支自卫队在国统区和沦陷区之间一个狭窄的要冲地带开展抗日武装斗争，屡建奇功，得到乡民称颂。

十、地方中队和自卫队联手擒敌

1944 年 11 月 11 日，早晨 6 时，日伪军百余人，分两路进犯海心，一路由田洞中大路直上，海心乡自卫队奋勇抵抗，激战十余分钟，因众寡悬殊，弹尽无援，退回桥尾村后布防；另一路日军由西园过安溪向红门楼进犯。该处防军为开平后备第一中队防守，亦激战多时，由于侧翼上步头失守而被迫撤退。随后，开平后备第二中队开到，立即对日军采取钳形包围，中午 12 时，包围大势已成，敌伪被困在红门楼、上步头两村内，正如瓮中之鳖，海心自卫队曾一度冲入红门楼村，敌伪军见势不利，狼狈逃窜，所抢财物遗弃甚多。其余走不及的伪军，缩入该村修诚堂楼内，凭楼顽抗。是时，盘踞在上步头村挺秀楼的敌伪亦被包围。至下午 5 时，敌伪见增援无望，乘黄昏之际，集中火力向冲美方面突围而逃，日军当场被击毙 1 人，伤多人。盘踞红门楼村修诚楼的伪军 40 余人，被自卫队用火攻其楼门，惶恐异常，不敢应战。至翌晨，经开平后备队劝导，楼中 42 名伪军解除武装，下楼投诚。至此，红门楼战斗胜利结束，长沙一带乡民欢欣雀跃，此战彰显了中共统一战线政策的巨大威力。

开平的抗日故事还有许多，这里不再一一列出。我们要永远牢记历史，不忘耻辱，珍惜和平，面向未来，为民族复兴不懈努力。

经过 14 年抗日战争（含 8 年全面抗战），1945 年 8 月 15 日，日军投降了，抗日战争取得了最后的胜利。开平的群众尤其是老区的乡亲打锣打鼓、唱歌跳舞、奔走相告，各地纷纷集会庆祝，乡亲们振臂欢呼："抗战胜利了，日本投降啦！"从此，革命斗争历史又掀开新的一页。

4

第四章
解放战争时期

解放战争时期，广东中区特委为了加强开平的工作，恢复了开平县委，开平的工作也随之开创了新局面。一方面，党的建设和干部队伍明显加强，战斗力、号召力明显提高。另一方面，扩大发展革命老区和人民武装，主动打击敌人，成绩喜人。第三方面，发动群众对敌人开展一系列斗争，配合南下大军，动员参军参战，做好支前工作，歼灭残敌解放开平。

恢复和加强县委，开创斗争新局面

一、锦湖会议的召开和县委的恢复

1945 年 8 月 25 日，中共中央发表了《对目前时局的宣言》，明确地表示了中国共产党对和平民主的真诚愿望，向全国人民指明了在和平建设的新时期的重大任务。9 月，广东区党委根据党中央的指示，决定坚持长期的工作方针：一方面坚持斗争，保存武装，保存干部；另一方面做长期打算，准备将来的合法民主斗争。

广东中区特委为了加强民主运动的领导，从部队及外地抽调一些党员干部到各县地方党组织中去。1945 年 9 月初，特委派谢鸿照（恩平县委书记）、李峰来开平，召集开平特别支部成员李俊洁、关云在锦湖小学开会。会议由谢鸿照主持，历时半个月。会上根据上级党委的指示，决定恢复开平县委，由谢鸿照兼任书记，李峰任副书记，李俊洁任组织部部长，关云任宣传部部长。会议期间，大家分析了抗战胜利后开平的形势，对今后的工作任务、方针，作了充分的讨论，最后决定：1. 发动群众，开展民主运动，扩大民主统一战线，执行争取和平民主的反对独裁、内战的方针，坚持和平，反对内战，坚持民主，反对独裁；2. 继续恢复党员的组织关系，健全党的基层组织和开展组织活动；3. 加强党的建设，发展党的组织，扩大党的力量。此次会议是一次重要会议，是开平党组织在历史上的一个转折点。通过这次会议，使开平党的组织适应新形势的要求，进入新的战斗历程，对促进全县和平民主运动的发展起了重要作用。

锦湖会议后，县委负责人带领一些党员到该县中部的塘口，开设均生鞋店作为县委机关，成立机关党支部，由周德光负责。1945 年 11 月，县委领导成员又做了调整，由李峰任书记，李俊洁任组织部部长，陈特（9 月底到开平）任宣传部部长。这时，县委继续审查接收党员的组织关系，对那些失掉或中断了组织关系的党员，经过审查，如无异变的，恢复其组织关系；接收从外地调入的党员的组织关系；对已恢复和建立起来的基层组织，加以整顿，健全组织生活。同时，在积极分子和有代表性的人物中发展了一批新党员，党员人数由原来的 60 多人增加到近 100 人，从而壮大了党的力量，并重新建立了二区党委会和一些党支部。当时，县委安排了一批党员到县内中学、师范和小学去读书或任教，在学校中开展革命活动，发展党员，建立党小组。

县委还加强了党的思想建设。抗战胜利后，开平的党员中有个别人认为中国已进入和平年代，"天下太平"了，因而开始滋长了享乐思想，不愿过艰苦生活，希望进城当官、经商等，还有个别人慑于美帝国主义支持下的国民党反动派的军事优势，害怕打仗。针对这种情况，县委举办了党员学习班，组织党员学习党的七大文件，联系实际，揭露国民党反动派的假民主真独裁、假和平真内战的骗局，教育党员要以革命的两手反对反革命的两手，使党员认清形势，提高觉悟，克服麻痹思想和个人主义，提高警惕，投入反独裁反内战、争取和平民主的斗争。

二、争取和平民主工作的开展

县委恢复以后，立即带领党员开展争取和平民主的宣传工作。当时，党组织印发了一批进步文章和《两个战场》的小册子，突出宣传中共中央发表的《对目前时局的宣言》，以及和平、民主、团结三大口号，向群众宣传中共中央关于和平建国的主张，揭露国民党反动派假民主真独裁、假和平真内战的骗局，使全县人民认清国民党腐败无能、祸国殃民的真面目，自觉起来反对国民党反动派的倒行逆施，拥护中共提出的和平建国的正确主张。同时，联系实际，对国民党反动派抢夺抗战胜利果实，横征暴敛，派兵对开平县抗日游击区进行野蛮的"扫荡"，迫害群众的罪行进行了揭露，开展反独裁、反内战的斗争。

1945年冬，开平的国民党当局为控制教师，限令全县中小学教师加入国民党及由其控制的"教育会"，声称如不参加，就通知校方解聘。为了粉碎国民党反动派的阴谋，县委立即发动广大教师起来抵制这个反动政令。结果，当时没有一个教师参加国民党及反动的"教育会"，反动政令成了一纸空文。1946年4月，开平党组织通过发动，成立了以进步力量占优势的全县中小学教师联合会，把教师团结在党的周围。当时，国民党当局又企图控制这个组织，以便为他们所利用。针对这个情况，县委布置李俊洁等，带领进步的中小学教师有组织、有领导地进行选举活动，使该会的领导权始终被中共地下党员和进步教师所掌握。当国民党反动派在全国各地加紧镇压人民反内战、反独裁的斗争，如制造了重庆的"较场口事件"和封闭《新华日报》社、《民主报》社等事件陆续发生的消息传到开平县时，县委立即通过教师联合会，采取灵活多样的方式方法，在全县教师学生以至群众中开展反独裁、反内战、争民主的宣传活动，谴责国民党反动派的野蛮行径，以配合全国反内战、反独裁的斗争。

面对国民党反动派破坏和平民主运动和进攻人民武装部队的倒行逆施，开平党组织及在开平活动的人民武装根据广东区党委的指示，在复杂的情况下，保持清醒的头脑和高度的警惕，并坚持自卫斗争的原则，带领人民群众为打破国民党所造成的内战危机和争取和平民主而斗争。1946 年初，夹水乡反动自卫队逮捕三名游击队战士，新恩台两阳五县边区大队获悉情况后，在黄平大队长的率领下，从西水开赴夹水圩，捣毁夹水乡公所，收缴了自卫队的枪支，抄了该乡乡长的家，没收了他的部分财物。事后，国民党六十四军的一个团窜入西水反扑，边区大队在当地群众的掩护下，迅速转移上天露山，甩开强大的敌人，保存了力量。

三、掩护粤中部队干部北撤

1945 年 10 月 20 日，广东人民抗日解放军（粤中部队）在恩平蒗底整编，被国民党军队几千人包围，战斗数日。为了保存力量，粤中部队突围后以排班为单位分散隐蔽，其中一团主力 30 多人转移到夹水乡西水的天露山区隐蔽，以砍树烧炭为活，当地的党员积极组织群众为他们做好掩护工作。部队缺衣缺粮，岗坪、西水、高田村的群众送衣送粮。西水民兵队经常为部队运送粮食担炭去卖、购买物资、探听敌情。1945 年 10 月，获海近郊的三思乡和燕南乡合并为敦思乡，竞选正副乡长。为了建立"白皮红心"的两面政权，以掩护革命活动，经广东中区特委刘田夫同意，由当地党组织负责人黄文康亲自布置派党员和进步人士参加竞选。当时，党组织通过统战工作，取得该乡上中层人物的支持，竞选结果，中共地下党员余和俊被选为乡长，进步人士余子超被选为副乡长。后来，这个乡成立自卫队时，党组织推荐了一些地下党员去当队员，安插党员余益珠任队长，并在队内秘密成立党支部，由张伟生任支部书记。党组织还派出党员进入该乡各小学任教，在学校建立据点。这样，敦思乡的军政财文大权就掌握在党组织手里，成为"白皮红心"的两面政权。加上副乡长余子超的儿女、媳妇五人先后都参加了革命，他的家里也就成为了地下党一个重要交通联络站。当时，敦思乡这个"白皮红心"政权，为掩护中区党组织和部队一批领导干部的革命活动，解决部队给养，转运军用物资，转送情报，等等，做了不少的工作。1946年2月，广东中区特委、部队领导人罗范群、刘田夫、谢创等，曾经从山区秘密转移到三埠，住在敦思乡及其附近的农村。当地党组织积极组织群众，为他们做好掩护工作。1946年3月，为贯彻"双十协定"，制止广东内战，中共经过一系列斗争，终于迫使国民党当局承认了广东有中共武装力量存在，并签订了北撤协议。4月中旬，广东中区特委副书记刘田夫从香港回到三埠，向特委成员传达了广东区党委召开的北撤会议精神，布置做好广东人民抗日解放军团级和地方党县级以上干部随东江纵队北撤到山东烟台解放区的准备工作。6月，中区部队一批干部秘密取道三埠赴香港北撤，三埠的党组织发动党员、群众，做好接待和掩护工作，使这批干部安全撤退。当时，敦思乡以至荻海周围乡村的党员家里及一些学校成了"临时接待站"。

粤中部队干部北撤时，除留下少数精干人员坚持山区斗争外，其余人员复员回乡耕田、做工、读书、教学、经商或找其他社会职业隐蔽下来，以保存力量，保存骨干，等待时机。当时，从部队复员回开平县东山、赤水、水井、夹水等地农村的共约50人。部队留下在开鹤、开台、开恩边界坚持斗争的也有40多人，其中常在开平县东山、金鸡、赤水等地活动的有林兴华、刘桂新等人；常在开平县鹤洲、尖石、夹水等地活动的有冯超、陈全等人；常在开平县水井等地活动的有梁文华、叶琪等12人。他们受广东中区武装斗争负责人吴桐、李德光的直接领导。留下坚持斗争的人员，改变斗争方式，不打共产党的旗号，以民间武装的灰色面目出现，依靠群众，进行各种方式的活动，以求得生存，坚持斗争。刘桂新等人深入东山乡茅坪、松南等村，发动农民秘密建立农会、民兵组织，同国民党乡政权进行各种斗争。梁文华、梁光明等人在水井乡山水凼村隐蔽时，曾向龙塘公尝租了当地一些耕地，由水口一商人资助，并在山水凼村及水井、东河附近农民的帮助下，兴办了一个农场。他们一面生产，一面掌握敌情，作好交通联络工作。

四、实行特派员制和单线联系

1946 年 6 月底，国民党政府在美帝国主义的支持下悍然撕毁了一切协议，调动了 160 万正规军以大举围攻中原解放区为起点发动了全面的内战。这时，国民党广东当局立即部署向游击区进行大规模的"绥靖""清乡"，实行"联防联剿，联保联坐"，强迫"自新"的政策，限期各地肃清"土匪"，并建立集中营，疯狂捕杀人民武装部队复员人员及其家属。同时，镇压城市青年学生和知识分子要和平、要民主、反饥饿、反内战、反独裁的民主运动，大力推行"三征"（征兵、征粮、征税）苛政，强化法西斯统治。8 月，国民党六邑（恩平、开平、新会、台山、赤溪、鹤山六县）绥靖指挥官司徒尧，在三埠设立绥靖指挥部，搜罗一批喽啰，大举进攻六邑人民游击区。

6 月 30 日，广东部队胜利北撤。为了贯彻"隐蔽精干，长期埋伏，积蓄力量，以待时机"的方针，在部队北撤前夕中共广东区党委决定撤销下属各级党委，由党委制改为特派员制，党组织以单线联系为主的活动方式。为了避免敌人的追捕，开平县暴露了身份的党员，如县委领导人李峰等 30 多人陆续撤离开平，易地隐蔽。当时，留下在开平的党员，则转入分散隐蔽。从而缩小敌人注意的目标，有利于保存党的力量，坚持长期的斗争。

1946 年 6 月，谢永宽任广东中区特派员。7 月，黄庄平任副特派员。8 月，王永祥任开平特派员，接替已撤退的县委书记李峰的工作。他的任务是：接收和联系撤退后留下来隐蔽的党员，进行思想教育，增强党员对敌斗争必胜的信心，同时适当进行组织整顿，以积蓄力量，等待时机，开展斗争。

王永祥到开平后，与县内的党员实行单线联系。他先在赤坎北炎小学建立据点，直接与四区部分党员联系。他以教师职业做掩护，通过各地区负责人逐渐把分散隐蔽的党员联系上，接收了他们党的组织关系。当时，全县党员有60多人，其中知识分子、中小学教师占30多人。党员的分布主要在二区，其次在一、三、四区。经过一段时间的工作，王永祥适当调整党员的分布，重新调配干部，加强了领导，并在一定范围内开展党的组织生活。同时，建立几个主要的活动据点，如赤坎的教联会、司徒族务会、机器工会、北炎小学、塘美衣德小学和春一乡、杜岗乡及织帽村等。联系点计有：中学3间，小学19间，国民党县、区机关各1个，乡、保单位8个。共产党员谭行打进国民党机关，先后担任塘口、赤坎区指导员。他深入敌人内部秘密开展内线工作，党组织常派人与他单线联系。当时，恩平县的特派员李克平住在开平县百合虾边村青华小学，联系恩平的党员。开平地下党也安排党员在这间小学工作。这里便成为恩平、开平两县地下党的交通联络点。在单线联系时期，县与区之间，区与点之间，保持经常的联系。在活动方面，比较突出是：赤坎、北炎小学的党员通过"教联会"团结广大教师，通过族务会掌握当地办的刊物开展宣传和统战工作，通过机器工会领导工人为维护切身利益进行了斗争。春一乡、杜岗乡的党员通过做本乡乡长的统战工作，打破其成立乡自卫队的计划。

第二节

发展壮大革命老区，有效打击敌人

一、革命老区和武装队伍迅速扩展

在粤中的广东人民抗日解放军北撤时，留下在开平县边区隐蔽活动的武装人员，经过反"清乡"斗争的锻炼，克服困难，保存了力量。1946 年 12 月，中共中央香港分局根据党中央的指示，做出了恢复广东武装斗争的决定。斗争的方针是："不违反长远打算，实行小搞，准备大搞。"斗争的基本任务是："保护群众利益，求得群众的生存，争取群众斗争的胜利，在群众斗争中取得武装斗争的胜利和发展。"斗争的口号是："反'三征'，反迫害，破仓分粮，减租减息，维持治安。"

1947 年 2 月 16 日，中共广东区党委在香港举办了特委以上干部学习班，贯彻香港分局的决定，提出积极发动群众开展斗争，不可急于打大仗，以分散武装来发动群众，消灭地方反动武装，在广大农村站稳脚跟，为建立农村根据地打下基础。广东中区特派员谢永宽参加这个学习班，于 3 月初从香港回到三埠，即向黄文康、王永祥等传达了香港分局的决定，对恢复武装斗争做了部署。同时，由谢永宽主持在三埠成立了台（山）开（平）赤（溪）中心县委，书记黄文康，委员王永祥、李俊洁、周健明，分工王永祥继续主管开平党组织的工作。

接着，王永祥分别向开平县各地区党组织的联系人传达了香

119

港分局的决定，明确了地方党组织在武装斗争中的任务：在巩固中发展党组织；大力支援武装斗争，逐步抽调党员到部队去。他要求党组织要围绕恢复武装斗争这个中心开展各方面的工作，并根据开平的实际布置了以下工作：①放手发动群众，开展武装斗争；②加强党的建设，发展新党员；③加强对上层人物的统战工作，以掩护革命；④加强交通情报工作，组成三条交通线：一条由三埠至台南；一条由三埠经里㽑至恩平；一条由三埠经博健、水井至新高鹤。从此，开平党组织的工作重点就转移到搞地下交通情报和大力支援边区武装斗争这方面来了，从而把地下斗争与武装斗争结合起来，推动全县革命斗争的迅速发展。

1947 年 4 月，新高鹤人民自卫队成立，梁文华、李法、叶祺经常带领部队来开平县东北部水井一带活动。这支部队派梁文超、方向平到尖石乡的黄村、鹤洲乡的蕉园及龙胜等地开辟活动区。他们与在鹤洲、尖石、大沙、夹水等地活动的冯超、陈全等人互相配合，开展武装斗争。曹兴宁、刘桂新、梁景美则分别在东山、赤水、金鸡一带活动。这些在开平县西南部、东北部、西北部边区活动的武装人员，坚决执行香港分局的指示，从隐蔽活动转为公开的斗争，发动群众，武装群众，先后分别成立了东山、金鸡、龙胜、蕉园、水井等武工组，有武装人员 40 多人。他们分别在夹水乡的西水、岗坪，鹤洲乡的蕉园，尖石乡的岗咀、黄村，赤水附近的林屋、白石塘、和安市，东山乡的茅坪、上下洞、松南，水井乡的狮山、水井圩、牛仔坑，锦湖乡的本龄，金鸡乡的大板桥，风洞乡的了寨，风湾乡的壁坑等地建立和恢复据点及交通联络站，积极发动群众，开展"小搞"活动，带领边区群众在有理、有利、有节的原则下，广泛开展各种形式的斗争，以战斗的姿态迎接革命高潮的到来。

果然不出所料，盘踞三埠的国民党六邑"绥靖"指挥官司徒尧，组织反动团队三四百人，来势汹汹地对开平县边区人民武装进行"清剿"。为配合这次"清剿"，加强对人民的控制，司徒尧于同年 5 月 6 日在三埠召开所谓"六邑清剿会议"，颁发 10 项"清剿"办法，其主要内容是：各乡成立警备班（实为自卫队）、乡与乡之间成立联防队、建碉筑棚、五保联户、清查户口、颁发国民身份证。但敌人的控制只不过是痴心妄想。面对敌人的新动向，广东中区特派员谢永宽、副特派员郑锦波，对粤中武装斗争做了具体分析和研究，决定以"反'三征'"为中心，发动群众开展武装斗争，并从地方党组织抽调一半党员入部队。接着，郑锦波到开平县水井召集原在粤中坚持斗争的部分干部开会，对开展武装斗争做了部署，布置地方党组织逐步输送党员到部队。会后，梁文华、郭忠等立即挖出埋藏的枪支，组织基干队，在开鹤边界开展活动。此后，开平县边区人民很快地开展了反迫害、开仓分粮、反特、除匪、袭敌扰敌的斗争。水井武工组带领群众，袭击鹤山县宅梧警察所、税站，打开宅梧粮仓，把粮食分给农民。

　　1947 年年底，敌人又开始反扑，国民党军队师长余程万率领广州行营警卫团张民政营及保安一旅等部，于同年 12 月对台（山）恩（平）开（平）鹤（山）边境游击区进行大"围剿"。敌军在东山乡上下洞抄了东山武工组负责人刘桂新的家，捉去刘的妻子。然而，敌军处处遭到人民武装的反击，都以失败告终。1948 年 1 月，周汉铃任国民党广东省第一"清剿"区副司令兼台（山）开（平）恩（平）新（会）赤（溪）五邑"清剿"指挥所主任。在以后 10 个月内，敌人进攻游击区达数十次。然而，开平人民在党组织的领导下，并没有被国民党反动派的"清剿"暴行所吓倒，相反，斗争更加坚决。革命斗争的烽火势不可挡。群众斗争的胜利，使大家认识到：只有拿起武器进行战斗，才有出路。于是，群众踊跃加入人民武装行列。群众发动起来了，武装斗争就出现了新的局面。

二、人民武装频频出击，战绩喜人

1947 年 7 月初，活跃在恩平县的中共地下党一个武装小分队，由负责人冯超带领郑祯、吴添两位同志从沙湖来到开平县一区鹤洲乡蕉园村建立据点，开辟新区。他们通过蕉园地下交通站站长黄兰的牵线，认识了当地参与革命工作的村民梁池秀，又通过他的关系开辟地下活动。随后，冯超又将小分队的赵德、张云、梁炳等七位同志调来蕉园，加强据点的力量。这样，在蕉园活动的 10 位同志组成一个武工队，由冯超任队长。

鹤洲圩西面不远有个大沙圩，大沙圩古岭村有位叫熊华的大地主、大恶霸，抗战时他曾在国民党周汉铃部队任中队长。他不抗日，积极反共，带领士兵，到处袭击抗日部队，杀害革命志士和群众，双手沾满了人民的鲜血，罪恶滔天。抗战后，他离开军队，回到家乡，盘踞在大沙圩，经常带着几个马弁出入大沙圩胡作非为，横行乡土，干尽坏事。

武工队要在鹤洲圩周围站稳脚跟，开辟革命根据地，对盘踞在这个咽喉之地的熊华必须认真对付。为了使熊华归顺，改恶从善，转而同情革命或保持中立，武工队试图做他的统战工作，未果。1947 年 9 月，熊华去三埠参加"六邑联防剿共指挥部"召开的六邑"剿共"会议，被委任为夹鹤联防大队长，接受了"剿共"的具体任务，并领了一批武器回来。熊华回来招兵买马，纠集特务、流氓、地痞、社会渣滓三四十人，成立大沙联防队。并强令各乡、保成立自卫队，准备"围剿"革命队伍。

武工队认为熊华已经死心塌地要跟共产党作对到底，争取他没有任何希望了。于是，决定乘熊华的联防队尚未站稳脚跟，把熊华干掉。刚好此时，郑锦波带了一个排的武装从高鹤来到鹤洲圩，冯超将打熊华的想法向他作了汇报，他同意了武工队的行动计划。

10 月的一天，冯超的长子满月，冯超大张旗鼓给儿子做满月酒，设"百鸡宴"，派人送请帖给熊华，邀请他前来赴宴，意在宴会上将其活捉。但是老奸巨猾的熊华，怀疑中计，借故推脱，他还以为冯超不知其"葫芦里装的药"，其反共勾当尚未为武工队识破，他依然装作与冯超交情，派了两个马弁给冯超送来礼物：光洋大银一元、白糖两包、饼干一包、金戒指一只。

此计不成，武工队又想了一计，深入虎穴，关门打虎。冯超收下熊华送来的礼物后，把两个马弁留下来参加宴会。两个马弁要回去之时，冯超对他俩说："这次请不到熊华老兄，小弟不胜遗憾，请转告熊华老兄，今晚小弟特前往贵府和他老兄会酒叙谈，以补此失，不知他意下如何？烦二位兄弟转告他。"那两个马弁带着几分醉意，满口答应，尽力效劳。熊华以为武工队真有美意，欣然答应，派人来回复。冯超立即通知在大沙小学工作的崔同志（中共地下工作人员）买鸭六只，准备夜宵宰食。

当天下午 7 时许，冯超带上梁炳、梁新、梁茂、梁池星、谭沃、张云等同志，前往与熊华约定的地点——大沙圩俱乐部（大沙联防队的驻地）。另一路由郑锦波率领部队前往大沙圩周围配合战斗，以便内攻外应。冯超带着梁炳等五人前往大沙圩的途中，对这场战斗作了部署：梁茂、梁池星陪同熊华抽大烟；梁炳、梁新在冯超左右做警卫；谭沃、张云在大门口警戒，以冯超去小便为动手暗号，由梁炳开枪打熊华，张云在门口发信号弹，接应外围部队。

约在夜晚 10 时，梁池星、梁茂与熊华轮流劝烟，冯超跟熊华谈兴正浓。正在此时，在学校准备夜宵及负责内外联系的崔同志走进后厅来，冯超即问："夜宵搞好了没有？"崔同志答："准备好了。"崔同志这回答就是预先约定的暗号，意思是说一切都准备好了，可以动手。这时，冯超便问熊华："熊大队长，我要解手，尿缸在哪里？"熊华信以为真，坐起来客气地用手指着左侧的转角地方说："就在那边。"说完又躺下，冯超装作去小便，朝尿缸那边走去，这是早已订下动手的暗号。讯号一发出，梁炳一枪命中熊华的胸口，只见熊华"哎哟"一声，一手捂住胸口一手向枕边摸枪，妄图反抗。但是，他的手还未摸到手枪，梁池星的枪口已对准熊华的脑袋"啪、啪、啪"，连打三枪。此时，熊华的胸口及头部鲜血、脑液直流，已死在烟屎床上。武工队为大沙人民除了一大害。

前厅那三四十个联防队员，一闻枪声和吆喝声，知道其主子熊华已毙命，胆战心惊，乱成一团，个个弃枪逃命。守在门口的张云，向天空打了10发信号弹后，埋伏在大沙圩外围的郑锦波武装排，一见信号立即前来接应，直奔现场。深夜2时，武工队抄了熊华的家，第二天，开仓济贫，把熊华的三百多担稻谷和大批衣物，分发给当地的贫苦农民。把熊华的田契、典押契全部烧掉。武工队带着缴获的40支枪及一批物品，在群众热烈的欢呼声中撤离大沙圩，凯旋。

打掉熊华之后，大沙革命老区进一步巩固发展。1947年8月，中共粤中副特派员郑锦波，率领特派员直属队和中共高明县合水区委书记刘良荣抵达蕉园村，部署开展武装斗争工作，被委派到夹水乡活动的刘良荣改名叫梁荣，先到岗坪村教育争取了夹水乡前任乡长梁达德，又通过梁伦祥、梁春纪等人发动岗坪村梁坛福、梁金发等十多名男女青年组建岗坪民众自卫中队。接着，带领梁伦祥、梁坛福到夹水蕉塘村，教育争取了夹水乡乡长吴祯祥反戈，成立夹水武工组。其后，岗坪民众自卫中队迅速扩大，吸收了新兴县梧洞的梁木养、梁竟等青年入伍，这就是新兴县游击独立大队的前身。这支人民武装根据人民群众的要求，先后处决了三名民愤极大的地主恶霸，扫除了扩展武装斗争的障碍。

1948 年初，刘良荣率队到新兴县开发新区，沙水根据地的工作移交给肖辉；岗坪交通站站长冯新亦调走，由岗坪农民梁坛金接任；西水交通站继续由梁荣福当站长；建立高田交通站（站长梁国才）、李坑交通站（站长吴植交）等，这些交通站，沟通了各地的通讯联络，包括恩平县的菡底、上凯、和平，新兴县的石降、曹田、箬竹塘，开平县的鹤洲、赤坎等地。4 月，在夹水乡蕉塘村成立夹水武工队，队长肖辉，副队长吴祯祥，队员有梁桂才、欧社仔、何池等 30 多人。接着又成立西湾民兵大队，该大队是在抗日战争时期的西水武装民兵队的基础上建立的，队员来自九条自然村，共 40 人，大队长梁荣福。这个民兵大队经受了革命斗争的考验，先后向广阳支队输送了祝计庆等 8 名新兵，他们之中有的锻炼成武装斗争骨干。武工队和民兵大队频频出击，捣毁了夹水乡公所，收缴了所内的武器，直接控制了夹水地区。5 月，西水村农会成立，有会员 80 多人，农会主席梁益勖，副主席梁日华。它是大沙地区第一个农会，为发展当地生产、实行减租减息、支援部队作战发挥了重要作用，并且带动沙水区各村相继建立了 24 个农会，会员共 1270 人。这时期，革命老区和武装力量的不断发展给当地人民极大鼓舞，增强了革命斗争信心。

三、加强统战工作，凝聚强大力量

统一战线是革命取得胜利的三大法宝之一。恢复武装斗争以后，开平县党组织、人民武装，十分重视加强统一战线工作，认真贯彻中共中央提出的打败国民党反动派的政治方针："为了粉碎蒋介石的进攻，必须和人民群众亲密合作，必须争取一切可能争取的人。"在斗争策略上，坚持发展进步势力，争取中间势力，团结一切可能团结的力量，孤立和打击反动顽固势力。尤其要重视争取上层人物、地方势力和乡村武装，把消极因素转化为积极因素，建立最广泛的统一战线。

经过大量的统战工作，一些上层人物支持武工队，掩护革命同志；一些进步势力，投奔革命；一些中间势力、地方势力和乡村武装，被武工队争取过来，转化为革命力量，或暗中支持革命，或保持中立。1947年7月，武工队人员冯超、陈全等，在鹤洲乡蕉园村建立据点后，为了开辟这个地区，发展武装力量，建立恩开高鹤交通线，并向新兴发展。他们在这里积极贯彻中共的统战方针，重视教育争取那些手下有一班人的地方势力代表，如鹤洲乡蕉园村的梁茂林，尖石乡南北村的梁七等。结果，梁茂林深明大义，揭竿而起，带着他那班乡亲投奔革命，加入武工队。梁七向武工队靠拢，与武工队建立了联系，配合武工队的活动。当时，鹤洲、尖石是一个封建势力比较雄厚的地方，但经武工人员做了统战工作后，分化了地方势力，团结了进步力量，争取了中间势力，孤立和打击了反动顽固势力。从而使武工队不但能在那里站得住脚，而且使人民武装力量得到不断壮大。

1947年冬，在梁茂林等人的发动下，几十人自带武器加入冯超领导的武工队和蕉园武工组，成立一个人民武装大队的条件已经成熟了。根据广东中区特派员谢永宽的指示，11月21日，尖鹤人民救乡独立大队在鹤洲乡井田村宣布成立，大队长梁茂林，政治委员罗明，参谋长梁池胜，军事教官赵德。全大队60多人，分设三个中队。这是恢复武装斗争实行"小搞"以来，开平县建立的第一支人民武装。这支部队常驻该乡上间、下间两村，打出旗号，公开活动，在当地征粮征税，解决给养。部队经过整训后，士气高涨，斗志旺盛，四出袭击乡村反动武装，曾先后夜袭苍城、马冈联防队和石桥自卫队、龙胜警察所；抄了鹤洲乡长梁裕仪、太平乡长黄泽生、大恶霸黄光裕及国民党军中队长张耀明等人的家；捕杀了国民党特务梁美、吴均等三人，使当地一些反动乡政权处于瘫痪状态。在一定程度上控制了开平县西北部的尖石、鹤洲、大沙、夹水、龙胜一带地区，并在那里建立了恩平—开平—高鹤的交通线。

尖鹤人民救乡独立大队的军事行动，给开平的国民党反动派以沉重的打击。当地的尖石、鹤洲、太平、夹水等乡的反动乡长，纷纷逃到县城（苍城）、三埠，投靠国民党当局，伺机反扑。开平的反动当局为此也感到震惊，千方百计要消灭这支部队。1948年1月21日下午，国民党广州行营警卫团张民政营、开平县保警二中队及马冈联防队、恩平保警二中队以及新兴崔星辉自卫队等共约600人，由广东第一"清剿"区副司令兼五邑"清剿"指挥所主任周汉铃指挥，分兵三路，进犯鹤洲乡，将尖鹤人民救乡独立大队包围在鹤洲乡的蕉园、上间、下间三条村。独立大队战士不畏强敌，英勇顽强，与人数多十倍的敌军展开激烈的巷战。深夜，大部分战士突围出去，小部分战士突围未遂，登上炮楼，猛烈反击敌军，打退敌军的多次冲锋。他们坚持了两天一夜，后因孤悬敌阵，寡不敌众，弹尽粮绝，炮楼被敌人攻陷。在战斗中，战士们打死打伤敌人一大批，但自身也伤亡重大，大队长梁茂林、参谋长梁池胜、中队长熊伙仔等几人壮烈牺牲；政治委员罗明等17人被俘后，于28日在鹤洲圩桥头英勇就义。

这场异常惨烈的"蕉园战斗"，说明反动当局对尖鹤人民救乡独立大队恨之入骨，欲除之而后快；也反映出这支独立大队由于建队不久，经验不足，加上领导人有轻敌麻痹思想，对敌军的行动之迅速及其兵力部署估计不足，没有及时按情报预警率队撤退，导致陷入了敌人的重围，遭受严重的损失。但无论如何，此次战斗惊天地、泣鬼神，独立大队不畏强敌、战斗到底的精神，深得世人传诵敬仰。

当时，不但革命老区的统战工作做得好，而且在国统区的工作也较为出色。赤坎镇是开平县一些上层人物会集的地方。中共地下党员司徒新积等遵照党组织的指示，以当地士绅面目出现，同赤坎上层人物打交道，开展统战工作，从中了解敌情，掩护革命活动。1948年初，司徒新积任赤坎永坚乡中心小学校长的职务被解聘后，他又根据党组织的指示，自己拿钱出来，开办了赤坎小学。除自己担任校长外，还聘请了国民党县党部书记长司徒习为名誉校长，聘请县府教育科长司徒绪为校董会董事长，聘请赤坎上下股乡乡长司徒俊慰及一些有名望的商人、学者为校董，从而使这间学校成为一个开展内线工作的重要阵地，在掩护地下党的活动中发挥作用。10月，赤坎小学教师、党员李焕林及进步青年梁怀贤，因散发革命传单被捕，司徒新积通过这些内线关系把他们营救出来。

在三埠，从抗日战争时期起就支持革命的医生李仁轩、余明光等统战对象，在解放战争时期，由于中共党组织继续做好统战工作，他们利用自己开设的医务所，秘密接待地下工作人员食宿，为党组织转送情报，为武工队输送军用物资和医药。国民党开平县党部执行委员、省立长沙师范学校校长方惠民，开侨中学校长陈家骥等有名望、有地位的人士，也积极支持革命，掩护党组织的活动，为革命胜利贡献力量。

发动群众对敌人开展一系列斗争

一、开展反"三征"的斗争

内战全面爆发后，国民党政府就在各地加紧"三征"，对人民进行横征暴敛。为了配合全国的解放战争，扰乱敌人的后方，开平县党组织发动农民开展一场反对国民党"三征"的斗争。这场斗争的烈火首先在马冈织帽村点燃。该村几个党员，发动群众，揭露本村反动保长推行"三征"和敲诈勒索的罪行，使他威信扫地，然后实行民主选举保长。结果，有威信的地下党员周木友被选为保长，从而，为该村的党员领导群众开展反"三征"创造了有利条件。周木友任职后，立即发动群众抵制国民党的"三征"。国民党征兵时，他通知被征者出走外地，避免服役。国民党征粮、征税时，他发动群众用拖延的办法进行抵制；有时确实拖不了的，才交一点，以作应付。经过反"三征"的斗争，群众的思想觉悟提高了，迫切要求组织起来。该村的党员就发动村民成立农民合作社，发展生产，并在村中秘密串联，成立"解放军之友社"，负责接应过往游击队员，发动青年参军，还在"解放军之友社"的骨干中发展了新党员，充实了党的力量。

各地党组织像织帽村一样，根据当地实际情况，利用各种形式，发动群众，揭露国民党反动派加紧"三征"扩大内战的罪恶阴谋，与国民党当局开展说理的斗争，普遍出现群众拖征、抗征行动，使当地反动政权无法完成"三征"任务。在这种情况下，开平国民党当局不断派兵下乡催征、捉人，群众恨之入骨，纷纷起来反抗他们，赶走或殴打催征人员，使催征人员不敢下乡催征。东山武工组先后深入赤水、东山的农村，发动群众反"三征"。1946 年 9 月初，东山乡反动乡长谭仁谱派乡丁到茅坪村强拉壮丁谭伯伦，茅坪群众在农会的领导下，拿起草镰与乡丁搏斗，夺回谭伯伦。东山乡公所受到打击后，不敢派人收税。台山深井税所所长马裕勾结赤水税所，阴谋联合行动，在东山圩收税。为了打破反动派的收税计划，9 月 9 日，东山武工组埋伏在东山长塘桥截杀了马裕，使国民党税警人员胆战心惊，不敢到东山收税，老区人民拍手称快。

二、开展减租减息的斗争

1946 年以后的几年时间里，开平市不少农会，积极组织群众开展"二五减租"运动。当地主对抗"二五减租"时，武工组或民兵队就出面，积极支持农会的行动。东山乡悦宁村大地主谭灿坤，坚持不减租，并带着"狗腿子"到松南催租。东山武工组配合松南、茅坪农会干部把谭灿坤抓起来，警告他，使他接受农会的规定，灭了大地主的威风。其他中小地主及富农见农会动了真格，就比较老实地给贫雇农实行减租减息。

在革命老区大沙，当时也普遍实行"二五减租"。在西水农会带动和广阳支队五团、夹水区队武工队的支持下，沙水区 24 个农会都掀起"二五减租"热潮。为了减少这一运动的阻力，夹水区队在平岗村发动群众清算侵吞公产的保长"花头贵"，在沙罗洞村发动群众斗争霸占并逼死长工妻子的恶霸地主欧社长。这一行动震惊了沙水区的地主分子。武工队又发传单、贴标语、出布告，规定公尝田实行停止交租，将之存放在农民处做军粮；规定其他地主的地租只交七成五，二成五归农民所得；对阻挠"二五减租"运动的地主分子实行严惩。这样，地主不敢反抗，全区农民少交地主的租谷二三千担，生活改善，军粮充足，群众革命情绪高涨。武工队抓住这一契机，发动群众保卫胜利果实，先后组织了 11 个民兵队，民兵 205 人；蕉塘、小陂等 10 条村庄还成立了妇女会，有力地巩固了革命老区的政权基础。

三、开展反"扫荡"的斗争

1948 年是粤中地区大搞武装斗争的一年，也是"扫荡"与反"扫荡"残酷斗争的一年。1 月，国民党广东省当局实施"绥靖新策略"，部署了第一期"分区扫荡，重点进攻"的"绥靖计划"，并调六十四军一五七师、省保安二师的第九团和第十团、广州"绥靖"警卫团共约一万之众来粤中，以三埠为基地，对各地人民武装反复进行野蛮的"扫荡"。当时，由周汉铃直接指挥"扫荡"开平等地的反动武装有：广州绥靖警卫团一个营、省保安二师第十团一个营及周汉铃部三个营共约 1500 人，加上开平县保警中队、民众自卫总队、各地联防队、自卫队，总兵力约 3000 人。而开平县人民武装及在开平县边区活动的部队仅有 300 余人，加上武装民兵 100 多人，共约 450 人，其中地方战斗队有：在开恩边界活动的江南大队（后改称广阳支队独立第三大队）50 多人，开鹤边区区队 50 多人，水井武工队 30 多人，长塘洞武工队 30 多人，夹水区队 50 人。敌我力量对比悬殊。

为了粉碎敌人的进攻，开平县人民武装坚决执行香港分局关于大搞武装斗争的指示，放手发动群众，不断扩大武装，开展群众性反"扫荡"的斗争。开平各地武工队、民兵战斗队，他们不畏强敌，以一当十，顽强抗击敌人的"扫荡"。1948 年 5 月 27 日，敌周汉铃部 400 多人进犯金鸡。粤中部队五团一部、江南大队、金鸡武工组共 100 多人，发动群众，反击敌人的进攻，最后被敌人包围在金鸡大网山。人民武装部队的战士们居高临下，击退敌人的多次冲锋，坚持到天黑，后因寡不敌众，利用夜幕做掩护，突围撤出战斗。在战斗中，打死打伤敌人 10 余人。人民武装部队也损失很大，牺牲了 8 人。战斗虽然失利，但达到了牵制敌人的目的，减轻了敌人对江北人民武装的压力。同月，开平县保警第二中队六七十人到龙胜"扫荡"。敌人以"钉点"的办法，驻在易守难攻的棠红乡伙岗村鱼塘"水楼"，企图捣毁经这里通向粤中部队的交通线。一天，敌人的主力外出"扫荡"去了，龙胜武工组率领群众突袭这个"水楼"。守营的敌兵怕得要命，拼命外逃。武工组用煤油稻草烧毁了"水楼"。这一着，震动很大，马冈、尖石、苍城、鹤洲的反动派十分惊慌，加强了据点的防守，不敢再轻易出去"扫荡"了。

1948 年 7 月，反动当局的"分区扫荡，重点进攻"的计划失败后，又转而采用"清平原，围困山区"的所谓第二期"清剿"计划。香港分局又发出指示，要求各地党组织加强主力队，提高战斗力，歼灭敌人有生力量，坚持平原游击战，以掩护山区边区建立根据地。开平的人民武装根据香港分局的指示，积极扩大武装，并把主要力量挺进敌后，开辟新区。为了掩护边区小块根据地的建设，开平的武工队、民兵战斗队，经常从边区开到二三十里外的平原地区活动，神出鬼没地打击敌人，把敌军牵制于平原，或配合上级部队袭击敌人的重要据点，开展平原游击战争，以掩护山区。当敌军进攻山区时，武工队、地方战斗队，又配合上级部队抗击敌人的进攻，多次奔袭敌人重要据点。1948 年 8 月 11 日，开平东北区武工队配合粤中部队五团一部，夜袭县城（苍城）守敌李福部。国民党开平县长马北拱被吓得胆战心惊，光着脚连爬带滚爬上苍城后山的尼姑庵求佛保佑，非常狼狈。8 月 12

日，粤中部队和武工队转移到马冈牛山一带活动，马北拱率领县保警二中队及马冈、四九、三民联防队共三四百人紧追不放。武工队奋勇反击，打得敌人溃不成军，毙伤敌 4 人，俘敌 4 人，缴获步枪 30 余支。14 日凌晨 2 时，广阳支队独立第三大队和开南一些武工队，夜袭锦湖乡自卫队，伤敌 1 人，俘敌 20 余人，缴获步枪 45 支。8 月 23 日，水井武工队配合新高鹤总队、东征队一部共 300 余人，在中共地下党员的配合下，袭击驻在水口镇的国民党军队一个连和自卫队及警察所。当时，打垮驻在东卡的自卫队，包围敌军的连部，手榴弹在敌连长的床底爆炸。设在水口的国民党开平四区公所及警察所人员闻风弃枪逃命。这次战斗，共缴获手提机枪 2 挺，长短枪 20 支。8 月 26 日，恩平县警察局长陈松明、县自卫总队副梁文慰率县保警第二中队，会同广州"绥靖"警卫团唐桂龙营进入夹水"扫荡"，强迫大村群众认购枪支成立自卫队。接着，恩平县长邓文林及国民党恩平县党部书记长冯启彬等人窜到夹水督战，召开乡、保、甲长会议，强令岗头咀、石桥、苏村等群众增购枪支子弹、交纳军粮，并通令夹水武工队 12 人在 10 天内向政府"自新"，否则由其亲属缴交"花红谷"50 至 200 担。夹水武工队、区队不畏强敌，派人打进会场，掌握情况，发动群众进行抵制，并夜袭敌人驻地，每晚打枪至天亮，使敌人不得安宁。敌人在夹水待了七八天，无可奈何，只好撤退。1949 年 3 月 8 日，为了牵制敌军对水井、东河、宅梧等游击区进行"扫荡"的兵力，新高鹤支队联合广阳支队五团和七团、东北区武工队、开鹤边区区队共 600 余人，又一次夜袭苍城，毙敌 3 人，伤敌不少，打得敌人摸不着头脑，迫使敌军从水井、东河、宅梧撤回苍城，死保老巢，达到牵制敌人的兵力、保护游击区的目的。最后，敌人的"扫荡"以失败告终。

第四节 配合南下大军，解放全开平

一、动员参军参战

经过辽沈、淮海、平津三大战役，蒋介石赖以维护反动统治的主要军事力量已被摧毁。全国处于革命胜利的前夜，蒋家王朝在面临全面崩溃的绝境下，进行垂死挣扎。1949 年 1 月 24 日，国民党广东省主席宋子文在军事上不断失败的情况下，被迫下台，改由薛岳、余汉谋登台。薛、余上台后，为挽回败局，仍妄图在全省作全面的进攻。

1949 年 1 月 1 日，毛泽东发表了题为《将革命进行到底》的新年献词，向中外宣告中国人民解放军将渡江南进，把解放战争进行到底。在中国革命即将取得全国胜利的形势下，中共香港分局于 1 月 26 日发出指示，要求各地区党委迅速扩大主力部队，迅速组织民兵，把有战略意义的地区联成片，以粉碎敌人的进攻。开平县各地党组织、人民武装，坚决执行了香港分局的指示，在从全县地下党员 90 多人中抽调约 80 人分批进入部队、武工队，加强武装斗争的骨干力量的同时，广泛发动人民群众参军，扩大开平县武装力量，并为上级部队补充兵源。

当时，发动参军的对象主要是游击区的农民，尤其是青年民兵。因为广大农民饱受国民党反动政府及地主阶级的压迫和剥削，对反动派恨之入骨，加上经过反"三征"、开仓分粮、"二五减租"斗争的锻炼，提高了阶级觉悟，所以一经发动，他们就踊跃参军。当时，水井、东河、月山、东山、赤水、金鸡、赤坎、塘口、马冈、龙胜、鹤洲、尖石、夹水等地 400 多位农民、青年民兵参军入伍，其中一部分直接参加当地武工队，一部分输送到新高鹤支队、广阳支队和滨海总队。

1949 年春，一批农民、青年民兵踊跃参军，使开平县人民武装迅速扩大。各地的武工组由原来的八九个人发展到十多人或三四十人，并在短时间内扩大为地方战斗队：在东北地区，开鹤边区区队和水井武工队合并，成立开平独立大队，有 100 多人，大队长周楚，政治委员司徒卓，教导员胡秉迅在西南地区，在恩开台（边）独立大队领导下，建立了开南、江南两个区队；在西北地区，成立东北（灯山周围）区队。这样，县内各个游击区都有自己的主力部队。这时，全县人民武装已发展到 800 多人。

在发动农民参军参战的同时，各地党组织派人深入一些中、小学，对广大师生进行思想教育工作，帮助他们认清形势，提高觉悟，引导他们走向革命。1949 年 6 月 11 日，在党组织的发动下，长沙师范学校校长方惠民带领师生 42 人，奔向新高鹤游击区，加入战斗行列，并发表"告民众书"，鼓动参军热潮。6、7 月间，开平中学（现为开平一中）、广东长沙师范学校、水口中学（现为开平二中）及赤坎五龙小学等学校的一些师生共约 50 多人，先后分批由地下党员带领奔赴新高鹤和广阳游击区。经过短期训练后，他们被分配到各个部队去，转战各地。

二、反特除匪打击反动分子

1949 年初，国民党反动派在开平加强了特务活动。在三埠有：中统局、军统局的工作组，广东省第十区保安司令部、广东省保安二师司令部的谍报组、特务队。开平县属的保安团、警察局及三埠、赤坎、水口等地的联防队都设有谍报组、侦察队、护路队。全县敌特人员竟达 300 人之多。他们配合"清乡扫荡"，到处搜集人民政权和武装部队情报，搜捕武工队员和乡村干部，破坏交通站，捣毁联络点，先后捉去地下党员、武装人员共 19 人，其中杀害了 10 人。同时，县内土匪活动也猖獗，有的土匪竟然冒充武工队人员到处打家劫舍，谋财害命，严重损害了人民利益，破坏了人民武装部队声誉。

为了粉碎敌特、土匪的破坏活动，配合武装斗争，开平县各地党组织和人民武装，积极发动群众开展反特、除匪安民的斗争。在这一场斗争中，开平县人民武装坚决执行党的"镇压与宽大相结合"的政策，凡是坚决与人民为敌的反动分子，实行镇压，对愿意改恶从善的采取宽大政策，教育释放，或罚款处理，以达到教育改造敌人的目的。赤坎、夹水、水井、东山、东北、尖鹤、齐洞武工队（组）及开平独立大队、恩开台（边）独立大队，先后活捉国民党特务、联防会主任、联防大队长、乡长、土匪及其他反动分子共 39 人，其中处决 20 人，押解上级审办 14 人，教育罚款释放 4 人；缴获手枪 26 支，缴获现金和罚款共 55000 元港币。赤坎武工队先后在公路追捕及深入虎穴生擒特务谢龙业、司徒英、张国、杨万、方源等 7 人，缴获手枪 8 支，港币 4700 元，除司徒英、张国被就地处决外，其余 5 人上解广阳支队第五团审办。恩开台（边）独立大队先后活捉潜伏在和安市益年堂交通站的国民党军统特务谭杭洲，上解滨海总队处决了，又捉拿反动乡长张仕华等人，罚款教育释放，并在东山、金鸡、锦湖、风洞等地活捉冒充武工队进行打家劫舍、损害人民武装部队声誉的土匪沈南等 9 人，除 2 人被教育改造过来外，其余 7 人分别在赤水圩、那金公路、风洞等地执行枪决，为民除害。

1949 年夏，盘踞在开平的国民党残余部队，眼看到了末路穷途，便企图在侨乡进行一次大搜刮、大掠夺。他们不择手段，向归侨、侨眷打单勒索，逮捕无辜的华侨子弟、民主人士，实行掳人勒赎，无恶不作。针对这种情况，开平县各地党组织、人民武装立即带领侨乡人民开展了反搜刮、反迫害的斗争。

1949 年 6 月，盘踞开平的国民党反共老手李江以筹集"戡乱"经费为名，指使赤坎土霸叫戏班来赤坎河南洲演戏，以便开赌场、设烟馆，企图搜刮一笔民财。赤坎武工队闻讯，立即写信警告赤坎土霸，不要为虎作伥。土霸不听警告，搭台演戏。赤坎武工队立即印发大批传单，揭露李江的阴谋。结果，观众寥寥无几。演出时，武工队在赤坎外围的窑岭山脚及茅园村边两地向赤坎敌据点的方向打枪干扰。观众不来看戏，戏班只好草草收场，李江和土霸的阴谋彻底破产。

三、策动敌军起义投诚

人民武装在对敌发动军事进攻的同时，还向国民党的党政军人员开展政治攻势，策动敌军起义、投诚或保持中立，分化瓦解敌军，扩大人民武装和控制区。并通过发信函、传单给敌方，动摇军心，或利用老关系，深入敌方做工作，或实行兵临城下，派人与敌军谈判，或派人打进敌军做策反工作。1949 年 3 月，赤坎地下党组织、武工队，用"广阳支队独立第二大队"的名义，编印了大批传单，由地下党员、武工队员分头深入敌人戒备森严的赤坎、三埠等地散发、张贴，寄给在开平的国民党党政军部门，指出国民党反动派坚持反共反人民的立场已不得民心，国民党的大势已去，"蒋家王朝"的末日已到，号召国民党党政军人员，悬崖勒马，弃暗投明。他们还把传单贴到广东省第十区保安副司令周汉铃在长沙的公馆门前。东北区武工队把传单贴在开平县政府附近。这样一搞，敌人惶恐不安，感到风声鹤唳，草木皆兵，派出大批特务，四处搜捕武工队队员，毫无所获。

经过这一系列的政治攻势后，同安、张桥、沙冈、水井等自卫队，龙胜仁和市的一个联防大队，开平保安团的一个连，先后向武工队投诚缴械，185 人解除了武装；里讴的五堡联防队、月山自卫队，保持中立。通过瓦解这些反动武装，一方面使他们感到内部已土崩瓦解，众叛亲离，十分恐慌，另一方面扩大了人民武装的力量。

1949 年 5 月 5 日，恩开台（边）独立大队主力连、开南区队与滨海总队一部，开到赤水圩外围，派人做驻在赤水圩的开平保安团一营三连连长苏春荣的工作，动员他缴械投降。开始，苏春荣对国民党仍抱有幻想，后在中共统战政策感召下，他幡然醒悟，率全连 35 人投降，缴交全部武器，包括机枪 1 挺、长短枪 37 支。在苏春荣的带引下，趁势解除了赤水警察所的武装，当即遣散敌军警人员，解放了赤水圩。接着，又收缴了东山乡自卫队的武器，解放了东山圩。6 月，齐洞武工组先后四次派人深入驻在仁和市的三乡联防大队长梁家泉的住家，发动梁家泉缴械投降，第一、二、三次都遭到梁家泉的拒绝，第四次武工队人员讲明政策之后，梁家泉才接受劝告，将联防大队的 30 多人的枪支缴给武工队，并当即宣布解散联防大队。

获海近郊的"白皮红心"的敦思乡乡长、共产党员余和俊，根据党的指示，于 1949 年 6 月 12 日，率领该乡自卫队、乡政人员共 50 人，举行武装起义。这次起义爆发于广东省第十区专员公署所在地的三埠郊区，使敌人彷徨丧胆。

经过恩平、开平、台山县工委派地下党员进行一系列的策反工作之后，国民党台开三堡联防处副主任、联防队队长关文彬和该联防队第三中队副队长张耀，于 1949 年 10 月 12 日，在地下党员张农带引下，率领联防队 20 多人，携带机枪 1 挺，步枪 20 余支，到瓦片坑村宣布起义，编入开南区队。驻防蚬冈圩的国民党广东第十区保安总队副总队长关文周，于 10 月 16 日，率领该总队 100 多人，由张农带引，开到金鸡大板桥村宣布起义，改编为恩开台（边）独立大队一个连。

四、做好支前工作

解放大军横渡长江后，向华东、华中、华南和西北、西南大举进军，用战斗与和平两种方式迅速解决国民党残余敌部。1949 年 8 月 4 日，南下大军解放了湖南长沙，广东解放在即。这时，中共粤中临时区党委发出了指示，要求各地党组织和人民武装，发动群众，从思想上、物质上、行动上做好迎接南下大军解放粤中的准备工作。开平县各地党组织、人民武装，遵照粤中临时区党委的指示，成立迎军支前工作领导小组，积极发动群众，组织民工运输队、服务队，筹备粮饷，抢修桥梁道路，为迎接南下大军的到来做好准备。东北区武工队，发动岗咀、东成里等十多个村的群众，筹备了一批粮食。岗咀村还成立"迎军支前委员会"，下设调配组、民运组、物资管理组和服务队，向农户征收稻谷 15000 斤及柴草一批。并发动群众抢修好附近的桥梁、道路。三埠地下党员根据上级指示，组织力量赶制了 500 面五星红旗，并由开平党组织掌握长沙利国印刷厂赶印了《三大纪律八项注意》的传单 10000 份，以备解放三埠时使用。水井乡人民政府发动群众参加支前工作，规定 18 岁至 45 岁的男女一律参加后备民兵队、民工队，负责运输、向导、修路、接待工作。长沙红门楼党支部发动侨眷群众捐献了一些金器、外币，交给武工组，作为迎军支前的经费。

由于做好了迎军支前动员工作，当南下大军进入开平县时，各地群众热情接待，纷纷在路边设立茶水站、物资供应站，做到要人有人，要物有物，出色地完成了支前工作任务，受到上级的表扬。

五、做好干部准备

1949年4月21日，百万大军横渡长江。国民党军队大败南逃。广东解放为期不远了。5月7日，中共华南分局发出《关于大军渡江后的工作指示》，要求各地党委在大军到来之前，成立边区临时行政委员会，建立县、区、乡三级政权，准备大批城市干部，以便交给军管会使用，提出开办革命青年训练班，培养大批干部。遵照华南分局的指示，领导开平的地委、县委，先后在该县举办了五期党政军干部训练班，培训干部共约130人：其中广阳地委在夹水乡开办军政干部训练班一期，培训干部40人；滨海临时地工委，在东山乡举办政权、武装、妇女干部训练班一期，培训干部20多人；恩平、开平、台山县工委在赤水的黑泥灶开办党员、财政、政权、妇女干部训练班一期，培训干部20多人；恩平县委在夹水乡的西水先后开办干部训练班共两期，培训干部40人。经过培训的干部被分配到各个单位后，都成了骨干力量，在政权建设中发挥了重要作用。这一系列工作都为解放全开平，接管旧机构，建立各级新政权，在组织上、干部上做好充分准备。

5月4日，全国青年联合会第一次代表大会在北京郊区召开。根据上级通知，由长沙师范学校党支部派新昌达德中学教师、党员甄章经香港抵达北京出席会议。

8月初，根据粤中临时区党委的指示，内部成立开平县人民政府，县长周锦照，副县长司徒卓、李重民。8月25日，贴出布告，向全县人民宣告开平县人民政府成立，公布县长周锦照，并使用印鉴。县人民政府成立后，着手做好县、区、乡三级党政干部的规划。这时，开平县沙水（夹水一带）区政委员会、长塘洞行政办事处、水井乡人民政府、东河乡人民政府等先后宣布成立。

六、歼灭残敌解放开平

1949年4月23日，南京解放。国民党政府由南京迁到广州。广东国民党反动派作垂死挣扎。5月，反共老手李江在三埠就任国民党广东第十区行政督察专员兼保安司令。开平县长马北拱为在军界任职多年的梁翰勋所代替。李江指挥六十二军一个团及省保安二师驻守粤中，企图控制广湛公路，以保存国民党军队南逃的后路，扩充地方反动武装，派兵到游击根据地进行抢劫性"扫荡"。敌军所到之处，杀人放火、抢劫民财、奸淫妇女，无恶不作。敌保二师、第十区保安总队各500多人，先后窜到开平县的农村，进行野蛮的骚扰和抢夺。

为了打击敌人的嚣张气焰，8月9日，恩开台（边）独立大队、江南区队、金鸡武工组会同粤中纵队幸福连共200多人，在金鸡牛颈庙伏击前往东山骚扰的广东省第十区保安总队一个连80多人，当场毙敌4人，伤敌10多人，俘敌13人，缴获轻机3挺，步枪32支。这一仗的胜利，使敌军大为震惊，不敢肆意进入游击根据地进行骚扰。

在全国解放战争胜利发展的形势鼓舞下，开平县各地主力队、武工队（组），坚决执行华南分局《关于大军渡江后的工作指示》和粤中临时区党委《关于配合南下大军为彻底解放全粤中而斗争的决议》，放手发动群众，向地方反动团队发动全面攻势，狠狠打击残敌，拔除敌据点，扩大控制区，把广大农村控制在人民武装部队手里。

在西南部地区，恩开台（边）独立大队及其下属的开南、江南区队，东山、羊路、蚬冈、金鸡武工组联合行动，配合上级部队，全面出击敌人，先后摧毁了国民党赤水、蚬冈警察所及东山、平安、金鸡、锦湖自卫队，拔除这些敌据点，解除了100多人的反动武装，缴获机枪5挺，冲锋枪3支，长短枪百多支。同时，逮捕了松和、象龙冲乡的反动乡长，进行罚款处理，并处决了新安乡反动乡长利超杰，使国民党乡政权处于瘫痪状态。这时，恩开台边区的人民武装接连解放了东山、赤水、金鸡、蚬冈一带地区，控制了西南地区的广大农村，达200平方千米，5.3万人；并在控制区的部分农村建立了农会、妇女会、民兵队。据1949年9月份不完全的统计，有农会会员1069人，妇女会会员700多人，民兵200多人，其中武装民兵100多人。

在东北部地区，开平独立大队及其下属的水井、月山、杜澄、波罗、楼冈、苍城武工队（组），先后配合新高鹤地区部队袭击水口、塘浪的反动武装，改编了水井、月山自卫队，瓦解了楼冈、沙岗自卫队，收缴长短枪100多支，解放了水井、东河、月山、丽洞，控制了楼冈、沙塘、沙岗附近部分农村，控制区约达200平方千米，5万多人在控制区部分农村建立了农会、妇女会、民兵队。据9月份不完全的统计，有农会会员800多人，妇女会员300多人，民兵300多人，其中武装民兵100多人。

在西北部地区，夹水、东北、赤坎区队、武工队及齐洞、尖鹤武工组，先后配合广阳地区部队袭击鹤洲警察所、尖鹤联防大队和大塘、大沙、尖石自卫队，收缴了三乡联防队及白江、张桥、同安、官塘、黎塘、南蛇龙自卫队的武装，拔除敌人据点，解除了200多人的反动武装，缴获长短枪200多支，解放了夹水乡，控制了塘口、百合、五龙、四九、马冈、龙胜、尖石、鹤洲、大沙、白江等地周围的部分农村，控制区约达300平方千米，人口达10万人之多；并在控制区的部分农村成立农会、妇女会、民兵队。据统计，当时有农会会员约2500人，妇女会员1000多人，民兵1000多人，其中武装民兵200多人。

在三埠地区，敦思乡自卫队起义后，与台北武工队合并，整编为滨海总队台北独立大队，大队长余和俊，政治委员余经纬。他们活动于台城至三埠郊区一带，不断袭击乡村反动武装，威胁三埠；并控制了三埠南面一些农村。在这段时间，月山武工队曾进入水口镇活动，火烧水口东面的潭江桥。五龙武工组曾进入长沙活动，火烧长沙西面的滘流渡大木桥，破坏敌人的交通。开南区队曾进入荻海贴传单，动摇敌人军心。

10月初，开平县人民武装已发展到约1500人，其中武装民兵约500人。该县各地人民武装一连串战斗的胜利，迅速扩大游击区，控制了全县70%左右的广大农村，将敌人孤立于大沙、鹤洲、尖石、马冈、苍城、赤坎、水口等据点。人民武装部队对以上敌据点形成了包围阵势，对国民党在粤中的统治中心三埠逐步紧缩了包围圈。

10月，南下解放大军经粤北直逼广州。广东的国民党反动派，见大势已去，为保存残余力量，放弃广州向海南岛撤退。开平县人民武装积极配合南下大军歼灭逃敌。14日，广州解放。解放军分兵几路追歼南逃的敌军，一路大军经三水，于16日抵达高明合水。这时，盘踞高明的国民党六十四军某部，撤退到鹤山宅梧，并于15日，取道双桥经开平县联兴、苍城南逃。开平独立大队闻讯火速赶到双桥伏击逃敌。结果俘敌200多人，缴获大批军用物资。19日，被第二野战军陈赓兵团某部追歼南逃之敌刘安琪兵团某部，从高明经尖石、鹤洲进入开平东北区，向恩平的方向逃窜。东北区武工队先后两次伏击敌军：第一次，于当天上午，在和平村俘获远离大队的敌军7人，其中副团长、连长、班长各一人，缴获长短枪8支；第二次，于当天下午，在圣园村伏击敌军殿后部队一个连，打得敌军四处逃命，当场俘敌20多人，缴获步枪一批。陈赓兵团某部歼灭敌刘安琪部于阳江后，派出部分兵力，由武工人员吴平等人带路回师尖石、鹤洲，围歼崔星辉、黄杜残部，将崔、黄残部打散，缴了大塘、蕉园、鹤洲等自卫队的枪，解放了尖鹤地区。当时，夹水、尖鹤武工队（组）及岗咀民兵队配合大军作战。在战斗中，毙敌 3 人，伤敌不少，缴获武器一大批。

当时，盘踞三埠的敌广东第十区专员兼保安司令李江、保二师师长方日英、副师长林小亚等，因南逃之路被人民武装部队于恩平截断，在前无去路后有追兵的情况下，十分恐慌，为了逃命，丢下保二师、保四师及保安总队共 8000 多人，窜到台山斗山乘船逃往澳门。敌广东第十区保安副司令周汉铃则从三埠乘铁甲电船向新会的方向逃跑。李江、方日英、周汉铃等逃离三埠后，敌保二师、保四师及驻在三埠的保安总队，感到绝望，彷徨不安，士无斗志，纷纷向台山沿海逃窜，妄图从海上逃跑，最后被人民武装部队歼灭。10 月 22 日，第二野战军第四兵团十五军先头部队经九江、沙坪抵达长沙，遭到留守长沙的敌开平保安团第二营方耀华部 100 多人的抵抗。20 分钟后，全歼该敌，解放三埠。13 日，恩开台（边）独立大队、开南区队、江南队区配合大军追歼敌保二师第五团等残敌，追至东山全歼该敌千余人。当天，开平独立大队解放苍城；粤中纵队进驻三埠。24 日，开平县人民政府在苍城正式办公。25 日，恩开台（边）独立大队及其属下的开南、江南区队，配合南下大军追歼敌保四师，经金鸡至台山那扶，歼敌 3000 余人。至此，开平境内国民党的反动军队全部被歼灭，实现全县解放。

第五章

建设发展时期

　　建设发展时期，开平县同全国各地一样，经历了从土改、互助组、合作化到人民公社、从"三反""五反"到"四清"再到"文化大革命"，进行了社会主义革命和建设很多探索，经历是曲折的，发展有时缓慢，但总体是平稳上升的，全县老区建设、工农业生产和各项事业都有较大发展，为改革开放时期的快速发展奠定了基础。

第一节 清匪反霸，巩固政权

1950 年 3 月 12 日至 15 日，中国共产党开平县第一次党员代表大会在赤坎镇召开。出席大会代表 53 人，列席代表 10 人。这次大会主要内容是：传达中共中央华南分局第一书记叶剑英的工作报告和粤中地区党代会的精神，联系思想和工作实际，开展批评与自我批评，克服右倾情绪；分析本县的封建势力，布置剿匪、反霸、生产自救、沟通侨汇等工作任务；讨论召开农民代表大会、各界人民代表大会有关事宜。3 月 24 日，县第一届农民代表大会在赤坎镇召开。会议着重解决如下问题：发动群众开展清匪反霸和退租退押运动；积极完成公债、公粮任务；搞好生产救荒；选举黄文康为县农协筹委会主席。

遵照中共中央《关于严厉镇压反革命分子活动的指示》，4 月 2 日，中国人民解放军粤中军分区开平县大队和县公安局，在全县开展镇压反革命运动。开平县大队和公安人员在县委的统一领导下，由吴群、周楚率领，发动群众，采取军事围剿与政治争取、镇压与宽大相结合的方针，对国民党留下来的反革命分子进行全面清剿。至 11 月底，先后在棠红、马冈、牛坳、山窟田、马骝咀、月山、水口、义兴等地消灭反革命武装 214 人（其中向人民政府投诚的 29 人）；俘获的匪首有"国民党广东绥靖公署沿海区反共游击队第十纵队"副司令梁山及其营长关础、梁松兆、周中立、林显利、林颖，广州绥靖公署西江指挥所独立第二营营长司徒寅，反共救国军营长陈积业、副营长陈铁等人；缴获手提机枪1挺，手榴弹2枚，长短枪108支，子弹1299发。同时，破获国民党特务机关3个，捉获特务20多人；摧毁反革命组织4个，捉获暗藏的反革命分子92人。至此，残留在开平县的反共武装基本被肃清，巩固了新生的红色政权。

6月20日至23日，中共开平县第二次党员代表大会在赤坎镇召开。出席大会代表71人，列席代表13人。会上，县委书记黄文康传达中共中央华南分局和粤中地委的指示，并总结了第一次党员代表大会以来的工作，提出今后三个月的工作任务：1. 继续剿匪肃特，巩固社会治安；2. 继续开展反霸斗争，调动群众积极性；3. 完成公粮夏征夏减任务，大力发展生产，做好救荒工作；4. 沟通侨汇和调整工商业，发展经济；5. 进行全党整风，端正政策。

清匪反霸是开平建立革命政权后的第一次重大战役，是巩固政权的正义之举，反映了当时的阶级斗争十分激烈，也说明了红色政权来之不易。这个战役取得的决定性胜利，为以后的社会主义改造和建设铺平了道路。

第二节 老区人民在建设时期的突出贡献

一、老区人民全力支持建成一批大中型水库

开平县历史上自然灾害严重，水旱灾害频繁，群众生产生活受损，苦不堪言。据开平县民政志记载，1943 年开平发生天大旱，早造无法插秧，到立夏时节旱象尚未解除；晚造连月不雨，田土龟裂，禾苗枯萎，早晚稻歉收，加上日寇入侵，天灾人祸，粮荒严重，乡民逃荒，饿殍遍野。1948 年 5—8 月连续暴雨成灾，潭江流域一片泽国，禾苗被冲，鱼塘漫顶，塌屋甚多，溺毙人畜不少，损失财物无数。当时沙塘地区有"三天无雨则旱，三天大雨成灾"的说法。旱涝威胁不胜枚举，人们只得听天由命。新中国成立后，开平县委、县人委以人民为中心，为根治水旱祸患，做出"兴修水利、造福人民"的决定，带领全县人民大兴水利会战。1957—1958 年，开平县兴建大沙河、镇海、狮山、立新 4 宗大中型水库，淹浸开平、新兴、鹤山 3 县的尖石、东山、水台、宅梧 4 个公社（均属老区）10 个乡 55 条自然村 3392 户 14667 人，受浸房屋面积 255978 平方米，淹没耕地 39072 亩。其中大沙河水库淹浸原尖石公社尖石、白江、鹤洲、箕黄、太平 5 个乡及尖石、鹤洲、和平 3 个圩 42 条自然村 3021 户 12389 人，受浸房屋面积 27083 平方米，淹没耕地 23123 田；镇海水库建在鹤山县宅梧公社、新兴县水台公社、开平县苍城公社三县交界地方，受淹地方

有新兴县的水台和鹤山县的宅梧 2 个公社，新兴县三合、鹤山县桥上、闹洞、泗合 4 个乡 5 条自然村 154 户 1264 人，受浸房屋面积 9255 平方米，淹浸耕地 12000 亩；狮山水库淹浸地方有东山公社联丰乡 6 条村 172 户 894 人，受淹房屋面积 15220 平方米，淹没耕地 3249 亩。

老区人民听从党和政府的号召，撤出家园，支持水库建设。政府做出移民安置，分两个阶段进行：第一阶段由 1958 年 10 月—1963 年 12 月大拆大建，每户补偿安置建房费 350 元，总的原则是"拆旧屋建新房，统一标准，分户核算，节余归己，超支自负"。大部分移民实行集体建房，建好后按户分配，原则上每户一房一厅，个别散迁户补偿 350 元自己建房。第二阶段按广东省的水库移民建房政策规定，按迁移时人口计算，每人补偿 8～12 平方米（含 2 平方米公杂房），过去建房未达此标准的给予补足。经开平县水库移民代表大会通过，搬迁人口按 1961 年 12 月底止计算补偿，每人补偿 10 平方米建房费，另公杂房 2 平方米，建房造价按每平方米 25 元拨给，港澳同胞和国内的外出户都按此政策执行；华侨房屋按建库前面积拆多少补多少，建房造价按每平方米 40 元拨给，全县共拨移民建房费 420 万元。

搬迁初期由当时开平县副县长王铁山亲自抓，从各部门抽调 120 多人组成搬迁安置工作队，深入移民区去做思想发动工作，使移民认识到为社会主义建设贡献自己家园是光荣的。为了扶助移民区发展生产，安排好生活和处理好遗留问题，1968 年 3 月 25 日成立开平县水库移民办公室，由 12 名工作人员负责具体工作。到 1970 年末，共安置移民 3325 户，14790 人，建房 178014 平方米。大部分移民被安置在县内，少数被安置在顺德、番禺、斗门、中山县及广州郊区农场，被安置在大沙河水库库内的移民近 6000人，国家先后拨出 150 多万元给该移民区大搞农田水利基本建设，以改善生产条件，其中新筑堤围 5 条共长 6 千米，造田 160 多亩，建设电动排灌站 38 宗、总装机容量 505 千瓦，旱地改水田面积 1800 多亩，使这个移民区人均耕地由 0.3 亩增到 0.8 亩。此外，还新开环库公路 13 千米，新建公路桥 6 座，建造水泥船 12 只（其中机动船 4 只），解决了交通运输，使村村能通汽车，交通运输方便。经过 20 多年的努力，移民工作已基本完成，1984 年撤销开平县移民办公室。1991 年以后，省和开平县人民政府本着实事求是的精神，曾多次拨款，解决水库移民遗留问题，另县有关部门亦支持移民 40 万元解决生产、生活、交通等有关问题。

开平县四宗大中型水库和其他水利设施的建成，大大提高了抗灾防灾能力，为开平县农业生产连年丰收奠定了坚实基础。现在大沙河、镇海、狮山三大水库又成为开平人民饮水安全的水源地，完善的水利设施为开平的经济社会发展发挥了重要作用。

二、老区人民全力支持建成一批小水电站

1960 年 5 月，开平县掀起大办小型水电站高潮。老区人民服从大局，全力支持建成一批小水电站。1960 年 7 月，镇海水电站第一台水轮机组投产，而其他小型水电站也陆续建成。当时，全县兴建成小型水电站 50 多座，装机容量 280 千瓦（镇海水电站除外）。1969 年 12 月起，县内再次掀起大搞小水电建设高潮，县成立水电工程指挥部，抽调一批人员和领导干部到大沙地区搞水电建设，首期工程是茶坑、虾山、急水田电站，随后其他水电工程陆续开工。1974 年 7 月，全县最大的水电站大沙河水库坝后电站建成投产，该电站装机 3 台，装机容量 1890 千瓦。至 1974 年 7 月底，全县有 5 宗大、中型水库建起 7 座坝后电站和 2 座渠道电站，装机 17 台，装机容量 3875 千瓦，占全县总装机容量的 30%，年发电量 1003 万千瓦时，占总发电量的 29%。1978 年，在大沙

公社岗坪大队竹角村处建一座小二型调节水库石堆水库，调节下游石堆一、二级，茶坑一、二级，虾山一、二级，急水田等7个梯级电站的发电用水，年增发电量35万千瓦时。到1992年末止，全县有水电站38座（包括合山水电站），总装机容量14574千瓦，年发电量3447.88万千瓦时。有效缓解了开平县用电紧张的矛盾，有力促进了工农业生产发展。

三、老区人民自力更生建成一大批公路

在建设发展时期，开平县老区人民发扬自力更生、愚公移山精神，在政府的资金和技术支持下，千军万马上工地，分地段领取挖山平地建路任务，早出晚归，出勤出力，按时按质完成分配的任务。这个时期，开平县在革命老区修筑了大沙环库公路、岗坪公路、赤水高龙公路、苍城大罗村公路等一大批公路，改善了交通条件和老区的面貌。如1957年至1963年，县政府共拨款10万元，修筑通往东山高龙、大沙岗坪公路，全县老区建设公路17千米，大小桥梁18座。又如1965年9月中旬，县政府拨款5万元，开始修建夹水至西水、登山至龙胜、龙山至石榴塘、西水至圣堂等4条公路。同期，县政府给东山上下洞乡拨款3万多元，修筑一条9千米长的公路和建一座长20米、宽5米、高9米的交通桥，1981年通车。此外，县政府拨款2.5万元给大沙岗坪乡完善公路设施，并从1982年8月1日增设由大沙到岗坪的班车，全程77千米。畅通老区交通，便于发展生产和改善群众生活。通过以自力更生为主大搞公路建设，全县7个老区（乡）都修建了机耕路、机耕桥，村口有通乡政府的机耕路。老区人民"行路难""出入难"的问题基本解决，老区的村镇面貌也随之有较大的改变。

第三节

县政府对革命老区的关心支持

建设发展时期，开平县对革命老区的建设发展非常重视，尽管当时经济发展较为落后，财政紧张，仍然千方百计，对革命老区给予关心和支持，做到支持经济发展与兴办公益事业相结合；资金支持和物质支持相结合；财政拨款和各部门政策扶持相结合，在财力、物力和人力上对革命老区给予倾斜和照顾，帮助各老区解决缺粮、缺肉食供应等困难和改善交通、水利、文化、教育、卫生、居住等条件。这个时期，对革命老区的关心支持体现在六个方面：

一是分发粮食给老区战胜饥荒。1952 年 1 月，时值缺粮饥荒，县发放烈军属、工属救济粮（至 7 月前后）110220 斤，在春耕前，拨出优抚粮 34050 斤，重点发给东山、东河、水井、金鸡等地的优抚对象和老区群众，帮助他们解决生产、生活上的困难。

二是支持老区基础设施建设。当时进行土地改革和合作化运动，百业待兴。县政府及有关部门下拨资金 20 多万元及水泥、钢材、木材一大批，修筑了大沙环库公路、岗坪公路、东山高龙公路、苍城大罗村公路等一批，总里程 17 千米，大小桥梁 18 座；以及为水井老区先后兴建磨刀水、三山头、大心坑、水井潭等小型水利工程和水井才坪到狮山的水槽桥等水利设施。

三是帮助老区建立卫生站。1962 年拨款 1.8 万元，为老区建设 2 间卫生院和 1 间卫生所，并增派中级医护技术员 8 人，充实老区医疗技术力量。经过 3 年努力，各老区普遍建立了卫生站，方便老区群众就医。

四是帮助老区开办学校。1962 年拨款 1.2 万元，为东山老区扩建了 3 间新课室，解决老区适龄儿童入学难题。东山上洞村在中华人民共和国成立前只有小学生 10 多人，到 1957 年已有小学生 30 多人，中学生 7 人，为老区的发展带来希望。

五是帮助改善居住条件。县有关部门给革命老区分配一批水泥、钢材、木材等建筑材料，帮助革命老区群众改善居住条件。如东山横塘联丰社 273 户，过去有 210 户住茅屋，到 1957 年已有 130 户改建为瓦房。

六是慰问革命老区。每年，中共开平县委会、县人民政府都组织慰问团慰问老区人民，并听取他们对发展生产的意见，共商发展规划。同时对堡垒户和革命有功人员进行家访，了解他们的生产和生活情况。并与当地干部商量，将慰问老区提出的问题逐项研究，凡是在当地能解决的，当即给予解决。慰问结束后，县民政局将慰问老区时老区干部群众提出的问题，综合分类后，及时上报。县委和县府随即召开有关单位的负责人会议，县委书记、县长亲自主持会议，研究如何帮助老区建设，并动员各战线单位要多想办法，解决老区提出的问题之后，再由县长会议研究决定。中共开平县委和县政府曾多次在各种会议上反复强调，要求各单位在财力、物力和人力上大力支援老区建设，为加快老区建设贡献力量。开平县各有关单位部门也想方设法积极支援老区建设。

第四节 稳步推进全县经济建设和各项事业发展

一、建成一批基础工业

中华人民共和国成立后，开平县稳步推进全市经济建设和各项事业，建成了氮肥厂、磷肥厂、糖饼厂、机械厂、糖厂等一批基础工业。

开平氮肥厂的前身叫开平县华侨化肥厂，该厂筹建于1963年1月，厂址设在新昌东郊。1965年，开平县华侨化肥厂建成投产。1966年8月，开平县华侨化肥厂改称为开平县氮肥厂。开办时，共筹集资金798万元（其中，省拨款393万元，肇庆地区拨款20万元，县拨款该厂12万元，华侨投资373万元），设计能力年产合成氨5000吨，加工固体碳铵2万吨。1971年，增建一座甲醇车间，年生产能力0.4万吨。1995年1月因企业转型而停产。

开平磷肥厂起步于1958年，成型于1960年，当时叫开平县综合化工总厂，厂址设在新昌东郊，生产磷钾颗粒肥。1961年5月，县炼油厂并入综合化工总厂，故改厂名为开平县综合化工厂。当时，厂内设有7个车间，其中有专门生产硫酸和化肥的车间。1969年1月，开平县综合化工厂改名称为开平县磷肥厂，厂场占地面积2.66万平方米。该厂以生产硫酸和磷肥为主。1969年，根据"战备"需要，增设炼钢和军工车间，生产钢件和黄色炸药、手榴弹、地雷等。1972年7月，撤销军工车间。1976年2

月，因硫矿石和磷矿石供应不足，该厂又在厂场东部的潭江边兴建一座年生产能力一万吨的钾肥车间。1978 年，因钾肥质量差而停产。

开平县糖饼厂（嘉士利饼业公司）前身是公私合营开平糖饼厂。1961 年 8 月从开平县综合食品厂分出，改称为地方国营开平糖饼厂。建厂初期，总面积 40 000 平方米，有职工 140 人，设备简陋落后，年产值仅 98.47 万元。1985 年 1 月成立广东嘉士利饼业公司，并搬入长沙东郊工业区新厂房继续扩大生产。新厂区占地面积 3.37 万平方米，建筑面积 4.03 万平方米。职工 1522 人，其中工程技术人员 24 人。生产高级饼干系列产品 150 多个。饼干产销居全国同行业之首。1999 年生产饼干 30 万吨，出口 850 吨。出口创汇 381 万元。年总产值 1.65 亿元，利税 2117 万元，利润 323 万元。

开平机械厂，前身为开平县农具修配厂（由多家私营小厂合并、公私合营发展而成）。1958 年与三埠机械厂合并，称开平县三埠机械厂。1973 年，该厂将机电车间分出，另立开平县机电厂。1978 年，开平县三埠机械厂改称开平县机械厂。该厂占地面积 2.38 万平方米，厂房建筑面积 1.45 万平方米。职工 358 人，其中工程技术人员 23 人。产品销往国外，1999 年出口创汇 526 万元，年总产值 3005 万元，利税 90 万元。

开平县糖厂，前身是顺德桂洲糖厂，1970 年迁来蚬冈公社春一大队，取名为开平县糖厂，厂房面积 23 万平方米，拥有一套日榨甘蔗 350 吨的制糖设备，主要生产赤砂糖。1972 年，生产赤砂糖 1244.88 吨。1973—1982 年，职工人数在 106~310 人，年生产机制糖在 666.34 吨~2803.25 吨。1983 年，有职工 172 人，年产赤砂糖 1693.71 吨，产值 176.34 万元。1984 年 4 月停产。

开平县同一时期建成的还有造纸厂、玻璃厂、轴承厂、印刷厂、酒厂、水口水泥厂等地方国营工业。企业有兴衰，但大部分企业是向前发展的。这些工业企业的建成，既增加了该县的财政收入，又为改革开放后该县工业向民营企业华丽转身，并进入迅猛发展阶段奠定了坚实的基础。

二、大搞农田水利建设

中华人民共和国成立后，开平县建成大小山塘水库蓄水工程共460宗，初期排灌系统不分家，地下水位高，串灌漫灌，加上经常受山洪冲刷，跑土跑肥，农业产量低而不稳。

1964年冬，中共开平县委会、开平县人民委员会在镇海水库灌区的长沙公社幕村、冲澄两大队划出2100亩农田作为整治排灌系统、排灌分家、降低地下水位的试点，并在幕村大队安吉生产队的犁头咀设置观测站，为水稻增产提供科学用水依据。幕村300亩低朗反酸田，经过整治排灌系统后，消除了反酸，1965年单造水稻由原来的150公斤提高到300公斤。冲澄大队整治979亩，亩产由1964年的119公斤增加到300公斤。1965年夏，全县大面积开展整治田间排灌系统的群众运动，平原地区主要是搞排灌分家；山坑田主要是开"三沟"（排洪沟、排水沟、灌溉沟），排"五水"（山洪水、黄泥水、冷泉水、铁锈水、内渍水）。此后，每年均对农田排灌系统进行有计划的整治。经整治的农田，普遍得到增产。

20世纪50年代至70年代初，开平县修建了一大批蓄水、引水、提水工程，但由于渠道渗漏严重而使水资源得不到充分利用。为此，1973—1975年，全县开展渠道防渗工程，共完成渠道防渗40多千米，其中五宗大、中型水库完成渠道防渗34千米。

开平县人民政府领导全县人民有计划、有步骤地对洪涝灾害进行综合治理，20世纪50年代主要是加固培厚原有的堤围和修筑 7 条主要堤围，减少外江洪水对围内农田的威胁。20 世纪 60 年代，一方面开挖环山排洪渠，将客水（山洪）拦截排入潭江，另一方面开始修建机电排水站，用机电设施将围内的积水（雨水）排出堤外。20 世纪 70 年代，从以下三方面对洪涝灾害进行综合治理：1. 联围筑闸，将原来分散的堤围联在一起，并建筑排水闸和机电排水站；2. 继续开挖环山排洪渠；3. 将河道裁弯取直，使行洪畅通。20 世纪 80 年代，主要是做好堤围的加固培厚工作和机电排水站的巩固和扫尾工作。经过 30 多年的综合治理，使县内大部分农田解决了洪涝问题，为农业连年丰收创造了良好条件。

三、城镇建设和商贸业有较大发展

建设发展时期，开平人民发扬艰苦创业的精神，发挥"建筑之乡"的优势，不断推进城镇建设。而城镇建设的发展，又拉动了商贸业的发展壮大，呈现良性发展的趋势。

20 世纪 50 年代，三埠先后新建了卫生院、文化馆、人民会堂、人民广场、新昌公园、"长新"和"荻新"两座浮桥，修筑和修补了多条马路和街道。新建 10 多幢公用楼房，维修大批危楼等。其中 1956 年建设新昌公园时，发动干部职工和街道居民出勤出力，用辛勤汗水将一大片河涌地建成美丽的公园。该园在 27 年后（1983 年）进行了扩建，建成后占地面积 6 万多平方米，其中陆地面积 3.34 万平方米，人工湖面积 2.67 万平方米。园内修竹成荫，小桥流水，碧波粼粼，景色秀丽。有假山雕塑、凉亭水榭、曲折长廊、湖滨石凳。还有三埠青少年宫、春园、棋坛、老人曲艺台、娱乐场、儿童乐园、水上游乐场等。这里游人如织，是三埠居民和外来游客游玩休闲的好地方。

20 世纪 60 年代初，各地掀起"大跃进"高潮，开平人民不甘落后，在上级和广大华侨港澳同胞大力支持下，一举建成"华侨大厦"和"潭江大桥"两项重大工程。华侨大厦，是专为接待海外华侨回国观光、探亲和港澳同胞回乡而兴建的大厦。位于长沙西郊路。1960 年 3 月破土动工，1961 年 6 月建成。占地面积 4294 平方米，建筑面积 6000 平方米。园林式设计，中间楼高 5 层，东西两边各为 4 层。南北楼门口上端刻有"华侨大厦"4 字，为何香凝所书。潭江大桥是跨越潭江连接长沙与新昌两岸的第一座钢筋混凝土大桥。1962 年开始兴建，1963 年 8 月竣工。桥长 332 米，宽 6.5 米。1978 年又进行扩建，1980 年 1 月完成。扩建后大桥 19 孔跨径 17 米，桥墩 18 个，每墩有 4 柱支撑桥面。桥宽 19 米，其中机动车道 10 米，两边非机动车道各 3 米，人行道各 1.5 米，荷载汽车 20 吨。主航道通航净高 4.25 米。开平县在当时财力很紧张的情况下，能够建成这两大工程的确鼓舞人心。

进入 70 年代，开平县城镇建设没有停步。在三埠镇新建了"七层楼酒家"和长沙东郊 12 幢 6 层住宅楼，扩建和改建公房 100 多间，新建获新水泥桥，扩建潭江大桥，兴建龙山水库的自来水工程，新建和扩建马路 12 条，总长 1300 多米。其中"七层楼酒家"是当时三埠的最高建筑和地标工程。该酒店是县商业集团公司属下的国营综合性大酒店。1977 年 12 月建成开业，地处闹市中心，毗邻长沙车站，交通方便。占地面积 1500 平方米，建筑面积 5200 平方米。南楼高 7 层，北楼高 4 层。有约 400 平方米的车场。酒店菜式点心品种齐全，质量上乘，创有"正宗盐焗鸡""金龙吐珠""橙杏麒麟烧鸭""金酥奶蛋挞"等名菜名点心，当时人们为能在那里吃上一顿美餐而津津乐道。

在当时，开平县还发生千军万马上工地、兴建龙山水库的故事。当时民工居民每天上工地，机关干部职工每星期也要上工地一两天，挖泥担土，多装快跑，为建水库齐努力。历时一年多，终于把水库建成。该水库属小（一）型水库。位于梁金山西龙山中。距离三埠 7 千米。1976 年 10 月动工，1977 年 12 月竣工。以解决三埠食用水为主，兼发展淡水鱼类养殖，结合防洪的小（一）型水库。集雨面积 4.6 平方千米，总库容 620 万立方米，正常水位库容 476 万立方米。坝高 18 米，长 230 米，为均质土坝。设输水涵管、开敞式溢洪道各 1 座。渠道长 1 千米，接入镇海水库东干渠，可调节镇海水库灌区用水。水库建成后设立龙山水库管理处。原是开平市水利电力局辖管直属单位。1981 年 3 月划归开平市供水集团股份有限公司管理。该水库建成，一直为开平县城居民和周边村民提供稳定优质水源，为县城的扩容发展提供了有力支持。

城镇建设扩大发展，带来最直接的效益是商贸业的兴旺。在那个计划经济的特定时期，开平县商业局和供销社起着其他部门难以替代的重要作用。一方面，他们是城镇建设的重要力量。另一方面，他们又是推动商贸业发展的主力。当时商业局的发展重点在县城，城区当时的地标建筑新昌百货大楼和"长沙七层楼"等，就是由县商业局投资建设，而且经营业绩都很好。供销社的发展重点在各基层圩镇，几乎每个公社的大圩（行政所在地）都建有百货公司、生产公司、土产公司、收购站、新华书店、大的餐厅，这些单位都由供销社经营。加上自然形成的三鸟市场、肉菜市场、猪仔市场、卖牛市场等，各个圩镇市场功能都较为齐全。无论是县城还是各圩镇，每逢圩日就人头涌动，交易活跃，购销两旺，热闹非常。1978 年，开平县全社会消费零售总额达到 1.37 亿元，在当时来说已是相当不错的成绩。

四、文化、教育、卫生、体育事业稳步推进

文化事业方面。1954 年的合作化至 1958 年的公社化期间，开平县群众文化事业有较快发展，各区乡（公社）逐步扩大了文

化活动基地，成立了文化馆、图书馆、展览馆、农村俱乐部、文娱组。到1958年10月止，公社级"三馆"和各村俱乐部已达176家，而且各地开始陆续兴建礼堂、戏院，从而全面开展广播、展览、图书阅读、黑板报宣传、电影放映、文艺演出、文艺创作等活动，其中民歌创作、民歌演唱会尤为兴旺，这些活动，又紧密地与当时党的中心工作相配合，推动中心工作的开展。1966—1976年"文化大革命"期间，文化工作受到冲击。1966—1972年，县文化机构处于瘫痪状态。1973年起，"文化大革命"进入后期，县一级文化机构得到恢复和健全，公社级也相继成立了文化站并配有专职干部，不少生产大队、生产队成立了文化室，从而形成县、公社、大队三级文化网点；电影放映逐渐向农村转移，各公社、镇、生产大队逐步发展电影队，公社（镇）文化站和部分大队文化室，自1974年起还组建了业余文艺宣传队，日间参加厂场生产，晚间排练、演出，得以丰富当地群众文化生活。从"文化大革命"结束到1978年，开平县每年在县城举办一次全县性业余文艺汇演和文艺作品评选，为公社、大队、生产队举办文艺创作学习班、文艺骨干培训班，发展县属电影队（18队）、公社电影队（20多队）、厂矿部门电影队（10多队）和把电影院扩建为3家，发展粤剧团（由1个发展到3个），增加粤剧演出。在粤剧演出上，既有古装剧目《十五贯》等，又有县内创作的现代大型剧目《虎岭枪声》等。

教育事业方面。1952年，全县调整了中小学校的布局，将原有的公私立小学402所，缩编为公立小学213所，彻底废除私塾。同时，减收了学、杂费，开办工农夜校，使工人、农民及其子弟能入学读书。1957年，全县有中学18所，小学218所，在学的中小学生6.33万人，教工队伍不断壮大，教育教学质量逐步提高。1958年开展"大跃进"运动，全县各地大量发展民办"半农半读中学"，使全县公办、民办初级中学大量增加。由于学校增多，设备不足，师资薄弱，加上校校办农场、办小工厂，学校上课时间不多，严重影响教学质量。1959 年，针对教育战线存在的问题，对全县中小学进行整顿：大量压缩农业中学，充实普通中学，发展民办小学、耕读小学和早晚班小学。1961 年，执行"调整、巩固、充实，提高"方针，对学校做进一步调整，将 8 所完全中学减为 5 所，招生数量也相应减少，到 1964 年，推行全日制、半日制两种教育制度，全县半农半读中学数量急剧增加，由原来的 2 所增至 10 所。1965 年，又进一步压缩普通中学，增办半农半读的农业中学和职业中学，使全县的农业中学、职业中学增加到 22 所，而普通中学由原来的 17 所减少到 14 所。1966 年 5 月，"文化大革命"开始，全县中小学停课"闹革命"，大部分师生卷入了运动，直到 1968 年 2 月，开平县革命委员会成立后，才组织学生回校复课。同时，组织工人和贫下中农毛泽东思想宣传队进驻中小学，领导学校的"斗、批、改"。同年 6 月，对教育线进行大调整，除了保留 4 所由县管的完全中学外，各公社均开办高中，许多小学也附设初中班。到 1969 年，全县实现"社社有高中、队队有初中"，做到学生读书"初中不出大队，高中不出公社"。中学学制由"三·三"制改为"二·二"制，小学由六年制改为五年制。学生升学由统一考试改为推荐上学。1970 年，复办师范学校、卫生学校，新办农机学校，由于学校发展贪多求快，师资和教学设备严重不足，加上政治运动多，参加生产劳动多，上课时间少，使教学质量严重下降。1976 年 10 月，"文化大革命"结束。从 1977 年开始，学校开始拨乱反正，同年 8 月，各级学校废除推荐升学制度，全部中学通过统一考试录取新生。1978 年，县重新确立开平一中、开侨中学为县重点中学，三埠镇新昌小学、长沙公社爱新小学、水口公社开锋一小、蚬冈公社立新小学等为重点小学，教学秩序逐步转向正常，教育教学质量逐渐提高。1979 年，县实施"压缩高中、加强初中、巩固小学，全面提高教学质量"的体制改革，小学逐步停办附设初中，增办初中、压缩高中。同时，逐步将学制恢复为中学"三·三"制和小学六年制，教育事业发展重新走上健康轨道。

卫生事业方面。开平县非常重视卫生医疗事业的发展，经多年努力，医院、防疫、保健等机构逐步完善，全县先后设立有全民所有制医疗卫生机构 11 所（其中卫生学校 1 所），集体所有制卫生院 16 家、卫生所 21 家，乡办医疗站 291 所，工矿企业单位的医疗室 77 间，形成了县、镇、乡三级医疗、预防、卫生保健网。卫生医疗事业经费逐年增加，医疗器械设备逐步得到充实和更新，医疗技术水平不断提高。消灭了天花、霍乱、鼠疫等传染病，伤寒、痢疾、百日咳、乙型脑炎的发病率显著下降，流行性脑膜炎、白喉和小儿麻痹症得到控制，丝虫病的防治工作取得了显著成效，经省、市考核验收，成为基本消灭丝虫病的县份。麻风病的发病率、结核病的死亡率、儿童结核性脑膜炎患病率显著下降。妇女一些主要疾病得到治疗。随着爱国卫生运动的深入开展，城乡环境卫生得到不断改善，彻底消灭了"脏乱差"和卫生死角，经省检查验收，县城三埠镇成为卫生先进城镇和无鼠害城镇，开平县还被评为"广东省农村改水先进县"。

体育事业方面。50 年代初，体育工作由县人民委员会教育科兼管，在全县推广"六人排球"赛，取得显著成绩。1953 年 2 月广东省排球选拔赛中，开平队有 8 名队员入选省排球队（其中 5 人还入选中南队）。积极开展乒乓球、羽毛球、游泳、田径、象棋等体育项目，其中乒乓球、田径、象棋三个项目最为普及，1954 年已出现长沙师范学校学生余锡麟破 100 米自由泳广东省纪录的好成绩。1956 年，开平县体育运动委员会办公室成立。县体委办公室根据上级的指示积极与有关部门配合开展工作，派专人负责篮球运动工作，同时把排球运动作为县重点开展的体育传统项目，积极在农村以农业合作社为主体推广排球、篮球运动。重视在职工群众中开展田径运动。以后，各项运动成绩迭出：手榴弹运动员余凤仪，代表广东省出席全国运动会；田径运动员林美容，被选进广东省田径队；1957 年，风采中学李健威获佛山专区水上运动会 100 米蛙泳冠军；1958 年，开平县青年男排获全国 20 单位排球锦标赛冠军，并在广东省篮球锦标赛上获男子冠军、女子亚军；向中南地区输送了多名运动员，其中黄亨成长为国家男子排球队队长，叶灼成长为国家男子排球队主力队员。这种体育的良好形势，一直保持到 20 世纪 60 年代中期，在这段时间里开平县还多次承办省和佛山地区的排球、篮球比赛，为全省排球和篮球事业的成长进步贡献力量。

第六章
改革开放时期

　　改革开放时期，在中国特色社会主义旗帜引领下，开平的干部群众解除思想桎梏，平反了冤假错案，理顺了生产关系，极大地解放了生产力，干部群众干事创业热情高涨。特别是 1993 年 1 月 5 日，开平县经国务院批准撤县设市后，革命老区和全市的发展明显加速，全市各方面均发生翻天覆地的变化，取得骄人的成就。

第一节 老区面貌呈现根本性改变

一、重视老区，支持力度有增无减

党的十一届三中全会以来，特别是进入 80 年代以后，开平县进一步重视老区工作，把发展老区经济、加快治穷致富当作重要政治任务和重点经济工作，摆上议事日程，下大决心认真抓紧抓好。在老区建设委员会的领导和筹划下，老区建设顺利展开。1980 年，县政府和有关部门共拨款 10.2 万元支持老区建设。1981 年县政府及有关部门合计拨款 149.1 万元支持老区建设，其中县政府拨款 11 万元，为大沙、水井、东山新建或修建区公所礼堂。从县机动财力中拨出专款 39.1 万元解决建设项目 60 宗。县财政局减免老区社、队企业税款 11 万多元，支持老区社队企业的发展；县农业办公室拨款 12 万多元支援老区生产建设，包括改造低产田，扩建鱼塘，新建猪栏、牛栏、羊栏，建肥料厂，建肥池，修整小水库，建渡槽，建机耕桥，等等；县计划委员会相应拨出一定的水泥、钢材、木材；县水电局拨款 11.8 万多元和一定数量的钢材、木材支持老区修建小水电 17 宗；县交通局拨款 1.43 万元，修筑公路 2 条（长 15 千米）、桥梁 2 座；县教育局拨款 3 万元和一定数量的钢材、水泥，修建 5 间学校和 1 间课室；全县 8 条战线 111 个单位及个人共捐款 14.2 万元，新建教室 41 间，面积 2703 平方米，修建教室 78 间，面积 328 平方米，为老区山区办学实现了"一无二有"（一无危房，班班有课室、有台凳桌椅）；县卫生局拨款 1 万元，帮助修建卫生站和购置设备一批；县社队企业管理局拨款 8 万元支援东山区办香油厂一间，拨款 12 万元支援水井区办腐竹厂一间和粮食加工厂一间；农业银行县支行给老区贷款 35.79 万元；县林业局拨款 3 万元，支援发展种植杉、湿地松；县供销社大量供应食品、衣料等生产生活日用品。

1982 年至 1985 年，县政府共拨款 43.5 万元支持老区建设，其中拨款 12.88 万元给 7 个老区（乡）新建乡政府办公楼或礼堂，拨款 2.5 万多元给大沙岗坪乡修筑公路使之通行班车，拨款 3 万元给东山区下洞乡修筑公路 9 千米和建交通桥一座。同一时期，有关部门、单位支持老区建设资金共 74.65 万元，建设项目 174 项（其中，1982 年为 19.3 万元，建设项目 59 项；1983 年为 10.25 万元，建设项目 23 项；1984 年为 20 万元，建设项目 47 项；1985 年为 25.1 万元，建设项目 45 项）。

1986 年，县政府对 7 个老区（乡）各拨款 500 元作为生产资金。全年合计支持建设资金 24 万元，建设项目 56 项。1987 年，县从地方财政拨款 24 万元支持老区，建设项目 44 项。1988 年，县政府无偿支持老区建设资金 24 万元，建设项目 44 项。1989 年，县政府投放 40 万元支持老区建设，建设项目 37 项。1990 年，县政府无偿投放老区建设资金 50.45 万元，建设项目 32 项。

从 1993 年开始，开平市政府每年拨款 100 万元，支持老区改善生产条件，提高经济收入。2008 年至 2017 年，开平市各级财政扶贫资金共投入 3482.98 万元，用于老区建设，其建设内容：一是水利建设，维修山塘、陂头，改善当地农田灌溉条件，增强贫困村抗灾减灾能力，解决"灌溉难"问题；二是改造饮水工程，解决"饮水难"问题；三是修建村内道硬底化工程，解决"行路难"问题；四是完善公共服务设施、村面环境整治、宣传栏和电教设施等，提高村民生活素质；五是建设"幸福村居"项目、打造幸福村居示范村，实现项目建设村"四新"，即产业发展有新突破、环境宜居有新改善、村居文明有新面貌、村委管理有新模式。

二、发挥优势，特色产业走出新路

开平市革命老区镇利用老区环境未受污染、自然生态环境良好的有利条件，因地制宜，发展特色产业，如金鸡镇大力发展肉鸡养殖业，赤水镇调整生产布局种植冬瓜、辣椒和水果，大沙镇因地制宜发展茶业，月山水井大面积种植荷兰豆，成为老区镇的特色产业。

金鸡镇地处丘陵山区，山多地多，山地面积8万多亩。2000年以来，该镇立足本地资源，调整农业发展思路，通过"公司+基地+农户+科技"的形式，大力发展肉鸡养殖业。该镇有金鸡王、合民、顺昌、参皇、绿皇等5家养鸡公司，全镇养鸡农户800多户，肉鸡年上市量达2000多万只，产值4亿元，单养鸡一项让当地农民净增收入2300多万元。另外，该镇还建立了蔬菜、生猪、优质粮、林业、水果等商品化基地，多种经营全面发展。

苍城镇联和村委会生水村是革命老区村庄之一，在养鸽专业户何顺景的带动下，全村40多户，近90%的农户都从事养鸽业。每年该村有数十万对鸽子运往广州、深圳、珠海、南海等地，生水村成为名副其实的"白鸽村"。苍城镇推广生水村的成功模式，引导和扶持农民开展规模化养殖，学习生水村的经验，形成"一村一品"的养殖新格局。

在种植业方面，大沙镇生态自然资源丰富，以发展生态旅游和生态农业特色产业为主，盛产各类原生态优质农产品，特别是茶叶种植产业已成为该镇主导产业，全镇共种植茶树超1万亩，栽种金萱、鸿雁、英红九号等多个茶树品种，全镇共有工商注册等级茶企业 9 家，茶叶种植合作社 4 家，形成了"天露仙源""大沙红""大沙里""岗坪茶""岭露红"等多个茶业品牌，全镇年产干茶 9 万多公斤。2015 年，大沙镇被评为"广东十大茶乡"，天露仙源被评为"最具岭南韵味养生名茶"。2018 年，"大沙里"红茶被评为"2018 年广东十大好春茶"。

月山镇水井荷兰豆从开始种植至今已有近 30 年历史。20 世纪 90 年代初，种植荷兰豆仅 100 亩，由于农民种植荷兰豆收入可观，在镇委镇政府的积极扶持下，认真抓好产后服务工作，荷兰豆种植面积逐年增加，到 21 世纪初达到种植高峰，面积约达 3000 亩，辐射到开平市的苍城、龙胜等镇和鹤山市的云乡、宅梧镇等周边地区，带动面积 1 万多亩，逐步形成集地效应和交易中心。到了荷兰豆收获季节，水井圩车水马龙，收购商在水井圩设点收购，形成了固定的水井荷兰豆市场。产品主要销往广州、深圳、珠海、江门等各大城市和日本、韩国等国家。

赤水镇高龙村立足当地资源，根据实际调整农业生产布局，因地制宜发展种养业。首先是养鸡养猪，该村以"公司＋基地＋农户"的养殖模式，全村养鸡 1 万只以上的鸡场有 19 个，年上市 68 万只。村里还与新兴县温氏集团联手，一次进栏 200 头以上的养猪农户 4 户，年产肉猪 2000 头。第二个发展重点是种植冬瓜、辣椒和优质水果，全村八成农户种植冬瓜、辣椒 1000 亩左右，亩产值一般 3000～5000 元，高者达 6000～8000 元。该村利用村里的旱地、山坡地大种水果，全村种果农户 200 多户，种植沙糖橘、妃子笑、桂味等荔枝近 1200 亩。高龙村坑尾自然村 21 户 87 人，种沙糖橘、荔枝、龙眼面积 150 亩，年收入 35 万元，单水果一项人均收入 4000 多元，加上冬瓜、辣椒和林木收入，村民收入可观。该村除 1 户五保户外，20 户都建了新楼房。

三、跟上潮流，老区旅游迈开步伐

金鸡镇是"江门中微子实验站"的所在地，而该实验站是由中国科学院高能物理研究所承担的中国科学院战略性先导科技专项（专项编号：XDA10000000），于2013年立项，2014年成立由9个国家51个科研单位组成的国际合作组。该专项建设总投资22亿元，建设周期8年（2013—2020年），将在金鸡镇游东村委会设计、研制并运行一个国际领先的大规模中微子实验站。金鸡镇利用中微子实验站的知名度和影响力，发展旅游业。2015年12月，该镇在中微子实验站附近的游东村委会举行了千人参加的泥焗鸡活动，焗鸡的原材料均是该镇饲养的优质肉鸡。在获得好评的基础上，该镇又于2016年举办了以"鸡文化"为主题的乡土文化与美食体验旅游节。2017年，金鸡镇依托中科院江门中微子实验站的资源，制订了生态旅游项目规划和金鸡镇森林小镇建设规划。这两个项目的实施，为金鸡镇的旅游业腾飞插上了金翅膀。

大沙镇利用其生态自然景观优美，拥有天露山、双石山、观音山、佛顶山、大沙河水库、榄坑梅林等一大批自然景观，通过举办茶文化节、梅花节、杜鹃花节、"一村一品"等特色旅游项目，每年吸引数十万游客前来观光旅游。同时，大沙镇还充分利用辖区内生态环境和自然观景优势，着力打造大塘面片美丽宜居乡村风景游项目、天露山醉美乡村项目、大沙里·欢茶谷产业园项目和汇大乡村酒店商住综合体项目等一系列旅游项目。

开平市革命老区镇利用革命纪念场馆、革命活动重要场所开办红色旅游项目，也有较大发展。如月山镇利用坐落于水井圩的万隆客栈纪念馆，大沙镇利用该镇岗坪革命活动纪念馆，开辟了红色旅游线路，吸引不少游客前来参观学习。

金鸡镇将解放战争初期中共开平县委锦湖会议旧址，即原锦湖小学（礼林学校）列入红色旅游建设项目，也将成为该市革命传统教育又一个重要基地。

　　为了进一步发展旅游业，赤水镇利用其在开平市内唯一的温泉资源，通过与自力村、马降龙等世界文化遗产景点串联起来，形成优势互补、资源共享的旅游线路。2016 年和 2017 年，该镇利用当地自然资源，推动赤水旅游发展，利用裕茂农场开展了两届青枣节，利用林屋旧机场举办了首届航模节。随着旅游事业的发展壮大，赤水的人流量显著增加，带动了赤水圩的房地产业发展，新建了聚福楼以及温和花园（电梯洋房）等楼盘。

　　月山镇利用其辖区内的皂幕山南麓，以及 2016 年底开通江罗（深岑）高速公路水井出口的交通便利条件，高起点规划，正着手开发建设皂幕山旅游风景区，将其三级瀑布、山顶台地、幽谷、山泉、森林、水库等自然景观和天然氧吧，建成珠三角地区自然风光丰富的旅游景点。

四、重视民生，基础设施得到加强

　　改革开放以来，开平市逐步对全市各乡镇自然村尤其是革命老区的自然村道路进行硬化建设，并于 2010 年 5 月起开始实施全市通 200 人口以上自然村道路硬底化工程，至 2012 年底，已建成通自然村水泥道路 139.53 千米，全面完成了三年建设计划任务。在全面完成通自然村道路三年建设任务后，继续在全市普及新农村公路硬底化建设，截至 2018 年 7 月，累计完成 467 条自然村共约 310.67 千米的通村道路硬化建设。其中，2010 年至 2017 年，该市革命老区累计建成通自然村硬底化道路共约 112.09 千米，包括大沙镇建成 48.04 千米、赤水镇建成 29.43 千米、金鸡镇建成 29.22 千米、月山镇建成 5.40 千米，有效解决了该市革命老区群众的行路难问题。

赤水镇高山村委会是革命老区和水库移民区，现有村小组22个，村民580多户，2800多人，由于地处偏远山区，大部分村小组只能饮用溪水和井水。为确保群众饮水安全，该村委会在市委、市政府的高度重视下，在市有关单位和赤水镇的大力支持下，于2015年初开始筹划建设自来水工程项目。经过招投标，市供水集团公司施工队伍于2016年3月进场施工，到2016年底，完成3万多米的管网铺设和泵房建设任务，2017年春季完成安装水表入户任务。高山村委会自来水建设工程能够顺利完成，一是领导重视，落实有关改水扶持政策资金200多万元，推动项目按计划建设。二是群众支持，村委会自筹资金30多万元。三是老促会给力，江门老促会和开平老促会共安排资金9万元，支持该项目建设。

完成大沙电网融入国家大电网的改造升级工程，是开平市委市政府和电力部门重视关心老区又一生动体现。大沙电网建于1967年，区域内有小电站28座，其中隶属大沙水电管委会的15座、大沙镇2座、村委会及自然村9座，10千伏的输电线路128.7千米；0.4千伏线路和0.22千伏线路共1100千米，配有变压器80台，总容量7000千伏安，全镇年用电量1180万千瓦时，供给下辖14个行政村共153条自然村7000多用户2.8万人的用电。随着历史的发展，原有的供电管理模式无法与国家大电网衔接，不适应21世纪大时代的社会经济发展，一定程度上成为抑制老区发展的瓶颈。尤其是其趸电销售导致了设备维修资金缺乏，发电设备陈旧，输电线路破烂不堪，安全隐患多，线路损耗大，导致农户到户电价居高不下。

为助推老区人民充分享受改革开放的发展成果，实现统一电网、统一电价、统一管理，踏上社会经济发展的快车道。2004年6月成立了大沙镇电网改制工作小组，正式启动了大沙电网的改制工作。2009 年 9 月，广东电网正式接管大沙电网，先后累计投入约 3 亿元对大沙电网残旧线路进行升级改造，其中新建 110 千伏大沙变电站一座，新架设了 110 千伏输电线路 23 千米，新建和改造 10 千伏出线 6 回共 170.12 千米、低压线路 383 千米，公用配变 95 台（总容量 10670 千伏安）、专用（含小水电）配变 75 台（总容量 20695 千伏安），10kV 变压器总装容量提升至 31365 千伏安，智能电表轮换 12258 户。

为了便于更好服务老区群众，接管大沙电网的同时成立了江门市开平供电局大沙供电所。截至 2018 年 6 月，大沙电网供电可靠率提升至 99.89%，居民端电压合格率为 100%，年用电量 1382 万千瓦时，线损从接管时的 25% 下降至 3.3%，满足了大沙镇农村电气化的用电增长需求，为当地经济社会发展提供了稳定充足的电力保障。

加强革命老区的学校建设，是开平市多年来教育投入的重点。改革开放以来，开平市对教育投入力度逐年加大，其中对于山区、老区薄弱学校校舍的投入特别重视。1978 年以来，开平市 4 个老区镇累计 72 所薄弱学校及分教点的校舍得到改造，新建教学楼、宿舍楼、学生厕所等建筑物 233 幢，建筑面积 17.84 万平方米，累计投入资金 1 亿多元。

五、政策扶持，老区村庄呈现新貌

在国家水库移民工程政策的扶持下，大沙镇新建的水库移民新村干净整洁，风景如画。譬如位于大沙河水库边的大塘面村，数十座新房整齐排列，道路平坦宽敞，村容村貌整洁漂亮。该村在村前设有供村民休憩活动的健身场所，配有干净卫生的厕所，配备了垃圾桶。由于该村村容村貌漂亮整洁，村里的各种设施不断完善，成为大沙镇乡村游的村庄之一，游客络绎不绝。

位于大沙河水库边的大沙镇黎雄村委会联新村，在国家政策的扶持下，发生了翻天覆地的变化。1997 年，联新村成功创建开平市文明村，走进该村，一条干净宽敞的水泥大道直通农户家门口，一幢幢整齐崭新瓷砖贴面的新三层小洋房拔地而起，现代特色建筑镶嵌在青山绿树间十分耀眼，呈现出一派欣欣向荣的社会主义新农村景象。如今，联新村村民不断增强归属感，用各种有益文体活动凝聚民心，旧村换新颜，村子美了，居住舒适了，村民也乐了。2017 年，联新村还发起《成立联新村爱心助学基金会》倡议，由热心村民、乡亲共同发起，该村外出乡贤和社会各界热心人士捐资设立，用于助学助教，扶助贫困师生，奖励品学兼优的联新村学生，实现了物质文明和精神文明同步推进的新局面。

金鸡镇石迳三村，其中石迳村 34 户 100 人房屋 33 间，东盛村 35 户 108 人房屋 27 间，横岭村 24 户 89 人房屋 21 间。20 世纪90 年代，因石迳石场的开采导致民房受损，部分农田下沉。2000年 3 月底，在政府政策扶持下，石迳三村完成新房搬迁。新建的 3个新村，补偿款 367 万元。如今石迳新村干净整洁，呈现一派新农村新气象。

市老促会全力服务和促进老区建设

开平市老区建设促进会于 1992 年成立。20 多年来，历届老促会不忘初心，坚持"全心全意为老区建设服务，为老区人民谋利益"的立会宗旨，怀着对老区人民深厚的感情和改变老区面貌的历史责任感，用心、用功、用情投入老区建设，做了大量工作，取得较好成效，主要体现在以下四方面：

一、深入调查研究，为老区建设发展建言献策

调查研究是老促会工作的重要抓手。20 多年来，市老促会的同志不顾年事已高，怀着高度的责任感和工作热情，经常深入老区调查研究，了解民情，与老区干部群众共商建设发展大计。在此基础上，市老促会充分发挥对上级政策熟悉，对老区情况熟悉以及对市委市政府决策程序熟悉的优势，在事关老区建设发展的重大问题上，积极主动建言献策。为党委政府提出有价值、有分量的意见建议，当好市委市政府的参谋助手。多年来，市老促会单独或配合省、江门市老促会围绕老区调整农业生产布局，发展"三高"农业，破危学校改造，道路硬底化建设，群众饮用安全卫生自来水，产业扶贫、脱贫攻坚等一系列老区热点难点问题和老区建设发展问题进行广泛深入调研，书写调查报告，提出意见建议，供党委政府决策参考。如苍城镇大罗村老区村委会有 2500 多人，长期饮用不洁的山坑铁锈水。群众迫切要求改善饮水条件，

村委会于 2001 年着手搞自来水工程，后因资金不足工程处于停顿状态。市老促会调查了解后，及时向市政府反映情况并提出建议，市政府很快拨出专项资金 10 万元，解决工程后续资金不足问题，使该村自来水工程于 2004 年春节前完成，群众饮上了清洁卫生自来水。

二、抓好民生实事，助力老区解决困难和问题

老促会情系老区，做到急老区群众所急，帮老区群众所帮。开平市老区大多地处边远山区，改革开放以来，由于自然条件艰苦，资源禀赋比较差，发展相对滞后，群众的生产生活还存在不少困难，突出表现在道路交通、饮用自来水、农田用水、小孩读书等方面。为了帮助老区群众解决以上实际问题，市老促会一方面统筹整合自身掌握的有限资金，另一方面积极争取市委市政府和有关部门重视支持，以及发动社会资助和村民自筹方式解决所需资金。20 多年来先后帮助老区建成了一批民生工程，比较大的项目有：交通方面，建成了月山水井至鹤山云乡、赤水高龙至台山墩寨、高龙至台山寻皇的公路，金鸡镇联庆村委会胡昌贤桥、大沙镇岗坪村委会茅坪桥。2016 年又协助大沙镇争取各级支持资金 175 万元，于 2017 年修通了大沙镇岗坪至新兴梧洞 2.5 千米山区公路，圆了大沙老区群众盼望通新兴山区公路的梦。交通项目建成，不但方便了老区群众出行，也促进了当地经济发展。如金鸡镇联庆村胡昌贤桥建成后，从此结束了老区群众出行涉水过河的历史，同时对岸的农田、山林、山塘承包马上升值，增加了集体和村民的收入。在老区群众饮水方面，帮助苍城镇大罗村村委会、月山镇金村、赤水镇高龙村委会、高山村委会 7000 多人饮上清洁卫生自来水。在改造薄弱学校方面：从 2002 年开始，用 3 年时间，争取省和江门市拨款 360 万元，开平市配套 686.33 万元，

改造 9 所老区破危学校，新建 9 幢教学大楼。从此老区师生告别了危房校舍，师生们有了一个安全、舒适、干净的学习环境，精神面貌焕然一新，使教育城乡差异进一步拉近，得到了令领导满意，师生满意、老区人民满意、教育部门和老促会满意的效果。在农田用水方面，由于老区大多地处山区，自然条件相对恶劣，加上原有水利设施老化，年久失修，一旦遇上暴雨，损毁严重，影响农田用水。较为突出的是游东村委会有两个陂头，2016 年一场暴雨把它冲毁，影响近 500 亩农田用水。市老促会获知，趁江门市老促会发动江门市政协联谊会到开平市开展老区行活动之机，及时向江门市老促会和江门市政协联谊会领导汇报，争取给予支持，江门市政协联谊会支持 15 万元，游东村委会自筹 10 万元，新建长潭和石古潭两个水陂，解决近 500 亩农田用水，确保农业增产增收对于一些小的水利项目，市老促会每年都安排一定资金帮助老区修复，保证了农田水利，镇村干部群众认为此办法也十分管用。

三、围绕奔小康目标，全力协助老区扶贫攻坚

20 多年来，市老促会始终按照市委市政府关于老区工作的部署，把老区扶贫奔康作为一项重要工作来抓。主要抓了以下几方面工作。

一是支持老区村委会发展集体经济。多年来，市老促会先后筹集 26.5 万元，分别支持苍城镇联兴村委会、赤水镇高龙村委会整治市场，支持龙胜镇齐洞村委会扶贫楼建设，支持月山镇金村、水三村委会修建公房出租屋，支持赤水镇高龙、高山、松南村委会维修榨油厂，支持大沙镇黎星村委会改造 300 多亩残次林。使以上村委会集体经济增加收入。

二是支持贫困户发展生产，增收脱贫。从 2004 年起，市老促

会争取上级和社会热心人士捐资78.5万元，连续15年给大沙、金鸡、赤水、龙胜等镇老区贫困户855户发放生产启动资金。受扶农户对此扶持感恩不浅，他们说虽然钱不多，但体现了党和政府对老区贫困户的关爱，表示一定要把生产搞好，增加收入，逐步摆脱贫困。

2011年市老促会名誉会长黄广汉发动澳门企业家赞助10.5万元，购买20头小母牛分发给赤水镇高龙、蚬冈镇群星两个老区村委会各10户困难户，每户养一头牛，由市老促会、有关镇村干部负责发放母牛及跟踪督促。由于受扶农户精心管养，小牛很快变成又肥又壮的大母牛，当年发放给高龙那10头牛，次年全部产下了小牛。高龙汶水村受扶农户陈福培，由于管养周到，两年时间产下两头小牛，2014年卖了一头，得款7800元。他十分高兴，感谢澳门同胞和老促会对他的帮助。

三是推进教育扶贫攻坚。从1996年起，开平市老促会连续23年向革命烈士后裔发放烈士后裔助学金，受惠烈士后裔287人次，累计金额25万多元，支持烈士后裔完成小学至大中专学校毕业。从2004年起，市老促会联手市教育局，连续14年给高考成绩优秀的老区子弟发放奖学金，到2017年止受奖人数167人，奖金23万多元。以上两项奖（助）学金的发放，弘扬了正能量，对受惠的烈士后裔学生和老区子弟是一种鼓励和帮助，社会反应相当好，开平市老促会决心将好事长期办下去。还有，2004年市老促会推荐11名老区困难家庭初中毕业生就读江门市艺华学校，还到学校与他们开座谈会并送慰问金。2007年这些同学毕业后全部就业，达到了"培训一人，就业一员，脱贫一户"的目的。

四、抓好老区宣传和革命遗址修复保护工作

第一，认真抓好老区宣传工作。开平市老促会一直把这项工作摆在重要位置，坚持为老区镇、村订阅《中国老区建设》和广东省老促会《源流》杂志，发挥这些刊物宣传老区主阵地、主渠道的作用。同时，发挥通讯员的作用，积极向上级老促会的刊物投稿，宣传报导开平市老区建设新面貌，其中有一位通讯员获得2018年广东省《源流》杂志优秀通讯员称号。还利用开平市报刊、电视、互联网，多渠道、多形式宣传报导开平市老区建设的好人好事，讲好老区故事。此外，市老促会坚持办好《老区建设简报》，以简报形式交流工作经验，2015至2018年共编辑出版18期，有效推进老区工作的开展。

第二，坚持做好革命遗址的修复保护工作。多年来，开平市老促会对此高度重视，积极争取各级政府和社会力量的支持，多方筹集资金，使开平市革命遗址修复保护工作取得可喜的成效。20多来由开平市老促会参与修复保护的革命遗址有月山镇水井万隆客栈，大沙镇夹水村委会小陂村"光荣之舍"、大沙镇岗坪村委会梁氏公祠革命纪念馆，赤水镇长塘村委会茅坪村抗日游击村纪念亭。另外，百合镇厚山村委会虾边村农民协会旧址正在修建中。这些革命遗址成了开平市爱国主义教育基地。

第三节 全市经济社会在改革开放中快速发展

一、改革开放引路，经济建设成就辉煌

（一）农业林业稳步发展

第一，农业发展情况。

开平市是农业大市，全市总人口 69 万人，农业人口 45.9 万人。全市耕地面积 43.9 万亩，常年播种面积超过 100 万亩。党的十一届三中全会以来，开平市认真贯彻落实中共中央、国务院关于农业改革发展的一系列方针政策，全面推行联产承包生产责任制，极大地激发了农民的种养积极性，尤其是 2016 年，开平市全面铺开农村土地承包经营权确权工作（当年全面完成确权面积实测），农民和农业实体单位更加放心投资扩大生产，生产力得到较大提升，有效促进全市农业生产发展和国家现代农业示范区的建设，取得骄人的成绩。

一是农业生产稳中有升，主导产业发展迅速。开平市坚持以优质水稻、精品蔬果、健康畜禽、安全水产等优势产业为主导，大力发展现代种养业，带动农产品加工、冷链、流通、休闲观光等产业迅猛发展，建成珠三角都市群和港澳地区重要农产品生产、加工和出口基地。2017 年农业总产值 55.16 亿元，农村居民人均可支配收入 1.76 万元；全年农作物播种面积 106 万亩，粮食收获面积 69.2 万亩，同比增长 1.3 万亩，总产量 28.38 万吨，其中水

稻全年收获面积 61.3 万亩,总产量 21.6 万吨。蔬菜收获面积 23.7 万亩,总产量 29.5 万吨。水果面积 5.9 万亩,总产量 3.2 万吨。生猪出栏 54 万头;家禽出栏 3180.9 万羽;水产养殖面积 10.4 万亩,水产品总产量达 5.2 万吨。

二是龙头企业不断增多,优质品牌成批涌现。通过扶持各种新型农业经营主体发展,重点培育上规模、实力强、带动辐射广的龙头企业,带动农民增收。2018 年,全市共有国家级示范社 3 家,省级示范社 10 家,地市级示范社 16 家,年经营收入 1.8 亿元,带动农户 1.5 万户。另外,全市龙头企业 23 家,其中广东省龙头企业 8 家,江门市龙头企业 15 家,年销售收入达 32.6 亿元,辐射带动农户 3.1 万户。同时,积极实施创品牌促效益战略,成功打造广东名鹅、地理标志农产品马冈鹅以及绿皇肉鸡、合民"黑凤鸡"、健之源有机灵芝等具有特色的农业品牌。全市有"三品一标"(无公害农产品、绿色食品、有机农产品和农产品地理标志)认证农产品 77 个,省农业名牌 7 个。

三是农田建设有序推进,为农服务全面开展。开平市对农田基础建设高度重视,加强山、水、田、路等规划建设,对洪、涝、渍、旱进行综合治理,分期分批实施,建立了旱涝保收、高产稳产等农田生产基地。开平市现有永久基本农田保护面积 40.45 万亩。其中 2012 年以来,开平市建成高标准基本农田建设项目 49 个,总规模为 26.42 万亩,总投资达 3.6 亿元,项目遍布全市各镇(街),耕作条件得到优化,农田面貌焕然一新。同时,进一步调整农业结构,实行科技兴农,大力发展"三高"(高质、高产、高效)农业,做好产前、产中、产后的服务,尤其抓好农业科技培训工作,提高农民的种养水平。同时,创新金融支农模式,积极组织实施农业"政银保"合作贷款项目,缓解农业"融资难、融资贵"问题,促进农业生产健康稳步发展。

四是农业机械使用率高，现代农业快速推进。开平市高度重视农机的使用和普及，建成粤西地区最具规模的农机市场和大型重要农产品综合物流园区。2017 年该市农机总动力 40.19 万千瓦，拖拉机拥有量 9250 台，联合收割机拥有量 797 台，插秧机拥有量 604 台。全市拥有粮食烘干机 71 台，烘干能力 1013 吨。全市水稻机耕面积 3.95 万公顷，机耕率 99.63%；水稻机收面积 3.93 万公顷，机割率 99.18%；水稻机插面积 1.94 万公顷，机插率 49.02%。水稻综合机械化率 84.31%，农作物机械化综合水平 65.13%，机械化各项指标均处于全省前列。

五是产品流通形式多样，农民增收较有保障。现代农业流通产业迅速提升，建成由蔬果、三鸟、水产品批发、储存、冷链为一体的大型综合物流园区，有效保证开平市以及周边城市的农产品的安全供给。并积极打造农产品、现代农业装备电子商务服务平台，扶持示范区农产品、现代农业装备电子商务服务平台发展，培育了皮卡生活、康捷、桥润、巨隆生鲜、谷源食品等一批本土农产品电商物流配送企业。还建设了农村电商综合培训中心，加强对电子商务对接农产品销售的培育。同时，开平市还大力推进农村第一、二、三产业的融合发展，全市打造出 100 多个具备较好接待条件和规模的休闲农业景点，并举办了一系列精彩纷呈的节庆活动。以健之源灵芝、天露山茶叶、北立山大米等为代表的有机食品以及腐乳、金山火蒜、三黄鸡、蛋品等地方特色农产品加工不断发展壮大，进一步为农民拓宽了增收渠道。

下一步，开平市重点把国家现代农业示范区的创建成果巩固好发展好，全力以赴打造位于核心区中心位置，以 X561 县道为轴心的"现代种业长廊"，并充分发挥周边现代种业企业的辐射带动作用。现代种业长廊在 2017 年动工兴建，面积 10 万亩，先后招商引资入园种业企业 25 家，总经营额超 20 亿元，业务涵盖水稻、玉米、花卉、蔬菜、南药、水产品等种子种苗繁育、栽培领域。经一年多时间努力，累计引进粮食品种52个，引进热带特色果树品种23个，引进花卉品种45个，引进特色蔬菜新品种56个，引进水肥一体化、立体设施栽培、工人光照种植、遥感监控系统等农业新技术12项。这个农业大项目的成功实施，将有力促进农业增产和农民增收。

第二，林业发展情况。

改革开放以来，开平市大力推进林业改革，实行林业新政，调动了群众造林绿化的积极性，推进了林业生产和园林绿化不断向前发展。开平市先后获得"广东省绿化达标县""广东省现代林业示范市""全国平原绿化先进单位""全国造林绿化百佳市（县）""国家园林城市""国家森林城市"等荣誉称号。开平市林业和园林绿化工作取得以下四方面显著成效。

一是落实林改，群众得益。20世纪80年代，开平市认真落实上级的林业改革部署，扎实开展稳定山权、林权，划定自留山，确定林业生产责任制的林业"三定"工作，进一步落实"谁种谁有"的政策，调动了群众造林积极性。2009—2011年，开平市全面完成集体林权制度改革各项任务，全市有林改任务的140个村委会、1076个村小组，均按政策规定将涉林收益的70%以上按股分发给农民，让群众得到实实在在的实惠，实现了资源增长、农民增收、生态良好、林区和谐的目标。

二是造林绿化，全民参与。一直以来，开平市十分重视造林绿化工作。其中，1978—2000年，开平市造林绿化总面积175.2万亩。同时，每年的植树节，都发动机关干部职工、驻地部队官兵、林业系统人员参加义务植树，成活率高，效果相当好。如2016年植树节，开平市组织19万次人次参加义务植树活动，设立义务植树点13个，种植优质高值的树种（如凤凰木、蓝花楹、火焰木茶花、红花荷、银边金合欢等），造林 58 万株，义务植树尽责率 95%。

三是林业管理，工作到位。2009 年，开平市被国家林业局批准为全国森林采伐管理改革试点县（市）之一，开平市以此为动力，加强和规范林政管理。严格执行林木采伐审批会审制度，规范采伐审批程序，建立伐前公示制度，实现林木采伐管理制度透明化，公开接受群众监督。同时，加强林地管理工作。严格执行征占用林地审核制度，对国家重点项目和涉及民生重大项目，如高速公路、铁路、火车站建设、输变电工程以及该市生活垃圾填埋区等项目需要林地，均给予优先审核、重点支持。2011 年 11 月，国家林业局在湖北省武汉市召开的林业经营管理工作会议上，开平市的经验得到好评。此外，开平市抓好调处山林纠纷工作，及时化解山林山界纠纷，成绩显著，市林业局被广东省人民政府评为"2011 年全省林权争议调处工作先进集体"。

四是"创森"工作，成效显著。开平市不断巩固发展造林绿化、园林绿化的成果，并不断向国家最高标准水平迈进。开平市在 2003 年被评为"国家园林城市"，并在 2009 年和 2014 年两度通过复查的基础上，2015 年又开展了创建国家森林城市（以下简称"创森"）工作，召开了两次全市"创森"工作推进会，做到领导、经费、行动"三落实"，开展了"全民认种树木""大手牵小手·创森活动齐参与""我为城市添新绿"等创建宣传活动，扎实推进生态文明建设。2015—2017 年，全市改建或新建村居（社区）公园 166 个，建成县镇级森林公园 13 个（其中县级森林公园 2 个、镇级森林公园 11 个）、镇级文体公园 10 个、城市综合性公园 2 个（翠山湖体育公园、苍江健身广场）以及旅游区风光公园 1 个（建在马降龙碉楼村落）；新建塘口碉楼、赤坎古镇、大沙天露山、金山公园等 11 条全长 470 千米"开平步行径"，初步形成"城市走进森林，森林拥抱城市"的城乡一体化公园体系，市民出行基本实现"300 米见绿，500 米见园"，让广大人民群众在家门口享受舒适的环境。加上原先建成的 4 条林带（梁金山公路林带、江罗高速开平段生态景观林带、全长 25 千米面积1800 亩的百里紫荆花廊——开阳高速开平段生态景观林带、全长7 千米面积约 200 亩的开平大道景观林带）。还有，建成国家级公园 1 个（孔雀湖国家湿地公园）、省级公园 2 个（潜龙湾森林公园、金山森林公园）、在建省级公园 1 个（白云石森林公园）。全市森林覆盖率达 43.06％，城区绿化覆盖率 44.92％，人均公园绿地面积 18.19 平方米，均已超过国家森林城市评价指标要求。开平市于 2017 年 10 月被国家林业局授予"国家森林城市"称号，2018 年 10 月，大沙镇被广东省林业厅授予"森林小镇"称号，从而标志着开平绿色生态建设再上新台阶。

（二）工业实力显著增强

改革开放以来，开平市解放思想，大力发展工业，推动工业实现较大飞跃。园区在建设中快速发展，企业在改革中实力增强，产业在转型中优化升级，发展在调整中提质增效。开平市形成了四个较有名气的产业集群和生产基地，同时拥有四个较有名气的亮丽品牌。从基地发展和品牌诞生的历程，可以看出开平市工业规模不断壮大、科技水平不断提高、综合实力不断增强的一个发展趋势。

第一，全国食品强市。

开平工业的腾飞，首先从创建食品强市开始。通过改革创新，逐步引领食品工业走上了行业化、规模化、基地化的发展路子，成为全市的重要经济支柱。2002 年，开平市被评为"全国食品工业强市"，嘉士利集团、味事达、广合腐乳、嘉士利果子厂和罗赛洛明胶公司等 5 家食品企业获得了"全国优秀龙头食品企业"

的荣誉称号。

2017 年，开平市有食品企业 145 家，年工业产值超 40 亿元。其中产值超亿元的企业有 5 家。开平的食品除在国内畅销外，还大宗出口美加、东南亚、澳大利亚等国家和台湾、香港等地区，年出口值 0.66 亿元。

开平市食品工业工艺先进，种类繁多，品牌响亮。全市的食品产品荣获国优的有 1 项，部优的有 12 项，省优的有 25 项。"嘉士利"系列产品、"广合"腐乳、"味事达"酱油既是广东省食品行业的名牌产品，又是国家级的名牌产品。"广合"牌腐乳先后获得"第二届北京国际博览会金奖""全国食品行业名牌产品""广东省名牌产品"；"广合"牌还被评为"广东省著名商标"。味事达调味品有限公司的产品为全优商品，成为国家免检商品。嘉士利集团公司先后荣获"广东省食品行业优秀企业""中国食品工业优秀企业"等称号。

开平市一直把食品工业作为主要产业进行引导、培育和做大做强，并制定了发展规划和扶持发展食品工业的政策措施，引导和鼓励企业推行国际质量认证，实施标准化管理，使食品企业生产和管理出现质的突破和飞跃，逐步走向规范化、国际标准化，从而增强开平市食品产品的市场竞争力。开平市食品企业有 4 家通过了 ISO9001 和 ISO9002 质量体系认证，其中嘉士利集团通过 ISO9002 质量体系认证，味事达公司、广合腐乳和嘉士利果子厂通过 ISO9001、ISO2000 牌质量体系认证。

开平市采取"政府搭台、企业唱戏"的做法，积极组织食品企业到外省举办开平名优食品产品展销会，有力地推动食品企业主动走出去结商网、寻商机，提高了产品的知名度，带动和活跃了企业销售，扩大了食品在国内市场的覆盖面，从而不断增强食品企业的发展实力和经济效益。

第二，中国纺织产业基地。

2017 年，开平市有纺织企业 90 家，牛仔服装企业 212 家；年出口值超过 44 亿元。2002 年，开平市被国家命名为"全国纺织生产基地"。其产业呈现四大特点：

一是产业基础良好，产业链条完备。开平已造就一批专业技术人才和熟练工人，构筑起完整的牛仔服装生产链条。奔达纺织集团等大型纺织公司更具备从棉花进厂到成衣出厂的"一条龙"生产线。

二是拥有响亮品牌，市场竞争力强。开平成功打造出一批较有市场影响力的名牌产品。"华士达"无纺布是省名牌产品。兴时年服装有限公司生产的 EASY 和 TESS 牛仔服装在巴黎国际时装节被评为欧洲的著名品牌。

三是技术设备先进，产品品质优良。开平的纺织服装企业普遍拥有当今国际最先进的生产设备和技术，竞争力强。如奔达、平达、津田等纺织企业，先后从比利时、德国、瑞士引进 21 世纪最先进的纺织、整染生产线，生产的牛仔布品质优良。

四是引领时代潮流，服装款式不断创新。开平毗邻港澳，又是著名侨乡，而且华侨港澳同胞当中有很多人从事服装行业。他们把握服装发展潮流趋势比较准确，生产的产品既体现着开放兼容的文化精神，又有西方的思维方式和文化时尚，因此，产品一经面世，即成为畅销商品，这也是开平服装（尤其是牛仔服装）品牌越来越响亮的一个重要原因，从而推动开平纺织服装业不断向规模化、市场化、现代化发展。

第三，中国水龙头生产基地。

开平市水口镇地处开平、鹤山、台山、新会交汇处，水暖卫浴产业是该镇主要经济支柱，有卫浴企业 460 多家，从业人员 2 万多人。2017 年该镇水暖卫浴总产值达 130.6 亿元，出口额为

12.33 亿美元，产品出口全世界 200 多个国家和地区，是国内三大水暖卫浴生产基地中外销比例最高、产业链最完善、产业规模和发展潜力最大的卫浴生产和水龙头出口重镇。

水口镇水龙头生产基地高速发展始于 1998 年，当年投入资金 1200 万元，建成占地 400 亩的第二水暖工业基地，从而形成了以两个生产基地（其中 1996 年建成第一水暖工业基地）、一个专业市场为主干，遍布各村的零配件生产企业为枝叶的格局。同时，市、镇两级加大政策倾斜力度，制定了优惠措施，支持水口卫浴企业发展。还积极组织优质产品参加广东省及其他省水暖行业举办的展销会，进行适当的推广和宣传，在哈尔滨、北京、海口、西安、乌鲁木齐、杭州、武汉、扬州、成都、长春等大城市举办的名优产品展销会上，水口水暖器材备受欢迎。

2000 年，水口水暖卫浴企业发展到 411 家，从业人员 1.5 万人，总产值 6 亿元，税利 1500 万元。同年 12 月 8—10 日，由中国建筑材料工业协会、中国建筑卫生陶瓷协会和开平市人民政府共同在水口水暖工业城前大广场，举办了第一届中国（水口）水暖卫浴设备展销洽谈会，国内外 200 多家著名水暖卫浴企业前来参展。展会期间，共签订合同、意向、协议投资项目 9 个，总投资额 3.42 亿元；贸易项目 256 宗，总额 7.1 亿元。其间，还举办了有专家、学者和企业家共 100 多人参加的全国新型水暖卫浴设备研讨会。通过举办展会，大大提高了水口水暖卫浴产业的知名度。

2001 年，开平市政府投资近 7000 万元在水口镇兴建中国（水口）卫浴设备展贸中心。该中心占地面积 128 亩，首期建筑面积近 2.5 万平方米，内设中心广场、展销大厅、商铺等，是目前全国最大的卫浴设备展贸中心，也是全国水暖卫浴业最大的物流、交易、展销、技术、信息中心。同时，由水口镇后溪村委会和部分村民小组投入资金 1650 万元，在后溪村重新兴建 216 间两层美观适用的商铺，建筑面积 3581 平方米，形成全长 1 千米多的水暖一条街，集中经营国内外知名水暖卫浴品牌系列产品。

2002 年 10 月，水口镇被中国五金协会命名为"中国（水口）水龙头生产基地"（2016 年已更名为"中国水龙头·卫浴制造基地"），同年，开平市政府和水口镇政府共同创办了"中国水暖卫浴网"，它有网上洽谈、网上竞标、电子合同、电子支付、商务论坛、企业管理、企业黄页等功能，以其低成本、高效率的网络科技为水暖卫浴产业及各企业提供多功能服务。

水口水暖卫浴产业集群从开始的家庭作坊式发展到现在的全国著名水暖卫浴生产基地，一条重要经验是重视品牌战略，以品牌强工业。全镇企业拥有自主品牌 160 多个，其中华艺、希恩、伟强、彩洲、力蒲、安迪等企业获得"中国水龙头知名品牌"、"中国卫浴名牌产品"等称号；"华艺""希恩""伟强""彩洲""雄业""安迪"等省级以上名牌产品及著名商标称号。

为把水口水暖卫浴产业规模效益冲上新台阶，打造闻名全国的水暖卫浴王国。开平市于 2018 年 10 月 18 日—20 日举办第十届中国（水口）水暖卫浴博览会，各级领导嘉宾及各地卫浴、五金客商云集水口，共商发展，盛况空前，收获丰盈，显示强劲的发展前景。我们相信，未来的水口卫浴产业，一定会拥有更绚丽的明天。

第四，高新技术产业基地。

开平市为了实现工业强市目标，在开发园区方面进行了大胆探索。1993 年开始开发新美工业开发区，该区以大宗工业为主；1994—1997 年开发龙美工业区，该区开发面积 600 亩，以中型以上企业为主；同时，继续搞好振华工业开发区，该区以建筑材料和纺织工业为主；继续完善开庄工业开发区，该区以高新技术企业为主；并启动龙塘工业开发区的建设，利用深水码头的优势，发展外向型、运输量较大的临港工业城。1999—2002 年，开平市又开发台湾工业园区，该区位于 325 国道旁，沙冈风采白砂岗一带。规划开发面积 3500 亩；在此期间，开平市还开发长沙塔山工业园、开平第二（苍城）工业园、沙塘工业园、月山工业园等园区。通过积极大胆开发建设园区，不断为工业发展提供良好载体和发展平台，同时为新兴工业的集聚发展创造条件和积累经验。

到了 2005 年 8 月，开平市正式启动翠山湖新区建设，努力将该区打造成高新技术产业基地，并取得骄人成绩，实现了从传统产业集群向高新技术产业基地转型升级，这也可以说是开平市工业的第四个品牌。

翠山湖科技园自创园以来，紧密围绕广东省"珠西行动"、江门市"工业立市"及开平市各项战略部署，贯彻新理念，做到高标准规划，高质量建设，高水平招商，高速度发展，开局良好，得到上级的充分肯定。2009 年 6 月 2 日，江门产业转移工业园（以"一园两区"模式整合开平翠山湖新区和恩平米仓工业园）成功申报被认定为省级产业转移工业园。7 月 10 日，在第四批省产业转移竞争性扶持资金评审会上，江门产业转移工业园以第二名的成绩一举成为广东省示范性产业转移工业园，使翠山湖新区获得省在政策和资金两方面的双重扶持，使翠山湖园区踏上了高速发展的快车道。

通过多年开发建设，翠山湖园区成为"四个一流"园区，备受各方赞誉。

一流的产业平台：翠山湖园区以重点打造珠西先进装备制造业示范基地为目标，在原有"五金机械、电子信息、新材料、汽车及零部件、大健康"产业基础上，以"珠西装备制造业和大健康产业"为重点，全力引进具有自主品牌和核心竞争力的优质企业入驻。

一流的万亩园区：在原有科技园基础上，全面加快万亩工业园"翠山湖高新区（拓展区）"的规划建设。产业方向："珠西装备制造业、大健康产业"，致力打造成为开平市的"科技新城、城市新区"。

一流的务工环境：该园区累计投入 34 亿元，建成 32.3 千米、四通八达的大交通路网；建设有公共服务中心、物流中心、客运站、电商清关中心、污水厂、消防站等工业配套；建成体育公园、商业中心、员工公寓、科技银行等生活设施；以及幼儿园、医疗中心、超市、网吧、宾馆、农庄、餐厅、咖啡厅、实验学校、职教中心、翠湖春天商住小区等宜居配套，衣、食、住、行一应俱全。

一流的投资洼地：为使翠山湖园区成为珠西高新技术产业集聚发展的最佳选择地，开平市先后开展了"2014 招商引资一号工程""2015 招商引资攻坚年""2016 招商引资持久战""2017 招商引资生命线""2018 年招商引资突破年"等活动。迄今，翠山湖园区已成功签约项目 163 个，投资总额 365 亿元，落户企业 128家，投产企业 82 家。普利司通高机能制品公司、联新高性能纤维公司、海鸿电气公司、广东科仕特精密机械公司、开平市高美空调设备公司、开平市百汇模具科技公司等世界 500 强和海内外行业龙头企业已成功入驻并实现投产，产生了良好的经济效益和社会效益。

由于翠山湖工业园（科技园）业绩优良，成园快，效益好，2009 年以来，该园区先后被评为"省示范性产业园""省产业园十大重点园区"称号，连续 6 年省考核获优秀并 3 年排名全省第一，连续 3 届获颁"省五星级服务园区"荣誉称号；2017 年成功获评为中国产学研合作创新示范基地以及纳入江门"5＋1"万亩园区，连续 6 年省考核获优秀并 3 年排名全省第一；2018 年又成功纳入中国开发区审核公告目录。明日的翠山湖园区，必将成为粤港澳大湾区的一颗璀璨明珠。

（三）民营经济充满活力

改革开放以来，开平市对民营经济发展越来越重视，采取了一系列措施，促进民营经济不断上新台阶。首先是加强统筹，推进发展。2001 年 9 月专门成立开平市民营经济管理局（科局级事业单位），统筹和协调民营经济发展。后因机构精简需要，民营经济纳入经信局（现为科工商务局）统筹管理，与市中小企业局合署办公，做到统筹协调力度不减，保持了工作的连续性。其次，措施到位，支持发展。认真贯彻落实上级关于公有制改革和民营经济发展的政策文件，并结合实际，制定一系列配套措施。例如 2016 年 5 月以来，围绕"放管服"，认真做好简化登记手续，深化营商环境，减轻企业负担，解决融资难题，扶持企业发展，推动企业壮大等工作，努力为民营经济发展创造良好条件，推进民营经济较快发展。此外，营造氛围，保障发展。对业绩突出贡献大的民营企业家和外来投资者给予表彰奖励；为企业安全生产、正常生产和业务往来提供稳定的法制和治安环境；在社会上和宣传舆论上大力引导创业光荣、劳动光荣、纳税光荣的风气，为发展创造良好的条件和氛围。该市民营经济发展有如下三个特点。

一是能人当家气魄大，团队给力后劲足。该市很多有实力的民营企业是承接公有企业转制而来。过去公有企业产权不明晰，分配制度未完善，制约了企业领导层和员工的积极性。转为民营企业后，产权明晰，能人当家，经营团队得力，企业华丽转身，生产经营蒸蒸日上。如广东海鸿变压器有限公司，承接开平县机电厂转制而成立，原先厂房只有几亩地，1998 年成为民营企业后，在开平水口开发区购地 55 亩，专门从事变压器生产。经过

10 年发展，又在开平翠山湖工业园购买 130 亩工厂用地，投资 1.5 亿元，组建全国最大的立体卷铁芯变压器生产基地。该公司有员工近 800 人，其中工程技术人员 230 人，中高级职称人员 70 人。是一家专业从事输配电与控制设备的研发、生产销售和安装调试服务于一体的国家火炬计划重点高新技术企业。公司坚持真实、真诚、真心的宗旨，用家的理念，坚持人性化管理，实行奖房、奖车、配项目股份、配公司干股的激励机制，员工科研和生产积极性高涨，产品质量和规模效益稳定提高。先后获得"中国机械 500 强""全国机械工业先进集体""广东省创新 100 强企业""广东省创新型试点"等荣誉称号。又如广东嘉士利食品集团有限公司，早期为开平县糖饼厂，后组建为广东嘉士利饼业公司。2007 年 6 月转制为民营企业。公司领导凭着企业家的卓越魄力，以打造"民族第一饼干品牌"为己任，不断开拓进取，推动公司连年高速发展，公司拥有广东开平、台山、江苏、山东和河北等五大生产基地，员工 2800 人，各类专业人才 300 多人。生产的鸳鸯夹心饼干、橙汁夹心饼干、果仁花生等产品系列，畅销海内外，市场供不应求。该公司是"广东粮"的杰出代表，开平市食品工业主要支柱和纳税大户。

二是民营企业遍乡镇，水口卫浴实力强。开平市的乡镇企业呈现蓬勃生机，其企业主体均为民营企业。长沙、水口、月山、沙塘、苍城等镇（街）的工业基地都保持着较强的活力和较好的效益。特别是水口镇的水暖卫浴产业，产品优良，在国内市场有较大的份额，而且不少产品销往国外，取得较好业绩。该镇拥有从事水暖卫浴生产并以有限公司注册的内外资企业 500 多家，以个体户注册的生产、销售水暖产品企业 1200 多家，从业人员 5 万多人，其中专业人才近 5000 名。2017 年水口水暖卫浴产业总产值 130.6 亿元，出口额为 12.33 亿美元，产品出口世界 200 多个国家和地区，先后被授予"中国（水口）水龙头生产基地""中国水暖卫浴生产基地""中国水暖卫浴五金出口基地""广东水暖卫浴国际采购中心""国家外贸转型升级专业型示范基地"等一系列荣誉称号。该镇超实力企业一大批，其中的突出代表广东华艺卫浴实业有限公司创立于1991年，占地面积20万平方米，建筑面积15万平方米。经过22年打拼与发展，该公司是一家集研发设计、模具制造、成品生产和市场营销于一体的大型企业，是中国最具规模、最专业的水暖卫浴生产企业之一。旗下拥有欧标卫浴、吉星卫浴、法兰多卫浴、华艺电镀厂、华艺压铸厂五家子公司，年生产中高档龙头及卫浴配件超1000万套，质量效益一直上乘。是开平市乡镇工业、民营工业佼佼者和出口大户、纳税大户。

三是第三产业市场广阔，民营企业大发展。开平市很多民营企业活跃在第三产业领域，业绩不错。如旅游方面，开平印象碉楼旅游公司抓住开平碉楼和村落申遗成功的机遇，看好市场，于2007年4月快速上马，是中国第一家以碉楼为主题的旅行社。该公司立足侨乡、服务游客，专业办理开平碉楼旅游专业地接、国内外观光旅游、休闲度假旅游、商务考察等业务，效益不断发展壮大。其他的如中旅、广旅、大方、飞扬、粤游等老牌旅行社都有较好成绩。又如商业方面，开平市千惠连锁超市有限公司，2008年7月成立，拥有连锁店20多间，商品齐全，价格实惠，服务水平稳定提高，是市民购物好地方。开平市还有益华、昌大昌、大润发、人丰等大型超市，经营方法灵活，人气旺、生意旺、效益好。又如广东日兴药品连锁有限公司，药店遍布大街社区，药品种类多，质量可靠，便民利民，也很受群众欢迎。又如饮食业，潭江半岛酒店、假日酒店、丰泽园酒店、花园酒店等，均是该市饮食界的常青树，一直经营业绩稳定良好。春浩公司也是较有实力活力、集屠宰和饮食于一身的民营企业，除较有名气的总店外，2016 年以来在开平城区开办 3 家分店，生意较好。还有环保家政行业，如威威清洁公司，于 1999 年 4 月在江门工商局注册成立，已经为机关单位和市民服务近 20 年。创意清洁公司、丽城清洁公司、光亮清洁公司等企业，也一直活跃在城镇社区，为单位和市民提供优质服务，也为整洁美丽、文明环保的城市建设做出一份贡献。

（四）交通建设突飞猛进

改革开放时期，开平市十分重视交通建设，把它作为拉动投资、促进经济发展的重要工作抓紧抓好。经过多年不懈努力，开平的交通建设不断跃上新台阶。开平的交通发展，大体上分为四个阶段：

第一阶段，掀起铺筑水泥路高潮。中华人民共和国成立后直至 20 世纪 80 年代之前，开平的公路均是泥沙路。80 年代中期后，开平开始进行水泥公路建设，交通运输进入一个迅速发展的新阶段。1994 年，325 国道开平路段全面完成水泥路改造。至 1999 年全市通车里程为 612 千米，其中水泥路 394.2 千米。

第二阶段，全面开展"四纵两横"公路建设。从 2000 年开始，开平市委、市政府着力开展"四纵两横"（"四纵"包括稔广线、百大线、高铜线及蚬东公路，"两横"指开阳高速公路和 325 国道）及地方公路重点路段建设。至 2004 年初，该市"四纵两横"及地方公路重点路段配套建设项目基本完工，按较高等级公路标准完成扩建改造的里程达 275 千米。其中"四纵"包括稔广线、百大线、高铜线及蚬东公路分别通达大沙镇、月山镇、金鸡镇和赤水镇，有效改善了革命老区的出行条件。

第三阶段，加快镇通村委会及自然村道路建设。2003 年 9 月，开平市委、市政府做出关于加快全市镇通村委会道路建设的决策。至 2006 年底，开平市在镇通村道路建设方面累计投入资金 8500 万元，完成新改建镇通村道路里程 200 千米，圆满完成镇通村委会道路（包括该市革命老区）的建设任务。在此基础上，2010 年开平市逐步对全市各乡镇自然村尤其是人口 200 人以上较大自然村和革命老区的自然村道路进行硬化建设，至 2012 年底，建成通自然村水泥道路 139.53 千米，全面完成了三年建设计划任务。在全面完成通自然村道路三年建设任务后，继续在全市普及新农村公路硬底化建设，截至 2018 年 7 月，累计完成 467 个自然村共约 310.67 千米的通村道路硬化建设。其中，2010 年至 2017 年，开平市革命老区累计建成通自然村硬底化道路共约 119.87 千米，包括大沙镇建成 49.69 千米，赤水镇建成 31.91 千米，金鸡镇建成 32.34 千米，月山镇建成 5.93 千米，有效解决了革命老区群众的行路难问题。

第四阶段，高级公路及深湛铁路开平站相继兴建。随着国家、省、江门市对交通建设规划布局的不断完善，开平迎来了一轮铁路、高速公路和环城公路项目建设的新机遇。2015—2017 年，开平交通建设累计投入建设资金 45.54 亿元，其中市本级投入资金三年来分别达到 4.2 亿元、5.1 亿元和 7.7 亿元。截至 2018 年 7 月底，江罗高速公路、江湛铁路建成通车，高恩高速、中开高速、开春高速及开阳高速扩建项目正在加紧建设。随着江湛铁路于 2018 年 7 月 1 日开通运营，开平正式迈进轨道交通时代，结束无铁路通达的历史。同时，其他在建高速公路项目建成通车后，该市境内高速公路通车里程将由原来的 28.6 千米增加至 90.5 千米，高速公路出入口由 4 个增加至 12 个。环城公路南环段于 2016 年春节前建成通车，东环、西环、北环一期及北环东延线一、二期正在加紧建设。

通过全面加快各等级公路建设，全市形成了纵横交错公路网和"一小时生活圈"，大大方便人民群众生活，开平侨乡也呈现喜人新变化。

（五）城市建设日新月异

随着经济建设蒸蒸日上，开平的城市建设呈现欣欣向荣的新景象。从 1980 年开始，开平的城乡建设，按照市委和市政府的部署，以三埠为"龙头"，带动和促进全市各圩镇和乡村的建设持续、协调发展。县城三埠，在中华人民共和国成立初期，区域面积为 24 平方千米，建成区面积为 1.1 平方千米，建筑面积为 28.6 万平方米。到 1993 年初撤县建市时，按照中等城市规模的规划建设格局要求，市区区域面积规划扩展到 138 平方千米。其中新开辟的卫东、幕村、梁金山、冲澄、八一、中山、迳头、红进、开庄、新美十大工、商、住开发区，面积 863 平方千米。整个市区到 1994 年止，建成区面积达 20.14 平方千米，等于中华人民共和国成立前的 17 倍，建成工、商、住和公用楼房 3733 幢，其中 5 层以上楼房 1835 幢，15 层以上楼房 6 幢，最高为 19 层的开平大厦。而中华人民共和国成立前曾显赫一时，被称为最高的 4 层"万香酒家"，70 年代最高的"七层楼酒家"，相形之下已是小巫见大巫。15 年来总建筑面积为 500.85 万平方米，年均 33.4 万平方米，一年总建筑面积比中华人民共和国成立前原三埠全部建筑物面积总和还多。

1993 年 1 月 5 日经国务院批准，开平县撤县设市，开平的城市建设进入了新的历史时期。开平市的经济、政治、文化中心——三埠镇，在城市建设中迈出了新步伐。三埠城区新建市政工程 391 项，总面积 97 万多平方米，其中住宅 337 栋，总面积 83 万平方米。新建马路 6.7 千米，新筑行人道 18.3 千米，新建桥梁 4 座；一批高标准的建筑如银禧花园、潭江花园、侨汇大厦、汇福大厦、二建大厦和春晖大厦，以及市政机关办公大楼、金山度假村、长师、理工学校、国际金融大厦、广播电视塔、石油气供应公司7项重点相继建成，第三自来水厂、水口大桥等几项重点工程竣工使用。城区经过治理整顿，市容市貌有明显的改观。潭江、苍江水质也得到了较好的保护。沿江东西十里长堤绿树成荫，风景宜人。

1999年，开平市委、市政府为吸引外资，发展经济，改善环境，提高城市品位，促进该市两个文明建设，兴建了城市文化广场，占地面积约90亩。根据市政建设构思，三埠办事处实施了"五区联动"建设规划：兴建思始高级商住区，共64幢住宅；新中桥至获海新桥两边长堤建设，共600米；思始至迳头长堤建设，长350米；兴建海鲜批发市场，位于思始管区雪冲口，占地面积150亩；兴建东河中学校舍，位于思始管区，占地面积45亩；兴办燕山工业园，占地面积300亩。

随着城市的迅猛发展，全市干群的"城市意识"和"规划意识"得到空前提高，城市规划的"建设龙头"和"第一生产力"作用日益突出。1992年和2011年，开平市对城市总体规划分别进行了高标准规划编制及修编，现正在进行新一版（2018—2035年）的总体规划修编工作。在历年城市总体规划指导下，开平市高质量地完成新建政府新办公大楼、五星级潭江半岛酒店、"世纪之舟"广场、城市文化广场、商业旅游步行街、电力大厦、中心医院、金山中学、义祠车站、工商大楼、税务大楼、水口卫展中心、海伦堡住宅小区、天富豪庭住宅小区，修建立园、开元塔公园，扩建改建东兴大道、三江大道、325国道、幕沙路、新昌路等一系列城市建设项目，并借助"创国家旅游城市、创国家园林城市和碉楼申报世界文化遗产"的"两创一申报"活动，大大提升了开平的城市形象。

开平市 15 个镇政府所在地中心圩镇及其所辖的 31 个小圩的
建设，自 1980 年以来持续不断地发展，成就显著。各中心圩镇建
成区总面积从 70 年代末的 213.8 万平方米，扩至 1994 年的 759
万平方米，增加 2.5 倍，有的圩镇建成总面积比 70 年代末扩大了
10—20 倍。各中心圩镇，由于乡镇企业异军崛起，新建厂房和与
之配套的商住楼群成批涌现，建成楼房 5980 幢，建筑面积为 215
万平方米，年均 14.3 万平方米。交通道路、供水供电、邮电通
讯、文化教育和生活服务设施基本齐全。各中心圩镇都建有各具
特色的镇府办公楼和侨联大厦、宏伟壮观的中心小学和医院、文
化活动中心、现代化的农贸市场和古色古香、环境清雅的敬老院
等一大批建筑物，其中水口镇侨联大厦楼高 16 层，金鸡镇文娱中
心大楼主楼 4 层，后座两层，建筑面积 1500 平方米。显示了侨乡
圩镇建设新的时代风貌。

（六）建筑行业不断进步

改革开放以后，开平市抓住机遇，发挥优势，统筹规划，努
力把建筑业做大做强，先后成立了开平县第一建筑工程公司（由
原开平县建筑工程公司改称）、开平县第二建筑工程公司和开平
县住宅建筑工程公司。至 1982 年施工队增至 61 个，年施工产值
超 1 亿元。1984 年后，开平县成立了第三、第四、第五、第六建
筑工程公司以及县水电机械安装工程公司、县土木工程公司。各
建筑公司在广州、深圳、珠海、佛山、江门等地开辟市场。1987
年，开平县第三建筑工程公司承建的广州市万宝冰箱三厂主厂房
工程，为开平首次获得中国工程质量最高荣誉奖——"鲁班奖"
（1989 年获奖）。1988 年，开平县建安产值达 2.93 亿元。

1989 年以后，各建筑公司完善承包责任制，根据"外增工
程，内增效益"的思路，深化企业改革，企业效益在 20 世纪 90
年代中期达到了顶峰。据统计，1990 年至 1995 年，全市建安产

值累计达 62.25 亿元，占全市工农业总产值的 15%；建筑企业上缴税收 2.54 亿元，占全市财政收入的 25%，创造利润 2.88 亿元。

20 世纪 90 年代中后期，由于建筑企业改革滞后，内部机制不健全，适应不了不断规范的市场经济发展，导致开平建筑业一度下滑，不少建筑企业关、停、并、转。在此关键时刻，开平市加快建筑企业股份制改革，迅速改变停滞不前局面。这几年，开平建筑业每年仍保持在 11 亿元以上的建安产值，平均每年上缴税款 5000 万元以上。其中，1997 年由广东开平二建集团股份有限公司承建的广州天河城广场工程和 1999 年由广东开平建安集团有限公司承建的南航公司综合楼工程荣获"鲁班奖"。

2004 年，开平市委、市政府提出了"重振开平建筑雄风"的号召，以优化资质结构为抓手，强化核心竞争力，实施龙头带动战略、"走出去"战略、品牌战略，提升建筑企业的外向拓展能力，重振建筑雄风取得显著成效。表现在三方面：

一是有实力企业进一步做大做强。开平市有四家建筑公司异军突起，闻名省内外。广东金辉华集团有限公司，成立于 1999 年 4 月，注册资金 6.8 亿元。该公司通过 19 年打拼，业绩一贯良好，不断发展壮大。2014 年以来，该公司获得广东省安全文明样板工地 14 项，省优良样板工程 17 项，中建协最高安全奖项 AAA 级及 AA 级安全文明标准化诚信工地及有关奖项共 13 项，省建设工程"金匠奖"和"詹天佑奖"共 4 项，成为省内最具影响力的建筑施工企业之一。在企业建设方面，该公司先后获得"广东省先进企业"及"两新百强党组织""全国优秀施工企业""全国建筑业 AAA 级信用企业"的荣誉称号。广东耀南建筑有限公司始建于 1998 年，注册资本金 1.81 亿元，是一家主项资质为房屋建筑工程施工总承包一级的股份制建筑企业。公司成立以后，先后承担过各种类型和规模的工业与民用建筑、高级装修、市政公用、水利水电、园林古建筑等不同专业范围的几百项工程项目施工，工程优良率达到 90% 以上，并在 2010 年度的汶川第一中学建设和 2013 年度的澳门横琴岛大学新校区发展项目荣获最高殊荣"鲁班奖"，以及多次荣获省、市以上优良样板工程奖励，在社会上树立了良好的企业形象，赢得了社会的广泛信赖与支持。广东建邦兴业集团有限公司，成立于 1994 年，具有房屋建筑工程施工总承包一级、市政公用工程施工总承包一级、建筑装修装饰工程专业总承包一级、机电设备安装工程专业承包一级、土石方工程专业承包一级、地基与基础工程专业承包三级、建筑智能化工程专业承包三级、城市及道路照明工程专业承包三级、城市园林绿化三级等专业资质，主要业务范围涉及建筑施工、市政工程、室内外装修、房地产开发以及 BT 类工程，业务量以每年 20%—30% 的速度递增，现时年产值达 30 亿元。开平市住宅建筑工程集团公司，始创于 1975 年，房屋建筑工程施工总承包一级资质企业，以建筑业为龙头，以房地产开发、建筑设计、土建施工等为主业，并拥有装饰装修、消防工程、水电安装、园林绿化、机械设备等全产业流程综合发展，年完成合约产值 100 亿元以上，年施工能力 1000 万平方米以上，2017 年施工总产值首次突破 40 亿元。该公司承建的项目创造优良工程 280 多项，被评为"全国 500 家最大经营规模建筑业企业"之一、"全国 500 家最佳经济效益建筑业企业"之一、"全国城镇集体建筑企业综合效益 500 强"之一，数年来被开平市人民政府评为"重合同、守信用"企业。

二是有资质、有实力、有效益企业进一步增多。截至 2017 年底，全市共有建筑企业 57 家，其中特级企业 1 家、一级企业 7 家、二级企业 10 家、三级企业 19 家、劳务分包企业 10 家、乙级监理企业 1 家、混凝土及管桩企业 6 家、设计企业 3 家。2005 年以来，全市建筑企业共荣获"鲁班奖"工程 2 项（改革开放以来全市累计 5 项）、地级市以上优良工程 180 多项、安全文明工地一大批，显示出开平建筑业一流的质量和良好声誉。

三是发展速度越来越快，效益越来越好。据统计，2005 年至 2017 年，全市建筑企业实现产值累计达 1001.90 亿元，建安和房地产完成地税收入 77.27 亿元，年均占开平地税总收入的三分之一以上，成为开平经济发展的支柱之一。特别是 2017 年，面对建筑业发展的新形势，开平市站在新高度，编制开平现代建筑产业发展规划、开展现代建筑产业调研、出台加快发展开平现代建筑产业的指导性文件、规划建设现代建筑产业特色小镇、召开开平市加快发展现代建筑产业工作会议，推动了开平现代建筑产业加快发展，建筑业实现产值 182.20 亿元，比 2016 年增长 20.84%。

（七）旅游产业全面兴旺

改革开放以来，开平市旅游业结构不断优化，旅游经营单位数量、旅游服务质量、旅游品牌创新等方面均有较大发展，逐步形成一条涵盖食、住、行、游、购、娱的旅游产业链。2003 年，开平市荣获"全国优秀旅游城市"称号。2017 年全市接待游客 684 万人次，旅游收入 76 亿元。开平市旅游产业的变化发展，主要体现在以下四个方面：

一是旅游经营单位多元化发展。随着国家旅游业管理体制的不断完善，开平市旅行社、旅游酒店体系在改革开放之后逐步呈现出百花齐放的局面。由原有的 4 家二星级酒店、1 家一星级酒店，发展到 2017 年底，拥有五星级酒店 1 家（潭江半岛酒店）、三星级酒店 1 家（雅致酒店），以及 137 家社会酒店，拥有比较完善的服务体系。旅行社至今发展到 6 家，分社 2 家，旅行社营业部 10 家，经营业务由原来较单一的外出旅游为主转向开展本地游、商务游、休闲度假游等各种旅游业务齐头并进，旅游业逐步由规模旅游向品质旅游升级。2017 年，全市星级饭店和三星级标准以上的社会经济型酒店共有床位2500多张；其他社会旅馆、宾馆、招待所共130家，床位8000多张。上档次餐饮经营单位200多家，形成较成熟的高、中、低多档次餐饮市场；农家乐、农家菜经营遍布景点周围及各乡镇。交通方面已全面开通市区到各景点专线车，并开通景区之间接驳巴士。游客在"食、住、行、游、购、娱"方面均能享受到便捷、优质的服务，开平市旅游业连续多年取得经济效益和社会效益双丰收。

二是旅游景区建设高质量推进。改革开放前，开平人没有"景点旅游"的概念。1984年开发的金山公园成为开平旅游经营景点开发的起点，90年代中期新增的大沙河孔雀湖度假村、90年代后期开放的潭江游船都成为颇受游客欢迎的旅游点。特别是1999年以来，开平筹集了5000多万元修葺完善了立园、开元塔、南楼。筹集1亿多元对四个碉楼及村落申报点进行了整治，立园、自力村、影视城、马降龙、南楼、开元塔等景区先后建成并营业。司徒美堂故居、周文雍陈铁军烈士陵园、风采堂等人文景观也得到修葺和整理。各景点的档次和影响力不断提高，立园被评为国家4A级景区。开平碉楼被评为"中国最值得外国人去的50个地方"之一、"广东最美的地方"；自力村被评为"全国历史文化名村"和"国家级传统村落"，马降龙被联合国世界遗产专家誉为"世界最美的乡村"，获评"国家级传统村落"；赤坎古镇被评为"全国历史文化名镇"，赤坎华侨文化旅游小镇成为省级特色小镇创建示范点，马降龙、仓东教育基地获评"中国乡村旅游创客基地"。

三是成功打造世界文化遗产品牌。2001年2月，开平市委、市政府正式启动开平碉楼申报世界文化遗产项目。2001年6月，开平碉楼被定为全国重点文物保护单位。年底向联合国递交了初步申报意向书，并顺利通过初审。2004年7月，国家文物局公布开平碉楼列入中国申报世界文化遗产预备名单，并通过世界遗产中心审查受理。2006 年 1 月，国务院正式批准"开平碉楼与村落"作为 2007 年代表中国向联合国申报世界文化遗产的项目，英文申报文本已被联合国教科文组织确认合格接收。2006 年 9 月，联合国教科文组织派出专家对"开平碉楼与村落"申报项目进行现场评估验收。2007 年 6 月，北京时间 28 日 8 时 35 分，在新西兰基督城召开的第 31 届世界遗产大会上，"开平碉楼与村落"申报项目获得一致通过，正式被列入《世界遗产名录》。这是我国于 1985 年加入《保护世界文化和自然遗产公约》以来，被列入《世界遗产名录》的第 35 处世界遗产，也是中国的第 25 处文化遗产，世界首个移民文化的世界遗产、近代建筑文化遗产，广东省第一个世界遗产。开平碉楼的申遗成功，为开平旅游产业高速发展创造了良好条件。

四是全域旅游争创 5A 级景区深入开展。2001 年 5 月，开平市正式开展创建中国优秀旅游城市活动，把创优作为推动旅游产业和整个城市经济网站持续协调、发展的重要举措来抓。2003 年，开平市成为国家旅游局第四批批准成立的中国优秀旅游城市。在创建中国优秀旅游城市过程中，开平市大力挖掘、开发旅游资源，提高服务质量和档次，先后开发了立园、自力村碉楼群、南楼、开元塔等旅游景点，其中立园被评为国家 4A 级旅游区，"立园春晓"和"开平碉楼"被评为"江门侨乡新八景"。在开平城区全面推进"亮化工程"。还建成了"世纪之舟"亮化示范街，使城市夜景成为一道亮丽的风景线；城区共完成了 38 个绿化建设项目和 3 个精品景点建设项目。潭江水资源的污染得到了有效的控制，水质有了明显的改善，水碧河净，潭江两岸变得更加优美。在此基础上，为了进一步擦亮"开平碉楼与村落"的品牌，开平市于 2014 年 2 月全面启动创建国家 5A 级景区的工作，把自力村、马降龙及立园组成开平碉楼文化旅游区，不断加强硬软件建设，积极创建国家 5A 级景区。在硬件上，按照国家 5A 级景区和文化产业示范基地的标准进行建设，投入 4500 万元，开展了内外部交通优化、游客服务中心提升、标识系统整治、旅游厕所建设、旅游安全提升、旅游购物场所整治、景区管理运营提升、环境卫生整治、游客满意度管理、历史文化遗产保护"十大重点工程"建设，全面提升景区环境质量。在软件上，将碉楼与村落和各种文化深度融合，举办碉楼文化旅游节、花田音乐会、旗袍节等活动，不断加强碉楼品牌的形象宣传。推进全域旅游争创 5A 级景区的工作正在不断地深化，相信这个创争目标一定能够实现。

二、发挥侨乡优势，各项事业蓬勃发展

（一）侨务工作成效显著

改革开放后，开平市发挥侨乡优势，凝聚侨心，发挥侨力，努力做好"侨"字文章，取得卓越成绩。该市侨务局（办）曾获得"全国侨务工作先进集体""广东省侨务工作先进集体""广东省校舍建设先进集体"殊荣，并多次获得开平市"先进党支部""信访工作先进集体"等荣誉称号。2014 年 11 月，开平市侨联荣获"广东省侨界贡献奖"。该市侨务工作的巨大成就，表现在以下三方面：

一是海外侨胞踊跃捐资赠物，积极支持家乡建设富有成果。据统计，从改革开放到 2017 年，华侨、港澳同胞为开平市捐款赠物的总额折合人民币达 12 亿元，其中捐办教育事业项目 4 亿多元；卫生事业项目 1.6 亿多元；福利事业方面 1.6 亿多元，包括捐建学校、医院、敬老院、托儿所、影剧院、图书馆、桥梁、公路、自来水工程、侨联大厦等项目近 1.8 万个。侨胞捐赠的学校共 172 所，分布在开平市 15 个镇（街道）。捐建 29 间医院、卫生

院。6 间养（敬）老院分布各镇（街道）。

二是华侨港澳同胞全力支持家乡发展，投资办厂的积极性空前高涨。一直以来，开平市侨务部门围绕市委、市政府中心工作，利用和挖掘侨务侨联优势，牵线搭桥，以侨引商，配合市委、市政府，搞好新年团拜活动和各类恳亲活动，通过向海外侨胞推介投资环境，发动海外社团回乡考察投资环境。同时做好联络、咨询服务工作，采取多种形式，拓展引进渠道，截至 2012 年，全市侨资企业 415 家，其中生产型企业占 90%。侨资企业销售收入102.41 亿元，从业人数 6.4 万多人。总投资超千万美元的企业有39 家。

三是做好新生代华侨华人工作，培育新生代华侨华人成效显著。一批有才干、有影响、有活动、有实力和奉献精神的新生代华侨华人逐渐成长起来，成为联络侨情和侨乡发展的新生力量，其中有的被聘为开平市政协委员，有的被推选为海外侨团首长，有的被推荐出席全国侨联会议，有的参加国务院举办的世界各国中青年社团领袖培训班，另有众多热心的新生代积极投身侨乡建设，或捐赠或投资，为开平三大文明发展做出了重大贡献。侨务部门先后推荐了周志峰、梁日昌、梁建诚等人为市政协委员。同时，还推荐斐济罗国进、英国黄荣富、新西兰黄伟洪等一批中青年侨界精英为江门市侨青会副主席、常委理事。加拿大满地可开平同乡会是新成立的侨团组织，市侨联积极鼓励当地有才干、有奉献精神的青年华侨参与社团工作，推荐当地青年实业家黄超洪当选为该会主席。根据开平的实际，该市组建了开平市侨青会和开平市海归人员发展委员会。同时，做好联络沟通，为开平市与美国美莎市、密尔勃雷市签署缔结友好城市，做好服务工作。

开平市党政领导及侨务部门，从以下六个方面做好侨务工作：

一是大力表彰，授予荣誉。1993—2014 年，开平市政府先后分6批授予211人"开平市荣誉市"称号。至2014年，开平市海外乡亲获江门市"荣誉市民"称号的有110人。该市每次举行授荣仪式，或举行其他一些重大活动，如开平碉楼申遗成功庆祝大会、招商引资项目奠基或剪彩活动、慈善公益活动，以及端午龙舟竞渡等节庆活动，都邀请华侨华人、港澳同胞回来观光旅游、商务考察和参加庆典活动，值这些机会，大力表彰爱国爱乡、鼎力支持家乡建设的海外侨胞和港澳同胞，增强他们的荣誉感和使命感，同时加深他们对家乡的热爱和了解。

二是政治关心，参与政务。在开平市有关方面关心支持下，港澳同胞担任江门市政协委员6人，担任开平市政协委员51人。担任政协委员的港澳同胞参加市人大、政协和侨联组织的关于侨务法规的调查、座谈活动，及时反映归侨、侨眷的意见和要求。并对侨界一些热点问题，如继续办好华裔青年夏令营、侨务工作和社会治安工作、加强侨联组织"五有"建设、解决贫困老归侨低保等问题，通过侨界人大代表、政协委员提交议案和提案，请求有关部门解决。

三是密切联系，做好联谊。开平市十分重视开展海内外联谊，拓展海外侨团和港澳、海外侨胞工作，每年组团拜访华侨华人社团，加强与海外侨胞联谊。市侨务部门领导随市政府代表团赴美国、加拿大、澳大利亚、新西兰等地访问，先后拜访了旧金山旅美开平同乡总会、旧金山潭江联谊会、南加州开平同乡会、南加州开平潭江联谊会、华盛顿州中国和平统一促进会、温哥华全加开平总会馆、加拿大维多利亚开平会馆、澳大利亚四邑会馆、澳大利亚墨尔本开平同乡会，拜访了开平市与美国缔结为友好城市的美莎市、密尔布瑞市的市长和政要，以及侨团代表和在美加的开平籍著名侨领、政商界著名人士，参观了华人华侨企业。通过"走出去"，沟通侨情乡音，促进海外联谊工作。并经常保持与港澳地区社团的联系，密切与港澳各阶层人士的来往。配合市委、市政府，每年组团到香港、澳门向港澳乡亲和投资企业家拜年，密切了与港澳社团和港澳乡亲的关系。同时还做好香港、澳门开平同乡会回乡拜年的接待服务工作。

四是加强信访，维护侨益。侨务部门坚持深入基层关心归侨侨眷疾苦，深入走访归难侨和侨胞，积极为之排忧解难。每年的中秋节、春节等节日，上门慰问归难侨，向他们送上慰问金和节日礼物。多年来坚持到百合、赤坎、金鸡、三埠、塘口等重点侨乡慰问归难侨。认真做好来信回复和来访接待工作，认真处理信访件，做到件件有答复，事事有结果。

五是侨联带头，共兴慈善。发挥侨联的优势和作用，成立侨心助学基金。2011 年，筹建了"开平侨心助学基金"，该项目得到香港达维集团董事长周志峰的鼎力支持，带头捐资 100 万元。此前，周志峰捐资 200 万港元在家乡设立了全省首个县级市侨心慈善基金，先后资助开平市红十字会慈善活动，帮扶开平市单亲家庭，支持老区建设和扶助贫困归难侨等。2011 年 3 月，他又倡议推出"侨心助学基金"项目，开展"一对一"（即一位爱心人士帮扶一位贫困学生）帮扶活动，资助开平市内的贫困学生上学。特别是每年鼎力资助大沙中小学一批贫困学生，受到老区人民的好评。

六是办好侨刊，扩大影响。开平市有侨刊 22 种，占江门市 84 种的近三成，既是开平市对外宣传的特殊载体，又是侨联工作的重要组成部分。市侨联在办好本单位《开平明报》的同时，加强与侨刊乡讯的联系沟通，使之成为海外侨胞与家乡联系的桥梁和"集体家书"。该市 22 种侨刊乡讯，每年出版 65 期，印数 16 万册，对外发行 9 万多册，积极做好对外宣传工作。

（二）科教事业迅猛发展

第一，科技工作成绩显著。

改革开放以来，开平市坚持发展是第一要务，人才是第一资源，创新是第一动力的理念，十分重视和切实抓好科技事业的发展，科研成果得到较好的应用，取得喜人成绩，主要体现在以下五个方面：

一是重视科技，持之以恒。开平市把科技工作摆上市委、市政府的重要议事日程，制定了中长期和年度科技工作发展计划，划出专项经费，支持企业大力开展技术创新和奖励科技成果，每年都召开科技工作奖励大会，对企业或科技人员参加国家、省地级以及该市的技术比赛获得好名次，或被上级评定的科技成果都给予奖励，其中每年获得开平市科学技术奖的项目有 20 多项。2017 年，海鸿电气有限公司获广东省科技奖三等奖；广东敞开电气有限公司获江门科学技术奖一等奖；广东建成机械设备有限公司、广东金辉华集团有限公司、广东天竟建设有限公司、开平金牌洁具有限公司、广东嘉士利食品集团有限公司获江门市科学技术奖三等奖，

二是科技研发，富有成果。开平市企业科技引进、研发、应用的积极性高涨，使科研成果迅速成为生产力。2017 年，全社会研发经费投入 3.53 亿元，占地区生产总值比重为 1.03，高新技术产品产值占规模以上工业总产值比重为 47.07。同时，重视产学研合作，做好企业科技服务对接工作，组织 40 多家企业与中国科学院、中山大学、武汉大学、华南理工大学、北京理工大学和五邑大学等科研院所和高校开展产学研合作。2017 年，开平市每万人发明专利申请量 15.4 件，每万人发明专利授权量 0.66 件，PCT 申请 21 件。开平市嘉士利公司、松本公司在专利方面有出色表现，被认定为江门市知识产权示范企业。

三是科学普及，扎根基层。每年利用"科技进步既人才活动月""科普活动周""知识产权活动周"等平台，提供科技服务，举办科普集市活动，组织农业技术讲师团到各镇进行专项技术培训，送科技下乡。举办人才引进暨毕业生见面会，广泛吸收各类专门人才，不断为企业增添科技力量和骨干人才。

四是科技企业，实力雄厚。截至2017年，开平市拥有高新企业77家，科技型小微企业193家。全市拥有各类专业技术人员2.7万人。有些著名企业还自建有科研机构，全市取得省级工程技术研究中心资质的23家，达到江门市级工程技术研究中心资质的126家。广东嘉士利食品集团公司还被成功认定为江门市新型研发机构。

五是科技科普，向来先进。自1999年以来，开平市连续12年通过全国科技进步考核，先后多次被评为"广东省科技进步先进市"和"全国科技进步先进市"。以"创建全国科普示范市"为抓手，以提高全民科学文化素质为目标，有效地促进了科普事业的发展。2011年5月和2016年2月，开平市被中国科协命名为"2011—2015年全国科普示范县（市、区）"和"2016—2020年全国科普示范县（市、区）"。这既是荣誉，又是动力，激励开平市科普工作不断向新的高峰攀登。

第二，教育事业均衡发展。

改革开放后，开平市的教育事业蒸蒸日上、均衡发展。全市现有国家级示范性普通高中2所（开侨中学、开平一中）；国家级重点中职学校2所（市机电学校、吴汉良理工学校）。市机电学校、吴汉良理工学校分别是国家级、广东省级中等职业教育改革示范学校；全国示范性基层电大1所（现开平开放大学）。全市中小学100%达到标准化办学标准。开平市的教育改革发展成绩，得到上级的充分肯定。开平市先后获得"广东省教育强市"

"国家级义务教育发展基本均衡市""广东省推进教育现代化先进市""广东省社区教育实验区""国家级农村职业教育与成人教育示范县"等荣誉称号。开平市教育事业全面发展的成绩,体现在以下五个"成功创建"里面:

一是成功创建广东省教育强市。开平市把"创强"作为"一把手"工程,领导班子统一共识,职能部门落实责任,镇村领导齐抓共管,华侨、港澳同胞捐资助学,校长教师奋力拼搏,靠勇气魄力和担当精神,大幅度调整布局,大手笔增加投入,大范围达成"规范",大幅度提高质量,基础教育出现规模发展、均衡发展、优质发展的良好态势,形成了学前教育普及化、基础教育标准化、职业教育优质化、成人教育社会化、社区教育全民化的局面。2010年1月14日,开平市顺利通过广东省教育强市督导验收。2012年底,全市15个镇(街)全部创建为广东省教育强镇(街),并在2016年11月和2018年全市15个镇(街)先后顺利通过第一轮、第二轮广东省教育强镇(街)复评。

二是成功创建国家级义务教育发展基本均衡县。2014年3月,市政府成立"创均衡"工作领导小组,由分管教育的副市长任组长,全面启动创建工作。市政府召开多部门联席会议,开平市教育局召开8次专题会议,进行工作部署和组织学习评估标准,明确工作安排,落实整改措施;组织9批180多人次对全市所有义务教育阶段学校进行实地督导。12月24日,国务院教育督导委专家组到开平市进行督导检查,开平市以93分的好成绩顺利通过。2015年3月,开平市被国务院教育督导委员会评为"国家级义务教育发展基本均衡县(市、区)"。

三是成功创建广东省推进教育现代化先进市。2015年,开平市按照省的督导验收方案指标要求,投入5157.8万元夯实教育信息化基础,提升教育信息技术水平。2015年10月15日,广东省教育厅正式发文授予开平市"广东省推进教育现代化先进县（市、区）"称号，并颁发牌匾。

四是成功创建广东省社区教育实验区。2015 年，开平市积极申报"广东省社区教育实验区"，成立了以分管教育副市长为组长的创建工作领导小组，制定《开平市创建广东省社区教育实验区实施方案》，对照"评估标准"扎实开展创建工作。依托广播电视大学成立开平市社区学院，指导各镇（街）建立成人文化技术学校和文化站，建成一大批社区（村）文化室、书屋、未成年人活动中心和儿童活动乐园。2015 年底，开平市顺利通过省调研检查。2016 年，设立社区教育专项资金 60 万元并纳入财政预算，建成开平市社区教育学院的三级社区教育网站。2016 年 6 月 17 日，省教育厅发文，正式确定开平市为"广东省社区教育实验区"。

五是成功创建国家级农村职业教育与成人教育示范县。2015 年 4 月，开平市顺利通过教育部初评，被确定为"国家级农村职业教育与成人教育示范县"创建对象，并获得省专项奖补贴资金 1000 万元。2017 年 5 月 19 日，教育部等六部门联合发文，授予开平市"国家级农村职业教育和成人教育示范县"称号，并颁发牌匾。开平市教育综合实力再上新台阶。

（三）文卫体展现新面貌

第一，文化事业蓬勃发展。

随着经济建设的发展，开平市文化事业进入了新的发展阶段，到 1988 年末，县属文化行政管理机构的股级单位有 9 个，比前增加了 5 个；全县建设的文化馆、电影公司、图书馆、新华书店、剧团、美术馆、文乐中心、长沙影剧院、工人文化宫、三埠青少宫、梅园、松园等文化设施项目达 100 多项，总面积 10 万平方米，总投资额 3400 多万元（其中县 3000 多万元，镇 300 多万元，群众集资 50 多万元）；华侨港澳同胞总捐款额达 600 万元，其中捐建文化楼（又称农村文化室）50 多座、娱乐场 1 间，捐赠图书 2.5 万册、电视机 420 台、录像机 35 台、放录机 350 台、戏服 200 多件、文物 50 件。90 年代初期，开平县先后兴建了开平县伟伦图书馆、第二美术馆、梁金山民俗博物馆等一批文化设施，新建镇文化中心 2 个，图书室 50 多间，各镇的文化设施设备日趋完善。2012 年 11 月，集市文联、美术馆、文艺家之家、潭江诗社等单位于一体的综合性艺术大楼——谭逢敬艺术院落成投入使用，成为开平市艺术人才活动、培训、创作、展示、交流、收藏的基地，更是开平市广大市民欣赏高雅文化艺术的平台。开平市文化事业蓬勃开展，先后被授予"文化艺术之乡""中国曲艺之乡""中国碉楼之乡""中国摄影之乡""全国文物工作先进县"以及广东省"南粤锦绣工程"文化先进市、"全国文化先进市"等荣誉称号。

第二，卫生事业稳步推进。

改革开放时期，开平的卫生事业稳步发展，呈现以下六个可喜变化：一是医疗资源分布进一步合理。开平市现有医疗卫生计生机构 254 间（个），其中政府举办的 25 间，民营医疗机构 42 间，村级卫生站 177 间，医疗室 10 间。全市有卫生专业技术人才 3529 人，执业医师 1207 人，注册护士 1667 人。二是基础设施设备不断完善。按发展需求建成了中心医院传染科、肿瘤科大楼，救护中心，马冈卫生院综合大楼，塘口卫生院新门诊大楼等。三是多元办医格局初步形成。2012 年，开平民营东华老年病康复医院建成开业。正在审批筹建的南华医院、信和医院、侨乡医院如建成后，能提供床位 371 张。四是医疗服务水平实现逐步提升。2011 年开平市中心医院被评定为三级甲等综合医院，水口镇中心卫生院被评定为"二级甲等医院"。五是预防保健和计生服务工作成绩显著。2012 年 10 月，开平市作为中国东部发达地区代表之一，完成了"消灭破伤风"现场认证入户调查，得到了世卫和国家项目组的肯定。六是卫生城市创建工作成效显著。开平市于 1995 年被评为"全国卫生城市"，1999 年被授予"广东省卫生城市"称号。2017 年底，开平市成功创建省卫生镇 5 个，省卫生村 174 个，江门市卫生村 311 个。

第三，体育事业全面兴旺。

1986 年，该县人民政府拨出部分资金，华侨、港澳同胞捐赠部分资金兴建占地面积 5 万多平方米的开平县体育中心。同时，由政府社团出资兴建和由华侨、港澳同胞捐建了一批排球场、篮球场、田径场、乒乓球室和一些足球场、游泳池、体育馆、训练馆。体育运动逐步普及到学校、厂矿企业、圩镇和农村，不少乡镇恢复了传统的龙舟、舞狮等活动。2003 年以后，相继成立开平市青少年业余体校、开平市体育管理中心、开平市体育总会，鼓励指导体育单项协会发展。2015 年至 2016 年，相继建成翠山湖体育公园、长沙苍江健身广场。全市 13 个镇级全民健身广场建设。一批老旧公园升级改造，三埠健身公园、祥龙公园、人民公园等社区体育公园相继投入使用，并利用城区边角地安装体育健身路径，截至 2016 年 12 月，城区共安装 37 套路径，遍及城区各个社区，实现"10 分钟"健身圈。1988 年 3 月 12—20 日，开平县体委会承办了吉夫"育星杯"全国青年排球协作赛，县青年男子排球队为邀请队参赛，并获得总决赛第九名。1991 年 4 月江门市少年武术锦标赛在开平市举行，开平市获得团体总分第一名。2008 年江门市举行第六届运动会，开平市体育代表团凭借较强的实力，在参赛的四市三区共 7 个代表队中，以 78.25 枚金牌、总分 2315 分的成绩首次位列金牌榜、总积分榜的第三位。截至 2017 年 12 月，成立篮球、足球、跆拳道、太极拳、龙舟、咏春等 15 个单项体育协会,这些协会常年活跃在开平的工厂、农村及各社区,为全市体育活动的广泛深入开展、促进人民群众身体健康,起到了很好的推动作用。

(四) 文明创建硕果累累

第一,成功获得"广东省文明城市"称号。

2012 年 9 月,开平市正式启动了创建广东省文明城市工作,在广东省和江门市文明办的悉心指导和大力支持之下,该市围绕创建工作要求,制定方案,落实责任,推动创建工作顺利开展。该市的做法主要有:

一是加强领导,完善机制。该市成立了由市委书记任组长,市长任执行组长,20 位市领导任副组长,91 个责任单位"一把手"为成员的创建工作领导小组,切实加强对创建工作的领导。从部门抽调 29 位有能力、有责任心、专业知识丰富的工作人员组成领导小组办公室,负责日常工作。制定下发了《开平市创建广东省文明城市工作方案》,将目标任务分解到各责任单位;各责任单位进一步制定实施方案,并认真抓好落实。开平市还落实了年度创建项目和工作经费的财政预算,为顺利开展创建工作提供了坚实的保障。

二是加强宣传,营造氛围。在全市开展全方位、立体式的创建宣传活动,充分发挥媒体主阵地作用,通过在市直新闻媒体和民间网站开辟专刊、专题、专栏等,多渠道、多方式开展创文宣传;坚持市、部门、镇(街)联动,通过宣传栏、橱窗、会议等多种形式,进行广泛的宣传发动;编印创建工作简报 17 期,并以短信和电话彩铃的形式进行创文宣传。

三是加强教育,提高素质。在创建中,始终坚持以习近平一系列重要讲话精神为指引,坚持以社会主义核心价值观教育为核心,把宣传好思想、好品德、好风气放在十分重要的位置。在全市各行各业深入开展社会公德、职业道德、家庭美德、个人品德教育。大力开展"道德讲堂""小手牵大手"以及身边好人评选、文化下乡、志愿者服务、社区问卷调查等系列活动，引导市民从小事做起，从细节做起，提高市民的文明素质。在各机关和窗口服务部门大力开展"文明窗口行动"，机关办事效率和窗口服务水平有新的提高，切实增强了创建省文明城市的工作活力。

四是全民参与，积极行动。创建之初，开平市举行了盛大的创文宣传教育"三大计划"和城市管理"八项行动"启动仪式。"三大计划"，就是指素质提升计划、志愿服务计划、文化惠民计划，共16项特色活动；"八项行动"，就是指美好家园行动、文明交通行动、文明市场行动、平安开平行动、宜居乡村行动、文明娱乐行动、健康成长行动、文明窗口行动。各项活动都明确了牵头单位和责任单位，制定了执行方案，并且认真贯彻执行。这些活动的深入开展，得到群众的积极参与，收到较好的效果。

五是加大投入，完善设施。重点加强了城市基础设施建设。基本完成人民公园改造，推进市青少宫建设。完成谭逢敬艺术院建设，成功承办第二届全国册页书法作品展。建成三埠、赤坎、赤水等镇级全民健身文化广场。启动环城公路建设，拉开城市发展框架，解决城区交通拥堵问题。完成城区垃圾卫生填埋场无害化改造工程及5个镇的垃圾压缩站建设，建成市污水管网二期工程祥龙环岛线项目。加大文明交通劝导力度，全面完善城区主要路口的交通信号设置，提高市民的交通安全意识，使"创文"行动成为市民提素质、得实惠的民心工程，得到市民称赞和大力支持。

通过全市上下共同努力，2014年7月，开平市终于获得"广东省文明城市"称号。同时，涌现出一批文明单位、文明窗口。至2017年底止，全市获得广东省文明单位11个，广东省文明窗口1个，江门市文明单位106个，江门市文明窗口19个，开平市文明单位506个，加上获得省、市、县级文明村共503个。所有这些荣誉，为开平市成为广东省文明城市增添了光彩。

第二，文明村创建广泛深入开展。

文明村创建是从中央到地方要求长期抓的工作。开平市从1991年开始创建文明村以来，把这项工作纳入经济社会发展计划，作为农村工作的一项重大工程来抓，并且抓出实实在在的成效。至2017年底，全市共有全国文明村1个，广东省文明村镇7个，江门市文明村镇33个，江门市生态文明村18个，开平市标兵文明村411个。通过文明村创建，该市农村的面貌有了较大的改观，农民的素质得到明显提高。开平市主要抓好以下三方面工作：

一是发挥村民主体作用，有钱出钱、有力出力。创建文明村是一项群众性的精神文明创建活动，其最终目的就是为使村民受到教育，提高综合素质，改善农村的生产生活条件。因此，该市注重发挥村民的主体作用，在群众中强化"共建美好家园，共享创建成果"创建意识，并且把村民创建的意愿和积极性作为全市创建计划选点、定点的一个重要条件，从每年3月起，市文明办深入各镇（街）的申报点调查了解，广泛听取群众意见，把老区移民村、拆迁村等群众创建积极性高的村定为年度创建点。同时，加强文明村创建的宣传发动工作，通过召开现场会，发放宣传资料，组织村干部、村民参观示范点等方式，引导村民群众积极参与创建工作中，特别发动当地民营企业家和乡贤、成功人士的带头作用，做到有钱出钱，有力出力，共建美好家园。

二是全力打好"侨"牌，争取华侨港澳同胞的支持。开平是全国著名的华侨之乡。为此，开平市在创建文明村过程中，注意发挥侨乡优势，动员发动华侨和港澳同胞大力支持文明村创建工作。如赤坎镇莲红村委会平岗村在文明村创建之初，资金没有着落，村里经过讨论研究，制订了文明村创建规划和建设方案，向海外乡亲发出倡议，得到海外乡亲的鼎力支持，很快就筹得资金38万元，解决了文明村建设的资金问题。又如三埠街道迳头村委会高塘基村被定为文明村创建点后，广大村民群情振奋，决心高标准建设文明村。他们不仅自己踊跃捐款，还通过各种渠道发动华侨和港澳同胞支持，共筹集到资金90多万元用于文明村基础设施建设。像这样华侨和港澳同胞鼎力支持家乡文明村创建的例子数不胜数。

三是加强教育和管理，永葆创建活力。为了使"文明之花"常开不谢，开平市在创建文明村工作中坚持建设与管理并重，巩固与发展同行，建立了长效管理机制，坚持每年创建一批开平市标兵文明村，不断完善《开平市标兵文明村检查评比细则》，建立文明村管理档案，加强对文明村创建前、创建中和创建后的管理和督促。同时，将文明村创建工作纳入各镇、街科学发展观考核工作，各镇、街每年都需要创建一条开平市标兵文明村作为示范引领作用。通过各级抓、年年抓、抓实抓，文明村逐年增多，遍布开平大地。

第三，向创建全国文明城市进军。

2018年2月28日，开平市召开全市创建全国文明城市动员大会，部署全市创建全国文明城市工作，争取到2020年，开平市跻身全国文明城市提名城市行列，到2023年成功创建全国文明城市。开平市从以下几方面深化创建全国文明城市工作：

一是明确目标，制定计划有效推进。开平市计划从2018年到2020年，用3年时间，争取成功创建全国文明城市提名城市。

二是加强领导，落实"创文"工作责任。开平市成立由市委书记任组长、市长任执行组长的强有力的创建全国文明城市工作领导小组，领导小组其他副组长和成员由四套班子有关领导及各镇（街道）主要负责人以及相关职能部门主要领导担任，还成立市创文办和7个创文工作组，具体负责统筹组织、协调督导有关创文工作的落实。

三是抓住重点，切实解决重点难点问题。开平市制定了《2018年开平市创建全国文明城市重点工作责任表》，落实经费，加强城市综合治理，解决乱张贴、市场管理、公益广告发布、交通秩序、城市卫生等方面问题；完善城市配套建设，加强城市道路、公园、供电、供水、停车场、公共厕所等公用设施建设；抓好"乡村美化工程"，健全农村生活垃圾处理长效机制，促进乡村环境美化上新台阶。

四是加强宣传，营造轰轰烈烈创文氛围。通过新闻媒体加大宣传，让创文工作家喻户晓、深入民心。同时，充分利用政务网站、微信微博等媒体平台，大力开展文明教育和创建宣传。还通过跟踪报道，开设创文专栏、宣传栏、公益广告、"曝光台"等，在全市形成强大的宣传攻势，营造浓厚的创文氛围。

创建全国文明城市是一项十分光荣艰巨的工作。相信通过不懈努力，开平市这个创建目标一定能够实现。

三、新时代　新征程　新成效

（一）学习教育促党建

根据中共中央部署，开平市于2014年开展了党的群众路线教育实践活动；2015年开展"三严三实"专题教育；2016年推进了"两学一做"学习教育，连续多年深入开展一系列专题教育，这是党的十八大以来以习近平同志为核心的党中央作出的重大决策和战略部署。开平市在上级党委和督导组的指导下，高度重视，周密部署，科学安排，扎实推进，做到规定动作不走样，自选动作有创新；对照先进找差距，学习提高不放松；严格民主生活会，整风精神贯彻到底；问题导向抓整改，建章立制保长效。通过学习教育，进一步坚定了广大党员干部的党性观念和理想信念，端正世界观、价值观、政绩观，坚守共产党人精神追求。进一步学习好、把握好、贯彻好习近平一系列重要讲话精神，自觉用习近平新时代中国特色社会主义思想的新观点、新论断、新要求武装头脑、指导实践、推动工作。进一步加强思想教育和纪律教育，让广大党员干部受警醒、明底线，做到遵纪守矩不含糊。进一步增强责任意识，以良好党风政风，促进实际工作开展。具体有以下五方面成效：

一是广大党员干部的宗旨意识进一步增强。在活动中，开平市将主观世界改造放在突出位置，组织广大党员干部认真学习习近平总书记系列重要讲话精神，着力解决世界观、人生观、价值观这个"总开关"问题。广大党员干部的灵魂受到了触动，精神得到了升华，理想信念更加坚定，贯彻群众路线更加自觉。特别是使一些党员干部从过去错误的思想误区中跳跃出来，纠正了作风建设与己无关、等待观望、敷衍了事等错误认识，牢固树立为民务实清廉、全心全意为人民服务的意识。

二是领导班子发现和解决问题的能力进一步提升。在市委常委会示范带动下，各级党组织坚持和运用批评和自我批评这一重要法宝，追根溯源对照检查，坦诚相见深入交流，真刀真枪开展批评，克服了"好人主义""好好先生"等错误心态，减少了党内生活放"礼炮""空炮""哑炮"的不良现象。这种直击要害、触及灵魂的民主生活会，使广大党员干部的精神得到真提振，作风有了真转变。

三是党员领导干部队伍的风气进一步好转。在专题教育中，开平市就强化问题导向，明确提出查找问题要防止"走过场"和

"一般化"，有效避免了查找问题走神散光、跑虚、跑空、跑偏。全市各级党组织大力发扬"钉钉子"精神，紧紧围绕"四风"和群众反映强烈的问题，分批列出清单，一个一个加以解决，扎实推进专项整治，分批分层解决突出问题，"吃喝风""玩乐风""排场风"等一些久治不愈的作风顽症得到治理。

四是事关群众利益的问题进一步解决。全市各级党组织从群众反映最强烈的问题抓起，从群众最不满意的地方改起，解决了一批事关群众切身利益的现实困难和问题。比如，在净化镇容村貌方面，召开"乡村美化工程"现场会，全面推广"户收集、村保洁、镇集中、市转运处理"的农村生活垃圾收运处理模式，积极解决农村垃圾处理问题，得到了群众的认可。同时，扎实做好农村（社区）软弱涣散基层党组织的整顿工作，共排查出 23 个软弱涣散农村（社区）基层党组织和 3 个问题特别突出村（社区）党组织。经过整顿建设，党员干部联系群众、服务群众的能力和水平不断提高，党群干群关系更加密切。

五是作风建设的制度体系进一步完善。坚持一手促整改、抓落实，一手立规矩、定制度，把作风建设、队伍建设、能力建设等内容纳入制度建设的轨道，着力将行得通、指导性强、有效管用的制度固化下来，确保以制度管人、管事、管作风。活动期间，积极推动制度的"废、改、立"工作。参加市一级活动的 92 个单位共废止制度 42 个，修改制度 95 个，建立制度 112 个，贯彻群众路线、加强作风建设的长效机制和刚性约束，正在加紧形成和落实，促进作风建设的常态化、制度化，并常抓不懈，抓出成效。

（二）扶贫攻坚绩效优

第一，两轮扶贫攻坚，取得显著成效。

十八大以来，开平市落实上级的部署，掀起了两轮扶贫行动高潮。第一轮是扶贫双到（2013—2015 年）；第二轮是精准扶贫（2016—2018 年）。两轮扶贫工作，开平市都高度重视，主动作为，上下一心，扎实推进。其主要成绩分列如下：（1）扶贫双到期间，全市 21 个江门市级重点帮扶村、7 个开平市级重点帮扶村、726 户贫困户全部落实帮扶措施，累计投入帮扶资金 1.31 亿元，实施帮扶项目 1136 个；修建村道硬底化工程 28 千米，解决 5100 多户群众的饮水问题，完成 31 859 亩农田水利灌溉工程，带动 4340 户农户发展生产。至 2015 年末，实现扶贫村集体经济收入全部达到 10 万元以上，比帮扶前平均增加 7.9 万元，有劳动能力的贫困户年人均增收 6108 元。2013 年、2014 年连续两年被江门市评为优秀等次。（2）精准扶贫期间，截至 2018 年 10 月底，累计共筹集扶贫专项资金 9060.44 万元（其中江门市级帮扶资金 7904.39 万元，开平市县级帮扶资金 1156.05 万元）。全市扶贫户 897 户 3221 人当中，截至 2017 年底，已有 644 户 2280 人达到脱贫标准，累计完成 72% 的脱贫目标，剩下 253 户 941 人预计 2018 年可全部实现脱贫；老区村通过项目扶持方式，改善老区群众生产生活条件，逐步解决行路难、饮水难等实际问题；全市 226 个村委会通过落实基本公共服务均等化补助和资源激励型财政补贴，2018 年村集体收入将均达到 20 万元以上，各村委会集体收入和经费开支有了保障。

第二，完善工作机制，落实帮扶责任。

在扶贫工作中，开平市的做法主要有以下四方面：一是领导重视，落实责任。市成立了以市委书记为组长，市长为常务副组长的扶贫开发领导小组。各镇（街）也相应成立了以党委书记为组长的工作领导小组，明确各级党政主要领导为第一责任人，并层层签订扶贫责任书，逐级落实扶贫任务。实行市领导、市直部门、所属镇（街）挂钩帮扶机制。例如在精准扶贫期间，全市扶贫户 897 户 3221 人已全部落实领导干部结对帮扶。各镇（街）也安排 2 至 3 名专职人员负责精准扶贫日常工作，把扶贫责任分解到人、落到实处。二是挂钩镇（街），结对帮扶。根据江门市的安排，建立由江门市直部门结对挂钩开平市镇（街），并选派副科级以上干部到镇（街）开展扶贫工作；鹤山市结对挂钩开平市；以及开平市落实派驻镇（街）帮扶工作组，分片帮扶村（居）工作的"三级结对挂扶"工作机制，充实镇（街）扶贫队伍力量，完善镇（街）扶贫工作平台软硬件建设。2017 年 2 月份，开平市从市直有关单位共选派 33 名优秀干部组成 15 个工作组，全程督查、指导、支持和协助镇（街）、村（社区）开展扶贫工作。2017 年 12 月，江门市直部门派驻镇（街）的 16 名扶贫干部全部完成对接，并立即开展精准扶贫相关工作。三是革命老区，重点扶持。对 17 条老区行政村行路难、饮水安全、农田水利、居住环境等方面问题，分别制订和落实帮扶措施，通过项目帮扶方式，逐步改变老区、边远山区群众的生产生活条件。累计投入各级扶贫资金 1641.91 万元，实施老区（村）基础设施项目 97 个，其中解决行路难项目 43 个、饮水难项目 19 个、灌溉难项目 8 个，改善居住环境项目 19 个，公共服务项目 1 个，改善医疗卫生站项目 7 个。截至 2017 年底，53 个项目已投入使用，有效提高老区、边远山区生产生活水平。四是创新模式，社会支持。为有效整合社会资源参与扶贫工作，开平市积极创新社会扶贫模式，大力推进"百企扶百村""百医牵百村""千（万）义工助千户""社会组织参与扶贫工作机制"社会扶贫"四大行动"，形成了政府引导、社会参与的良好氛围。

第三，帮扶措施到位，确保增收脱贫。

开平市积极实施产业扶贫、就业扶贫、金融扶贫、电商扶贫等帮扶措施，推动贫困户脱贫增收。一是加强培训，积极帮助就业。建立市、镇、村三级就业服务体系，提供"一对一"就业帮扶服务，为未就业的扶贫对象，有针对性地安排就业帮扶，推荐就业。投入 52.8 万元用于扶贫对象就业培训，共培训 441 人次，推荐就业 325 人次，实现就业 216 人。着力为有劳动能力但无法外出就业的扶贫对象打造一批就近就业扶贫点，积极推动有就业能力的扶贫对象就近就地稳定就业。截至 2018 年 10 月，该市 3221 名扶贫对象当中有劳动能力的 1538 人，已实现就业 1331 人，就业率达 86.5%。二是产业带动，增强造血功能。各镇（街）结合自己的产业优势和种养习惯，大力推动产业扶贫模式，鼓励和带动家庭劳动力状况较好的贫困户参与发展。通过积极推广"公司＋基地＋农户""合作社＋农户"等扶贫模式，以产业带动贫困户增收。三是长效投资，稳获收益分红。对于家庭劳动力状况较差，无法依靠就业帮扶和产业帮扶脱贫的家庭实施资产收益帮扶措施，使其获得稳健的收益分红收入，最大限度地保障贫困户实现稳定脱贫不返贫。通过整合各级财政资金，引导社会资源，着力建设一批能长期发挥效益的资产收益扶贫项目，形成"一镇一策"的帮扶机制；全市共实施长效资产收益帮扶项目 25 个，投入扶贫资金近 1500 万元，项目涉及光伏发电，建设扶贫楼，投资广告牌、铺位和厂房出租，入股企业分红收益等。四是危房改造，给予补助政策。由市扶贫办牵头，共投入资金 135.2 万元，为 29 户贫困户改造危房。五是教育扶贫，保障完成学业。由市教育局牵头，落实 2016—2017 年在校的贫困户子女免学费和生活费补助共 311.52 万元，受助贫困户子女 998 人次。六是落实低保，实行医疗救助。2018 年 1 月 1 日起，开平市城乡低保标准统一提升到每人每月 800 元（原城镇为每人每月 700 元，农村为每人每月 600 元），其中城镇平均补差水平由每人每月 457 元提高到每人每月 600 元，农村平均补差水平由每人每月 206 元提高到每人每月

400 元。开平市 2017 年起实行参加城乡居民基本医疗保险个人缴费部分财政补贴政策，全市累计落实医疗保障费用 599.11 万元，对建档立卡贫困户 100% 实施医疗保障，按规定提供精准全额资助，消除贫困户因病返贫现象。另外，2016—2018 年还投入近 70 万元引入了商业保险作为补充，为贫困户提供意外伤害保险保障。

此外，开平市全面落实基本公共服务均等化补助和资源激励型财政补贴政策，全市 226 个村委会共得到这方面补贴（含农村基层组织补助）5610.33 万元，2018 年底实现了全市所有村委会集体可支配收入达到 20 万元以上。全市村（社区）公共服务站全部建成并投入运营，直接面向辖区群众提供社会保障、医疗卫生、志愿助残、农技推广等 103 项基本公共服务，实现服务就在"家门口"，方便了农民群众。

（三）环境整治得民心

在新时期，开平市委、市政府将生态文明建设和环保工作作为一项重要政治任务和民心工程抓好落实，以中央环保督察组和省环保督查组反馈意见为导向，着力加强生态文明建设，改善环境质量，推进环境整治，狠抓环境执法，突出打好环境保护攻坚战，坚决营造好开平的绿水青山。该市在环境整治行动中，做到统一部署，明确责任，综合整治，重点是全力打好污染防治"三大战役"。

第一，多措并举，打好大气污染防治攻坚战。

1.加大执法力度，加强企业监管。通过开展大气污染防治专项督查，大力推进燃煤锅炉整治。2013—2016 年，开平市完成 100 余台高污染燃料锅炉的淘汰和清洁能源改造。2017 年完成高污染燃料锅炉淘汰 124 台，完成上级下达任务的 112.7%。2018 年，开平市开展生物质锅炉污染防治专项行动，继续淘汰注销非法锅炉。通过积极行动整治，开平市在用生物质锅炉达到或优于现行天然气锅炉对应的排放标准。

2. 强化污染治理，改善大气环境。一是从总量上控制能耗的增长，确保能源消费总量不反弹。二是推进污染减排，实施二氧化硫总量控制减排工程，认真抓好重点行业、重点污染源废气污染治理工作。三是加快淘汰落后产能，近年已淘汰了 6 家水泥企业。四是加快推进"黄标车"淘汰，不断扩大"黄标车"限行范围，目前已完成"黄标车"淘汰任务。五是扩大调整高污染燃料禁燃区范围，在 2013 年《关于划定开平市高污染燃料禁燃区》规定的高污染燃料禁燃区范围的基础上，并结合大气污染防治工作要求和实际情况，将禁燃区范围扩大到建成区全部区域和翠山湖产业转移工业园区所辖范围，努力将大气污染影响减到最低。

3. 加强能力建设，提高监测水平。开平市共投资 300 余万元新建三个大气自动监测子站，于 2013 年 10 月建成并投入使用。2016 年，为使监测数据更能客观反映该市环境空气质量现状，对三个大气自动监测子站进行了迁建升级改造，为及时发现处置大气环境异常情况、改善空气环境质量提供可靠依据。通过合力攻坚，扎实推进大气污染防治工作，空气质量得到改善。

第二，持续开展水污染防治，确保水质稳定达标。

1. 制定《潭江流域工业污染整治工作方案》和《开平市加强城乡饮水安全保障工作规划方案》，加强组织领导，全面推进潭江工业污染源整治和饮水安全保护工作。成立了由市长任组长的大沙河水库、镇海水库等饮用水源地水质保护工作领导小组。领导小组下设生态保护、种植养殖活动专项整治、非法捕鱼专项整治、污水专项整治、行政效能监察等五个工作组，在领导小组的统一领导下，有计划、有序地开展各项整治工作，加大监测强度，确保饮用水源水质安全。

2. 环保、农业等部门联合开展禁养区养殖场的拆迁，截至

2017 年上半年，累计拆迁或关停养殖场 1664 家，为饮用水水源保护提供了有力的保障。市政府及环保、农业等部门还积极开展非禁养区养殖场整治工作，制定出台了《非禁养区畜禽养殖场（户）污染物治理建议》《禽类养殖场污染整治补充建议》，全力推进非禁养区畜禽养殖规范化整治工作。

3. 开平市于 2017 年 6 月 30 日前全面出台县级和镇级的推行河长制实施方案；在机构设置上，成立了开平市河长制工作领导小组，由市委书记担任组长，同时设立河长制工作领导小组办公室，由市水务局局长兼任办公室主任，全面实行市、镇双总河长制。各级总河长由各级党政主要领导担任，全市共有市级河长 13 名、镇级河长 150 名、村级河长 260 名，162 名河道警长，501 名河道巡查保洁员。同时设置了 13 名开平市级河长助理，形成"党政齐抓、上下共管"和"横向到边、纵向到底"的工作格局。开展清理河道障碍物、漂浮物、堆积物等全市性统一行动，共投入资金 1719 万元，共清理水浮莲 11 300 亩，清淤疏浚河道 80 千米，清理非法入河排污口 42 宗，整治入河排污口 15 宗，清理阻碍防洪的障碍物 41 宗，清理违章构（建）筑物和堆积物 19 宗，保持了河道畅通。

第三，防治结合，有序开展土壤污染治理。

按照国家和省的要求标准，开平市对范围内的相关企业进行调查核实，确定 80 家企业为开平市土壤污染防治重点整治企业。按照开平市总体土壤污染防治方案，明确各部门责任，切实做好该市土壤污染防治工作。2017 年底，开平市政府与依利安达电子有限公司签订了土壤污染防治责任书，并按要求认真抓好土壤污染防治工作。同时，开平市积极配合江门市环保局开展重点行业企业用地土壤基础信息调查地块风险初步筛查工作，依法取缔整治"小散乱污"企业。通过推动区域连片综合整治和涉污企业的重点整治，努力减少排污量，促进环境质量持续改善，为经济发展和群众生产生活提供优质安全环境。

（四）乡村振兴展宏图

2018 年"中央一号"文件《中共中央国务院关于实施乡村振兴战略的意见》，对实施乡村振兴战略进行了全面部署。开平市委市政府马上响应并迅速行动，谋划开平市新时代乡村振兴的顶层设计，认识到乡村振兴不单是上级政策在地方的实施，更是开平人民群众的热切期盼。乡村振兴是开平取得新形势下高质量发展的核心组合拳要素，不单是"要我做"，更多的是"我要做"。在乡村振兴之路上，开平市有想法有行动，正以时不我待精神朝着"农业强起来，农民富起来，农村美起来"的目标阔步前行。

第一，抢抓机遇，因地制宜探索路径。

开平常住人口 71 万人，海外华侨人口 75 万人，素有"海内海外两开平"之说。在全市的户籍人口中，农村户籍人口达 45 万人，占比为 66%。对于这样一个华侨之乡来说，通过落实乡村振兴战略，引入新思想、新技术、新业态，激活现有丰富的乡村资源，实现村民回归和侨心回归，具有重大的政治意义。

乡村振兴战略提出后，开平市迅速行动，市委、市政府成立农村工作领导小组，2018 年从财政资金中挤出 1 亿元，投入乡村振兴工作中。

根据江门市农村综合改革专项小组审议通过的《开平市推进乡村振兴综合改革试点　创建生态宜居美丽乡村特色市的实施方案》中"产业兴旺、生态宜居、乡风文明、治理有效、生活富裕"的总要求，开平市因地制宜将塘口镇强亚村委会、大沙镇黎雄村委会大塘面村、长沙街道八一村委会垱冲村、苍城镇楼田村委会平安村、三埠街道迳头村委会凤鹤湾村确定为全市五个生态宜居美丽乡村示范点。这五个示范点分别代表了"旅游重镇"

"山区与水库移民区""城乡结合部"以及"丘陵地带""平原地带"五种不同情况下的乡村振兴。把试点做好了,其他地方就可以按照各自的资源禀赋对号入座,实现共同发展。开平市五个示范点均是自然村,考虑到促进乡村产业集聚高效发展,市将由点及面,把培育岭南特色小镇作为一项重要工作,与生态宜居美丽乡村建设同部署、齐推进,打造乡村振兴的新支点、新载体。

第二,旅游重镇,凝心聚力复兴碉楼。

在开平市乡村振兴的发展模式中,塘口镇主要着眼于对世界文化遗产这一人文资源的保护和利用。开平市1833座碉楼,位于塘口镇的就有600多座,其中包括享誉海内外的世界文化遗产"自力村碉楼群与村落"和华侨园林"立园"。

2018年3月,开平市把塘口镇上报成为江门市乡村振兴综合改革试点镇,又将位于塘口镇的强亚村委会列入开平乡村振兴五个示范点之首。塘口镇在实施乡村振兴的具体思路上,把加强农村基层党支部建设解决人的问题放在首位。为了提高党组织在农村的覆盖面,塘口镇制定了"党建三年行动计划",从镇机关选拔优秀年轻干部派到各村委会当"第一书记",吃住在基层,加强村委与村民之间的联系,有效推进乡村振兴工作。

2018年7月开始,塘口镇的党员都在家门口悬挂"共产党员户"牌,从"我是党员,亮出来"到"我是党员,我承诺",再到"我是党员,看我的",在塘口镇的乡村振兴实践中,党员发挥了先锋模范作用。除此之外,实施"新乡贤工程"也是塘口镇"把人组织起来"的创新战略。塘口镇将外面的华侨、乡贤请回来,成立乡贤理事会及新乡贤基金会。16个村各自建立理事会和基金会,每年镇给每个村3万元启动资金,连续给3年。根据初步摸底,3年镇里给出的144万元资金,可以撬动新乡贤群体出资1500万元,充实农村公益扶贫和基础设施建设力量。

塘口镇拥有丰富的碉楼旅游文化资源，如何保护这些历经百年沧桑、如今面临建筑寿命大限的古老建筑，也是急需解决的问题。塘口镇每年都有一些碉楼倒塌，传统的托管模式有责任没收益，难以为继。为了有利于碉楼保护和文化传承，塘口镇正在梳理区内的碉楼资源，通过与周边土地的整合，形成一个又一个项目，吸引工商资本进入。"让游客观光在碉楼，吃饭娱乐消费在碉楼以外"，实现碉楼遗产保护的可持续性发展。

这一创新举措已经得到了工商资本的认可。塘口镇的荣桂坊旅游项目房屋托管工作已经全部完成，南阳里等旅游项目前期工作也在全力推进。

为了把游客"留下来"，提供更多元化的旅游体验，塘口还将活化位于强亚村委会的塘口旧圩，复制归侨邓华开设的塘口"空间模式"，将原来"天下粮仓"景区周边片区打造成集住宿、餐饮、娱乐等配套于一身"乡村综合体"。该镇通过公有建筑的招商引资，让村民看到希望，投入自己的房子，发展乡村民宿业，已有七个项目正在实施中。

第三，生态家园，绿水青山就是金山银山。

离开平市中心最边远的大沙镇，是开平市革命老区。大沙镇属于保持原生态、限制工业的乡镇，将在乡村振兴的战略中实现"绿水青山就是金山银山"的发展理念。

大沙镇生态自然资源丰富，镇内有广东省南部第一高峰天露山，有总面积16.3平方千米的大沙河水库，有连绵万亩的高山杜鹃映山红，有被誉为"中国最早盛放的梅花谷"的榄坑梅林。在地方政府的引导带动下，近年来大沙茶产业发展迅猛，先后打响多个茶叶知名品牌。2018年6月，大沙里红茶还被广东省农业厅评定为"广东十大好春茶"红茶组之首。

"茶旅融合促发展"，大沙镇的乡村振兴方向，就是以茶为主轴，高质量乡村旅游为载体，深挖茶文化内涵，延长茶的产业链，切实提升茶叶附加值，发展休闲、观光、度假三合一的茶园文化，并将地处大沙河水库边的大塘面村及周边村落，作为美丽乡村示范点项目，着力打造"宜居、宜业、宜游"的美丽乡村。

根据美丽乡村示范点的建设要求，大沙镇对大塘面片区各村的特点功能作了全面规划。南安村和龙安村，将配套建设主入口广场、水生植物展示区；大塘面村前和联新村侧，已经建起四季花海景区；联新村和塘角村有种植蔬菜的传统，将规划建设特色野菜种植区，让城里人吃到乡村的特色味道；大塘面村后延伸到联新村塘角村，以种植桃、李果树为主，辅以各种时令花果，供游客观赏采摘。

大塘面片区美丽乡村建设。2018 年，项目的第一期预计投入建设资金 800 万元，主要用于村庄环境整治、建设环库绿道、旅游驿站、旅游厕所、亲水平台等项目。目前联新旅游厕所已建成，3 千米的环库绿道建设主体工程已经基本完工，大塘面村、联新村、塘角村等 3 条村庄的环境整治正在进行中，力争在 2018 年底全面完成。

基础设施建好了，就可以吸引工商资本进驻，探索"旅游 +扶贫 + 农旅合一"的发展模式，带动农民增收。目前大塘面片区的 160 户空置旧屋已引入投资，将在原地改造成度假民宿。大沙镇的未来充满希望，它将成为开平市美丽的后花园，是城里人旅游、休闲、品美食的好地方。

（五）社会治理保稳定

为确保社会大局和谐稳定，促进社会公平正义，保障人民安居乐业，为经济发展提供坚实保障，开平市把维护国家安全和社会稳定作为社会治理的首要任务，坚定不移按照中共中央国务院和上级党委政府的决策部署抓落实，全力推进社会治理。

首先是树立以人民为中心的公共安全观，以此指导工作开展。坚持严格执法、公正司法、服务为民，深化和完善各项为民、便民的政策措施，保护人民群众人身权、财产权、人格权，解决好群众最关切的公共安全、权益保障、公平正义问题。抓好社会治安防控网建设。推进"雪亮工程"建设，也就是公共安全视频监控建设联网应用。2020年底前，实现全市聚居区、商贸区等重点区域技防工程覆盖率不低于90%。加快"中心＋网格化＋信息化"建设。推动整合基层各类网格，深化城乡社区网格化服务管理，打造"全科网格"。

其次是创新工作方法，全力打造共建共治共享的社会治理格局。开平市走多方参与、联动融合、共同治理的路子，改变过去政府单一主体大包大揽的局面。坚持群众路线，练好组织群众、发动群众的基本功，以民智民力推动政法工作创新发展。积极发展义务巡逻队、保安队伍、平安志愿者等群防群治力量，深入开展联合巡逻、邻里守望、治安互助、区域联防、联村联防、厂企联防等群防群治工作。充分发挥基层党组织、村（居）委和老党员、老干部、乡贤、知名人士、治安积极分子的作用，积极发展专职人民调解员队伍，做好矛盾纠纷调处工作，最大限度把矛盾化解在基层，消除在萌芽状态。

在实施工作中，开平市按照"清醒警觉、明情全面、精准快处、总结提升"的工作要求，结合实际，大胆创新，抓好落实，重点抓好下面四项工作：

一是健全完善矛盾纠纷化解长效机制。认真学习外地和总结开平市维稳安保工作经验，做好"四项健全"工作，即健全完善大维稳工作格局、健全完善重大个案交办机制、健全完善督导考核机制、健全完善"准、快、狠、小"工作机制，坚持源头治理、标本兼治的做法。同时，打好预防化解重大风险攻坚战，开展重大社会稳定风险防范化解专项行动,实现维稳工作由"事后化解"到"事前防范"转变,努力做到发现在早,防范在先,处置在小。

二是组织开展矛盾纠纷大化解专项行动。紧扣排查和化解两个关键环节,重点排查劳资纠纷、涉土、涉农、涉房地产等领域,关注经常上访人员、涉众型金融投资者等重点人群,努力化解存量、控制增量。同时,推动社会综合治理、征地拆迁补偿安置等政策、制度、措施落实。

三是做好群体性事件预防处置工作。重点是做好涉众型经济案件受损人员等特定群体利益诉求和环保"邻避"等问题的化解处置工作。把矛盾纠纷化解工作纳入法治化轨道,采取调解、仲裁、行政裁决、行政复议等法治手段,完善四级公共法律服务中心和法律援助网络,继续发挥"一村(社区)一法律顾问制度"的作用,积极引导和支持群众理性表达利益诉求,依法维护合法权益。

四是坚决打赢扫黑除恶专项斗争攻坚战。根据党中央、国务院专门下发《关于开展扫黑除恶专项斗争的通知》,就开展扫黑除恶专项斗争进行全面部署。各级各部门坚持打早打小、重拳出击,广泛动员人民群众参与扫黑除恶专项斗争,取得了初步战果。截至 2018 年 7 月,全市共摸排出涉恶线索 147 条,侦破涉恶案件 69 起,刑事拘留涉恶嫌疑人 185 人,逮捕 100 人,公诉 21 件 59 人,判决 18 件 65 人,打掉涉恶犯罪团伙 24 个 113 人。随着社会治理和扫黑除恶工作的不断深化,进而有力地促进了社会治安和社会秩序不断向好。

附　录

附录一 红色场馆

一、纪念设施

开平市有国家级重点烈士纪念设施周文雍陈铁军烈士陵园，23 处保存完好的革命烈士墓碑亭，12 处革命烈士故居和革命斗争纪念场馆。这些纪念设施有着较强的教育功能，对于干部群众发扬革命精神、推进社会主义核心价值观建设、增进奋力前行动力都具有重要作用。

（一）基本情况

开平市烈士纪念设施一览表

序号	烈士纪念建筑物名称	纪念设施刻字	地址	建造时间	占地面积（平方米）
1	周文雍陈铁军烈士陵园（国家级）	周文雍陈铁军烈士纪念碑	开平市百合镇茅冈村委会杨桃山	1957 年	20000
2	开平市革命烈士纪念碑	革命烈士永垂不朽	开平市长沙街道办事处梁金山公园	1958 年	1001
3	开平县抗战殉难军民纪念碑	开平县抗战殉难军民纪念碑	开平市苍城镇市第八中学	1947 年	25

（续上表）

序号	烈士纪念建筑物名称	纪念设施刻字	地址	建造时间	占地面积（平方米）
4	九二三抗日战争阵亡将士纪念碑	九二三抗日战争阵亡将士纪念碑	开平市水口镇振华圩	1945年	10
5	大沙镇革命烈士纪念碑	革命烈士纪念碑	开平市大沙镇尖石中学	1956年	960
6	赤水镇革命烈士纪念碑	革命烈士纪念碑	开平市赤水镇赤水圩往东林屋公路边	1995年	231
7	赤水镇东山革命烈士纪念碑	革命烈士纪念碑、革命烈士永垂不朽	开平市赤水镇东山村委会东兴村莲塘	1999年	2050
8	金鸡镇革命战争烈士纪念碑	革命战争烈士纪念碑、革命烈士公墓	开平市金鸡镇金鸡圩	1978年	800
9	月山镇水井革命烈士纪念碑	革命烈士纪念碑	开平市月山镇水井庙仔山顶	1978年	100
10	梁金山邓一飞烈士纪念亭	一飞亭	开平市梁金山公园	1983年	50
11	赤坎镇邓一飞烈士纪念碑、永伴亭	碑刻：邓一飞烈士永垂不朽；亭刻：永伴亭	开平市赤坎镇护龙村委会江南公路边	2001年	200
12	塘口镇谢启荣烈士纪念碑	谢启荣烈士纪念碑	开平市塘口镇以敬小学校内	1992年	20

（续上表）

序号	烈士纪念建筑物名称	纪念设施刻字	地址	建造时间	占地面积（平方米）
13	龙胜镇齐洞革命烈士纪念碑	革命烈士永垂不朽	开平市龙胜镇齐洞村委会马山脚	1977年	330
14	马冈镇革命烈士纪念碑	革命烈士永垂不朽	开平市马冈镇官堂小学东侧	1975年	20
15	水口镇谭国标烈士纪念碑	谭国标烈士纪念碑	开平市水口镇水口园村对面山	1956年	100
16	蚬冈镇谢瑞珍革命烈士纪念碑	革命烈士纪念碑	开平市蚬冈镇市第三中学门前	1965年	240
17	塘口镇阵亡将士崇如亭	崇如亭	开平市塘口镇四九马山边	1928年	25
18	塘口镇阵亡将士李崇如之墓	李崇如之墓	开平市塘口镇四九马山边	1950年	25
19	苍城镇革命烈士张润芳之墓	革命烈士永垂不朽	开平市苍城镇六合村委会	1995年	16
20	龙胜镇革命烈士苏荣之墓	革命烈士苏荣之墓	开平市龙胜镇棠红村委会各脚山	1958年	100
21	沙塘镇革命烈士曹丽生之墓	革命烈士曹丽生碑	开平市沙塘镇丽新村委会矮岭山	不详	20

（续上表）

序号	烈士纪念建筑物名称	纪念设施刻字	地址	建造时间	占地面积（平方米）
22	沙塘镇革命烈士曹信确之墓	曹信确烈士纪念碑	开平市沙塘镇丽新村委会黄牛拉车山	不详	20
23	水口镇抗战阵亡将士之墓	抗战阵亡将士之墓	开平市水口镇寺前蒜厂前山脚	1945年	20
24	赤水镇长塘茅坪村烈士纪念亭	革命烈士永垂不朽	开平市赤水镇长塘茅坪村牌坊旁	2017年	20

（二）烈士陵园

周文雍陈铁军烈士陵园

周文雍陈铁军是全国闻名的革命先烈，2009年被评选为全国"100位为新中国成立作出突出贡献的英雄模范人物"。周文雍陈铁军烈士陵园是全国重点烈士纪念设施保护单位、广东省重点烈士纪念建筑物保护单位、广东省红色旅游示范基地、江门市中共党史教育基地、反腐倡廉风范教育基地、爱国主义教育基地和青少年德育教育基地。

周文雍陈铁军烈士陵园坐落于开平市百合镇茅冈村委会杨桃山。这里原来只有一座烈士纪念碑，有一个纪念广场和松柏绿化等设施，面积2000平方米，1957年由省政府出资兴建，1983年重修。1999年规划扩建为烈士陵园，面积扩大10倍（2万平方米），并投入380万元进行第一期工程，建成了陵园牌坊、纪念广场及周边围墙和防护栏。2012年，结合做好零散烈士纪念设施的保护和管理工作，在上级有关部门和华侨港澳同胞的支持下，该市投资 2800 多万元建设陵园第二期工程，建成了开平市英烈园（零散烈士墓集中保护区）、周文雍陈铁军烈士纪念馆，完成了烈士纪念碑、石级平台和园林绿化升级改造工程。

目前，周文雍陈铁军烈士陵园有三处功能区：一是纪念碑区，在高 6 米的步级台阶上面，耸立着一座高 32 米的纪念碑，有宽阔的纪念广场用于进行悼念活动。二是英烈园区，全市 284 名开平籍革命烈士在这里均设置石碑牌，上面写着烈士姓名、简历和革命事迹。三是纪念馆区，纪念馆 2014 年建成，2015 年完成布展工作，楼高两层，建筑面积 1592 平方米，里面全面介绍了周文雍陈铁军烈士革命斗争事迹和忠贞崇高的爱情故事，图文并茂，雕像生动，并配有影视音响，加强宣传效果。

2014 年开始，在上级民政部门的支持和指导下，开平市将该陵园申报创建全国重点烈士纪念设施保护单位，并取得较好的成效。2016 年 8 月 14 日，经国务院批准，9 月 6 日民政部颁布，该陵园成为第六批国家级重点烈士纪念设施。2017 年 5 月 18 日，开平市举行隆重仪式，在纪念广场和纪念馆大堂分别安放了两位烈士的全身和半身铜像，还设置了国家级重点烈士纪念设施保护单位标志石碑。2012 年 2 月以来，中共中央部署全党深入开展群众路线学习实践教育、"三严三实"专题教育、"两学一做"学习教育，来这里瞻仰参观的人们络绎不绝，该陵园对加强党性教育、革命传统教育和社会主义核心价值观教育，发挥了重要作用。

（三）纪念碑（亭）

1. **开平市革命烈士纪念碑**　位于梁金山开平市委党校背后小山顶，坐北向南。从山脚通往纪念碑，设水泥人行道，入口建一牌楼，上书"开平市革命烈士陵园"。水泥人行道呈阶梯形，共有石级 382 级，颇为壮观。纪念碑的平台占地面积约 3 亩（直径约 23 米），四周呈圆形，设麻石栏杆，平台中央建纪念碑，碑基座正方形，边长 5.1 米，纪念碑主体长 2.1 米，宽 2.1 米，高 11.6 米。该碑基座用黑色云石镶边，基座前面刻开平市人民政府 2010 年 1 月重修的碑文，左右两侧有反映革命战士浴血奋战的浮雕，背后刻"浩气长存"四字。纪念碑正面刻"革命烈士永垂不朽"，白色黑字，庄严肃穆。

2. **开平县抗战殉难军民纪念碑**　此碑于 1947 年（民国 36 年）元旦，为纪念开平军民抗日殉难壮士所建。位于开平八中（苍城）校园内靠河边处，坐南向北，碑用水泥石米批面。碑正面阴刻邑人梁子实敬书的"开平县抗战殉难军民纪念碑"篆字碑题。碑正面中间塑一花环，碑正面下部分正中嵌一块汉白玉石，上书"天地正气"4 字。其碑文由吴尚志撰写并书。

3. **水口镇九二三抗日战争阵亡将士纪念碑**　位于水口镇振华圩的公路的右边。红砖建筑，边批石米。碑为四方尖塔式，底座为正方形，边长 1.9 米，碑高 5.4 米，碑身下半部四边用水泥沙各塑彩色花圈一个，表示人民群众怀念为抗战献身的志士。纪念碑建于 1945 年。1987 年 2 月因行车事故被毁，同年 6 月，县政府将原来位于公路左边的"九二三抗战阵亡烈士纪念碑"迁至公路右边现址，并将碑基边长 1.4 米扩至 1.9 米，塔高从 5.4 米增高至 6 米，碑亦改为"九二三抗日战争阵亡将士纪念碑"。

4. **大沙镇革命烈士纪念碑**　位于大沙圩西南方约 100 米处。坐南向北，碑高 6.2 米，全部水泥石米批面。正面用水泥塑有"解放战争革命烈士永垂不朽"大字。碑的四面建有栏杆。大沙镇革命烈士纪念碑，1956 年曾建在群联乡，即长沙至大沙公路边的山边。1978 年 4 月迁至今址。

5. **赤水镇革命烈士纪念碑**　位于开平市赤水圩往东林屋公路边，赤水镇政府为纪念抗日战争与解放战争时期牺牲的方年标、张锡山、黄锐新、谭锦章、张育存、司徒华锋、方荣滚、方溢、龚有珊、张浓 10 位革命烈士，于 1995 年 5 月建成此碑。该碑坐北向南偏西 30°，砖建，水泥石米批面，占地面积 1764 平方米，高 6 米，长 1.7 米，宽 1.7 米，建筑面积 231 平方米。碑的正面刻"革命烈士纪念碑"字样，两边刻"革命烈士永垂不朽"。

6. **赤水镇东山革命烈士纪念碑**　位于赤水镇东山村委会东兴村莲塘，由原东山镇政府于 1999 年 9 月建成，该碑水泥石米批面，正面阳刻"革命烈士纪念碑"。碑的基座正方形，长 1.86 米，宽 1.86 米，碑高 9 米。该碑是为纪念解放战争和社会主义革命建设时期牺牲的谭燮、谭荣、方顺民、高世能、谭如毛、池义陆、李培、温光荣、杨裕、罗明、司徒明、谭奕、张新晃 13 位烈士而建。

7. **金鸡镇革命战争烈士纪念碑**　初建于 1973 年，当时建在金鸡圩新街金鸡邮电支局对面。碑高 6.7 米，坐西北向东南，砖建，水泥石米批面。有围墙。纪念碑正、背两面用水泥各塑"革命烈士纪念碑"隶书阳文凸字；左右两侧用水泥各塑"人民英雄永垂不朽"隶书阳文。1987 年 3 月迁建到金鸡南安桥头右侧。坐西向东，正面碑文由"革命烈士纪念碑"改为"革命战争烈士纪念碑"，碑高增至 7.5 米，其建筑款式、用料等依旧。

8. **月山镇水井革命烈士纪念碑**　位于水井圩西南 500 米左右的庙仔山顶，1978 年始建，1979 年完工。坐西向东，碑高 9.35 米，水泥石米面，砖结构。正面书写"革命烈士纪念碑"7 个大字，并镶白云石碑文 1 块。此碑文是 1964 年水井人民公社在筹建水井革命烈士纪念亭时撰写的，纪念亭建在水井圩口。1979 年，在庙仔山顶建成革命烈士纪念碑时，始将此碑文刊于纪念碑上。碑的左、右、后三面均书写"革命烈士永垂不朽"。

9. **梁金山公园邓一飞烈士纪念亭**　位于梁金山公园内，坐西向东。亭顶为黄色琉璃瓦，亭的四壁贴有彩色瓷砖，地面贴马赛克。亭正面屋檐下嵌有"一飞亭"石碑，亭内正中上方嵌邓一飞遗像（瓷砖烧制），下方黑色云石刻有碑记。此亭是邓一飞烈士妻子司徒顺于1983年9月建。

10. **赤坎镇邓一飞烈士纪念碑、永伴亭** 均位于该镇护龙村委会江南公路庙垯圩边。纪念碑于2001年6月建成，底座为长方形，长2.5米，宽2.5米，碑高7米，该碑由香港雅琪集团捐建。永伴亭于2010年8月建成，高6米，长3.5米，宽3.5米，总占地面积200平方米。永伴亭由邓一飞的妻子司徒顺和乡亲修建。

11. **龙胜镇齐洞革命烈士纪念碑** 位于龙胜镇齐洞村委会，长沙至新兴线公路东边的马山脚25米处。坐东向西，1977年冬修建。水泥沙批面，碑高5米，碑顶塑一五角星，正面书"革命烈士永垂不朽"。碑的左、右、后三面建通花围墙，从山脚一直到碑前建有十三级石级。

12. **马冈镇革命烈士纪念碑** 位于马冈镇官堂小学东侧。坐西北向东南，用砖建筑，水泥石米批面。碑高6.56米，碑顶是五角星，碑正面用水泥塑"革命烈士永垂不朽"8个大字，碑四周建有围墙。

13. **塘口镇阵亡将士崇如亭** 1928年（民国十七年）建。该亭坐西向东，正方形，钢筋水泥结构，面积18.49平方米。正面写"崇如亭"三字（现在字迹模糊）。此碑是时任营长李崇如奉军长陈济棠之命，剿灭四九洞马山土匪，邑人建亭以纪念。

14. **水口镇谭国标烈士纪念碑** 位于水口园村对面山，坐东向西。占地面积100平方米，墓地长14.7米，宽12.8米。墓穴长5.54米，宽3.5米。墓正面立有"谭国标革命烈士纪念碑"，下刻碑文。该碑1956年春立，红砖建筑。1987年7月因广湛公路扩建而迁建于山顶，碑身、碑墙均用砖建，石米批面。由水口镇人民政府重建。

15. 蚬冈镇谢瑞珍革命烈士纪念碑 位于开平市第三中学（蚬冈圩）校门西侧，坐西向东，砖建，水泥批面，高 5.1 米，有围墙。1965 年建立，1976 年 10 月重修，纪念碑正面刻有"革命烈士永垂不朽"字样，纪念碑底座正面有谢瑞珍烈士事迹介绍。

16. 赤水镇长塘茅坪村烈士纪念亭 坐落在该村大道路口牌坊旁。占地 20 平方米，是六角设计，亭内正面墙金字刻着"抗日游击区·茅坪村纪念亭"和"革命烈士永垂不朽"，下面刻有纪念碑文和该村谭荣（谭郁荣）、谭燮、谭如毛（谭希扬）、池义陆、谭奕等 5 位烈士的英雄事迹。在各级老促会的大力支持下，该纪念亭于 2017 年 12 月建成。

二、故居和旧址

1. 周文雍故居 位于百合镇茅冈村委会宝顶村。坐北向南，原是二房二廊一厅，青砖墙、瓦顶建筑，总面积 73.15 平方米。建筑于清代。中华人民共和国成立初，因其亲属争房屋管理权，将东边一房一廊拆去，现在只剩一房一廊一厅。1981 年县民政局拨款 1000 元维修周文雍故居，将故居大厅靠南边的一半屋顶拆毁，改为水泥平顶晒台，因而破坏了故居原来面貌。1983 年 3 月 23 日，县人民政府公布周文雍故居为县文物保护单位。2018 年 8 月，市人民政府对周文雍故居又进行了修葺维护。

2. 劳培故居 清代建筑，位于沙塘镇联光村委会兴贤村。坐北向南，一房一廊一厅，青砖墙瓦顶建筑。房子外墙脚用梅花青石砌成，高 1.70 米，长 10 米。总面积 53 平方米。

3. 谢启荣故居 位于塘口镇以敬村委会北安村。坐南向北，二廊二房一厅，青砖墙、瓦顶建筑。总面积 113.10 平方米，建于民国初年。谢启荣从小一直在此屋居住。

4. 邓一飞故居 位于赤坎镇护龙村委会东盛村。坐西南向东北。青砖、二层建筑。占地面积 134.24 平方米。邓一飞青少年时居住此屋，二楼左边房为邓一飞书房。书房中有旧式书柜及桌椅等。1983 年其妻子司徒顺将烈士书柜、书籍赠送县华侨博物馆藏展。1983 年 3 月 23 日，县人民政府公布邓一飞烈士故居为县文物保护单位。

5. 司徒美堂故居 位于赤坎镇中股牛路里。建于清末。建筑面积 81 平方米。青砖墙，瓦顶，三廊二房厅。1985 年，广东省人民政府将司徒美堂故居定为重点文物保护单位。2012 年，在中国致公党中央的大力支持下，开平市政府对司徒美堂故居进行了全面修葺维护，把故居改造成为展览馆。同时，新建了小广场，矗立司徒美堂石雕像。2013 年 11 月 14 日，司徒美堂 145 周年诞辰之际，致公党中央、广东省、江门市、开平市有关领导为司徒美堂石雕像和展览馆揭幕。

6. 谢创故居（中山楼） 位于开平市塘口镇以敬村委会庆民里。1937 年 8 月 18 日，中共开平特别支部在此举行重建会议，谢创被选为特支书记。开平地区党组织多次重要会议在此召开。谢创故居主体建筑包括中山楼一座以及平房居屋一座。中山楼，又名"珩庐"，是谢创的父亲谢永珩于 1912 年（民国元年）兴建。谢永珩侨居美国时加入了孙中山创建的"同盟会"，为纪念孙中山，故取楼名"中山楼"。该楼与居屋总占地面积 230.44 平方米。主楼坐东向西，高 5 层，砖混结构。首层面阔 5.27 米，进深 6.3 米。平屋顶，第五层正、背面有楼额塑有"珩庐"字样。2013 年，谢家后人出资对故居建筑进行了维护加固。2018 年下半年，塘口镇政府对故居进行重新规划，修建了停车场，把故居建成红色教育基地，供人参观。

7. 厚山虾边村农民协会旧址 位于百合镇厚山虾边村，坐北向南，建于清朝，青砖木梁红瓦结构，二廊一厅，硬山顶，传统广东岭南祠堂建筑。共二进，209 平方米。是虾边村关姓祖祠。1925 年开平县第一个农民协会在这里宣告成立。2018 年春，由开平市人民政府和有关部门、老促会，以及当地热心人士捐资，按原祠堂格局重建。

8. **中共开平县委旧址**　位于赤坎镇上埠居委会前进路。为近代岭南骑楼式建筑，布局一房二厅一厨房。首层面阔 4.45 米，进深 16.55 米，占地面积 86.42 平方米。1938—1940 年，中共开平县委租赁此房，用作县委机关开会、学习、办公场所及对外联络点。1983 年 3 月 23 日，开平县委旧址被列为开平县文物保护单位。

9. **赤坎南楼**　建于民国二年（1913 年），坐落在赤坎腾蛟村潭江北岸。坐北向南，为七层钢筋水泥建筑，高 19.06 米，占地面积 28.46 平方米，建筑面积 180.2 平方米。楼门铁造，高 1.95 米，宽 80 厘米（单扇门 40 厘米），厚 4 厘米。墙厚 43 厘米。每层开窗，高 61 厘米，宽 42 厘米。每个窗口另加 18 毫米铁支 3 条加固。每层楼面底下，均有 4 条长 4.9 米、宽 10 厘米、厚 1 厘米的工字铁托底，每层设有竖立的长方形枪眼，内径长 26 厘米，宽 30 厘米；外径长 25 厘米，宽 6 厘米。第六层为瞭望台，曾设有探照灯、轻机枪。正面写有正楷"南楼"二字。楼顶为平台式。当年日军炮击南楼的 12 处弹痕（其中最大处为 4 平方米左右）仍清楚地留在楼身。1983 年 3 月 23 日，县人民政府公布该楼为县文物保护单位。2003 年，结合开平碉楼与村落申报世界文化遗产，开平市政府出巨资对赤坎南楼进行修葺维护，新建了牌楼、纪念馆和英雄群像，供人参观和景仰。

10. **水井万隆客栈**　原建筑物位于水井圩，泥墙，瓦顶，分前后两间，两个金字架。坐东北向西南，面积 114 平方米。是中国共产党于 1942 年 2 月在水井圩建立的一个地下交通联络站。万隆客栈在 1942—1944 年这段时间内，经常接待刘田夫、谢永宽、陈江、陈福生、郑祝山、郑锦波、李克平等同志在此开会或活动。1994 年，万隆客栈因年久残旧而倒塌，1999 年在原水井镇政府的支持下于原址重建。

11. **岗坪纪念馆（通二梁公祠）**　位于大沙镇岗坪村，青砖瓦木结构，大一进式，中间有天井，大厅有两条圆柱支撑，建筑面积约 90 平方米。门口上方石刻"通二梁公祠"，门口侧边挂有"岗坪革命纪念馆"牌子。原公祠于 20 世纪 80 年代失修坍塌。2006 年按修旧如旧标准，在各级老促会及当地乡贤捐资支持下，重修公祠。

12. **锦湖会议旧址**　即金鸡镇锦湖圩"礼林楼"。该楼是当地李氏乡亲筹款兴建的楼宇，占地面积 120 平方米，楼高 4 层，下 3 层为混凝土，顶层为砖木结构，外墙青砖砌成，楼内铁木结构，简单实用。每层楼高约 4 米。该楼建成不久，便用于办学，故又叫"礼林小学"。该校周围山竹丛林环绕，校外有一码头，此地攻可进，退可守。20 世纪 30 年代，礼林小学已有共产党员以教师身份进行革命活动，培养不少进步青年学生，该校成为党建立的革命活动据点。1945 年 9 月，开平县党组织在这里召开一次重要会议，恢复了开平县委的领导，研究了开平抗日战争胜利后的时局和党组织工作方针等问题。

三、革命文物保护和利用

一直以来，开平市对红色场馆和烈士纪念设施的修复保护高度重视。尤其是党的十八大以来，该市加大力度，认真落实各项维修保护措施，取得较大进展。主要有以下四个方面的突出成效。

一是重要纪念设施影响力大幅度提高。在周文雍陈铁军烈士陵园内新建了纪念馆，全面介绍了周文雍陈铁军烈士的革命斗争经历和坚贞不屈的爱情故事，重现了刑场上婚礼的感人场面，凸显了烈士坚定的理想信念和大无畏革命精神。赤坎南楼的景区功能和宣传策划工作有新加强，建立了南楼烈士雕像和南楼纪念馆，"南楼七烈士"事迹深入人心，成为爱国主义和革命传统教育的重要阵地。

二是红色纪念场馆修复利用工作稳步推进。大沙镇、月山镇等单位对完成修复的岗坪纪念馆、水井万隆客栈等红色纪念场馆进行精心设计，积极搜集有关历史资料，突出宣传主题，已经对外开放，收到较好效果。百合镇厚山虾边祠堂是该市第一个农会诞生地，2017年计划投资68.1万元进行维修保护工程，修复完成后可重新开放。

三是烈士纪念设施得到全面加固保护。2013年以来，开平市共安排60万元，对全市22座有不同程度损毁和安全隐患的纪念碑（亭）和烈士墓进行了加固维修，这项工作大得党心民心。

四是全市烈士牌位在英烈园妥善安放。开平市在周文雍陈铁军烈士陵园内新建开平英烈园，将全市285名烈士牌位在这里集中纪念拜祭，敬重先烈，启迪后人，意义深远。烈属们和社会各界都非常满意。

开平市的主要做法有以下三点：

一是市委、市政府高度重视。市领导非常关心支持这项工作，把红色场馆和烈士纪念设施的维修保护摆上议事日程，安排专项经费，采取得力措施，确保各项工程顺利完成。从1999年至2017年，开平市共投入维修保护扩建经费达3500万元，其中有上级民政部门和当地政府的拨款，有华侨港澳同胞的资金支持，完成周文雍陈铁军烈士陵园一、二期扩建，以及赤坎南楼的修复保护、岗坪纪念馆和万隆客栈的维修保护等工程，为开展革命传统教育、爱国主义教育提供优质的主会场和重要基地。

二是部门职责有效落实。开平市民政局认真做好全市红色场馆和烈士纪念设施的调查摸底工作，有针对性地提出维修保护方案，积极组织有资质施工队伍进场施工，并抓好工程质量，这方面工作在江门乃至全省都处于先进行列。市党史办和有关单位在搜集整理资料方面做了不少工作，为红色宣传打下坚实基础。市旅游部门将碉楼游和红色景点游紧密结合，合理规划旅游线路，使"红色旅游"越来越兴旺，取得较好成效。

三是老促部门跟踪到位。省市老促会的领导多次到开平市检查指导工作，对周文雍陈铁军烈士纪念馆的建设和布展，以及对其他红色场馆和纪念设施的维修保护等工作，提出不少指导性的意见和建议，开平市政府和老促会及有关部门都能认真抓好落实，从而推动开平市红色纪念场馆和烈士纪念设施的修复保护及开放使用工作不断跃上新台阶。

附录二 永恒纪念

一、部分烈士小传及烈士名录

在革命战争、建设和改革开放时期，开平市共有284位优秀儿女英勇牺牲，其中有24位烈士事迹较为详细具体，在《烈士小传》中予以介绍，260位烈士的简历被记载在《烈士名录》中。同时，很多革命老同志对开平党组织、革命老区的发展壮大作出重要贡献，本书介绍了其中23位老同志和有功人员代表，留作永远的纪念。

（一）烈士小传

在开平的革命烈士中，有的在中国革命的进程中（如辛亥革命、广州起义等）发挥着重要作用，在全国有知名度；有的是开平党组织或人民武装的负责人，是革命的先驱；有的在战场上与敌人进行殊死的搏斗，是人民的英雄；有的在看不见的战线为中共和人民武装部队传信息、送情报，战斗在敌人的心脏；有的在革命老区做好站岗放哨、护理人民武装的伤病员、送粮送药送物资到前方，是革命的功臣；有的在和平建设时期，以国家和人民利益为重，关键时刻挺身而出，把生命献给党、献给祖国、献给人民。为了让人们更好地了解先烈、缅怀先烈、学习英雄、尊崇英雄，特将24位烈士的小传附后：

李雁南（1880—1911） 又名李群，1880年出生于开平市长沙街道冲澄社区。青年时期的李雁南，就投身农民反抗封建统治的斗争行列。后来为了摆脱清政府的追捕，几经周折到了香港。不久去到马来亚西北部在一间华人书馆当教师。在此期间，他与孙中山有了接触，亲身聆听了孙中山关于进行民主革命的论述，深受鼓舞。为了积累资金支持革命，李雁南和家眷到缅甸定居，做起了生意。1908年，孙中山派人到缅甸成立同盟分会，李雁南成为同盟分会早期成员之一。1911年李雁南变卖了在缅甸的全部财产，奉命回国参加广州起义。在战斗中李英勇善战，不幸中弹负伤。随后被清兵搜捕。面对敌人的刺刀他视死如归，坚贞不屈，喝令清兵朝他口里开枪，饮弹英勇就义。是"黄花岗七十二烈士"。

劳　培（1886—1911）　原名津光，字肇明。开平市沙塘镇联光村委会兴贤村人。1899年劳培14岁加入天主教会，后随神父前往潮州、揭阳等地传教。1903年，劳培回家省亲，父母准备与之论婚。劳培以"匈奴未灭，何以家为"为借口婉辞推却。劳培在家逗留几天后，即返揭阳继续跟神父传教。1905年，劳培前往新加坡。当时南洋一带在孙中山领导的中国同盟会的宣传鼓动下，革命风潮兴盛，劳培毅然参加中国同盟会，并积极进行推翻清朝专制统治的宣传活动。劳培在新加坡中国同盟会所办的《晨报》当记者。任职期间，所得薪金，大部分寄回父母作生活费或寄给同盟会作革命活动经费。1911年3月，孙中山、黄兴等在马来亚槟榔屿商定在广州举行反清起义。劳培从新加坡经香港回广州参加起义。3月29日在进攻两广总督府时，壮烈牺牲，年仅26岁，是"黄花岗七十二烈士"。

周文雍（1905—1928）　中国共产党广东早期工人运动的领导人之一，革命烈士。百合镇茅冈宝顶村（凤凰里）人。1922年秋考入广东省第一甲种工业学校机械科。1923年加入广东社会主义青年团，被选为学校团支部书记。1924年夏，根据党的指示，与刘尔崧等共产党员在广州组织沙面的工人罢工，要求英、法帝国主义废除"新警律"，取得斗争胜利。1925年加入中国共产党，先后任共青团广东区委执行委员、中共广州市委委员、中共广州市委工委书记、中共广东省委候补委员。1927年，国民党当局发动"四·一二"反革命政变后，从4月15日开始，广东国民党反动派在广州大肆屠杀共产党员和革命群众。根据党的八七会议精神，中共广东省委决定，在广州举行武装起义并成立革命军事委员会，周文雍任革命军事委员会委员兼工人赤卫队总指挥。广东省委派遣陈铁军给周文雍当助手，协助周文雍筹备广州起义。1927年11月，周文雍当选为中共广东省委常委。1927年12月11日广州起义爆发，周文雍领导的工人赤卫队配合教导团攻占国民党广州市公安局；同日，广州苏维埃政府成立，周文雍当选为苏维埃政府人民劳动委员。起义爆发后，任广州苏维埃政府人民劳动委员。起义失败后转移到香港。1928年1月，周文雍与陈铁军一起潜回广州重建地下机关进行革命斗争。因叛徒告密，周文雍与陈铁军同时被捕。在狱中他坚贞不屈，大义凛然，临刑前赋诗明志："头可断，肢可折，革命精神不可灭。志士头颅为党落，好汉身躯为群裂。"1928年2月6日与陈铁军一起在红花岗就义。

陈铁军（1904—1928） 革命烈士，女。原名陈燮君。原籍广东台山，生于佛山。1922年入广州坤维女子中学读书，在共产党员谭天度的启发下走上革命道路。1925年6月23日，参加了反帝大游行。1925年9月，考入广东大学预科班，不久转入文学院学习。1926年加入中国共产党，任中共广东区妇委委员、广东妇女解放协会秘书长等职。1927年广州"四·一五"反革命政变期间，在危急中掩护邓颖超安全转移。之后，与周文雍以夫妻名义在广州建立中共秘密机关，并参加广州起义。起义失败后转移到香港。1928 年 1 月，与周文雍潜回广州重建中共党组织，开展秘密革命斗争。因叛徒告密，与周文雍同时被捕。狱中她坚贞不屈，后英勇就义于红花岗。

谢　田（1894—1929）　革命烈士。又名钿，字瑞麟。塘口潭溪凤翔里人，华侨子弟。1923 年在广州大马站印刷店当排字工人，参加了印务工会，从事工人运动。不久，加入了中国共产党。1925 年、1928 年多次受组织委派来开平开展工运，培养工运骨干。1927 年 11 月回广州参加营救周文雍的行动；12 月参加广州起义，任工人赤卫队大队长，亲自参加战斗。他作战勇敢，领着大队人马，转战街上巷内，打得十分漂亮，为建立广州苏维埃政权立下了战功。1928 年 11 月任中共广州市委委员。1929 年 1 月 13 日被国民党特务逮捕，1 月 15 日被害于广州东校场。

谢启荣（1909—1929）　革命烈士。华侨子弟，塘口镇以敬北安村人。1926 年加入中国共产党。1926 年冬任开平县总工会工人代表大会委员长，带领总工会骨干，为维护工人的利益而斗争。1927 年任中共开平支部书记。广州"四·一五"反革命政变后，为对付一切暴力和紧急应变，他组织开平工人自救团，并任总团长。曾指挥策应恩城革命暴动。1928 年夏，开平特别联合支部成立，党组织实力壮大了，一系列工作也顺利地开展起来。1929 年 2 月，因叛徒周允元出卖而谢启荣被国民党特务逮捕，他先后被关押在广州、新会监狱受尽酷刑始终不屈，4 月 6 日在江门英勇就义。

何世熊（1905—1929）　革命烈士。水口镇龙塘白龙里人。字朗燕，号昆仑。1924 年在广东大学毕业，后返回月山高阳小学任教。1926 年到开平中学（即今开平一中）当教师兼训育员，后任训育主任。1928 年加入中国共产党。开平中学是当时开平的最高学府，又是开平各地知识青年荟萃的中心，它的学生会组织，和书报阅览室的建立，也最早是一个孕育青年学生的策源地。何世熊便着意发挥这些有利条件，努力实践对自己和对学生"明理"这个理点。他充分利用学生会和书报室这个阵地，引导学生用功读书和多多阅读课外有益报刊，以扩阅视野明白更多的道理。1929年3月由于叛徒出卖，在广州被国民党特务逮捕，同年4月在广州流花桥附近被杀害。

胡　休（1904—1929）　革命烈士。百合儒西梓里村人。家境贫苦，1919年由同村叔伯带到上海学车衣。1925年冬回到赤坎。1926年在赤坎参加中国共产党领导的工会组织，并被选为车衣工会负责人。1927年初加入中国共产党。第一次国共合作破裂后，中共开平支部根据上级指示，秘密组成一个武装性质的"工人自救团"，胡休任第三分团团长。1929年2月由于叛徒出卖而被国民党特务逮捕，同年4月在江门英勇就义。

谭国标（1910—1934）革命烈士。水口镇后溪水口园村人。1923年至1928年，在广州广雅中学和中山大学预科求学时，积极参加学生运动，1935年加入社会主义青年团。1929年8月考入日本明治大学社会学系攻读。1931年12月回国。1932年在广州广东国民大学、广东女子师范学院任教，并与同事创办进步刊物，开展抗日宣传和救亡运动。1933年春积极发起建立中国左翼文化总同盟广州分盟，被选为组织部部长。从此，谭国标把主要精力用于组织和领导"文总"的活动上面。他的住家就成了秘密活动的一个据点。在此期间，谭国标一方面继续写理论文章，译介日文资料，也写些杂文和诗歌，在"广州文总"所属刊物上发表；另一方面，以教师身份，指导学校的"读书会"活动。由于"文总"的影响日益扩大，抗日救亡活动日益高涨，这就引起广东当局的仇视。1934年1月30日，谭国标在家中与其爱人叶抱冰等同时被捕。谭国标以"首要政治犯"，在狱中受尽酷刑折磨，同年 8 月 1 日在广州红花岗英勇就义。

胡炎基（1917—1941）　革命烈士。长沙三江海心洲塘口坊人。少年时随父到台城谋生，不久入台山一中读书，初中毕业后在附城南坑小学教书。1936 年秋到广州就读于仲恺农校高级农业班。1938 年 6 月加入中国共产党，同年任广东青年抗日先锋队官山独立支队副队长，曾两次击退日军武装汽艇侵袭。后接上级通知撤离官山，先到台山，不久调回开平，开展抗日活动。1939 年冬调到台山，任中共台城区委会领导。1941 年 9 月 22 日被侵入台城的日军杀害。

邓一飞（1919—1942）　革命烈士。又名邓维述，后改名罗森。华侨子弟，赤坎护龙人。1938 年在开平读中学时积极参加抗日救亡运动，办《突击》杂志，宣传中共抗日主张。1938 年加入中国共产党，9 月赴延安"抗大"学习。1940 年任"抗大"一分校胶东支校政治教员。1942 年 12 月 14 日，在抗击日军"扫荡"胶东牙山抗日根据地的战斗中，冲向敌群，拉响手榴弹与敌同归于尽，壮烈牺牲。

司徒焕棠（1921—1945）　革命烈士。又名司徒明。赤坎镇永坚乡牛栏前村人，华侨子弟。1938 年 10 月参加"开平政治大队"（由共产党掌握的一支半武装性质的队伍）。1939 年 2 月，任"开平抗先大队"恒安乡"抗先"小队负责人之一，积极开展抗日救亡工作。1939 年 5 月加入中国共产党。1942 年 5 月，转移到新会县十区民强小学，以教书做掩护继续开展党的地下工作。1944 年 4 月，参加粤中抗日游击队，开展武装斗争。1945 年 1 月，在新会司前松山战斗中被国民党军队逮捕，后在司前圩惨遭杀害。

劳　光（1914—1945）　革命烈士。又名劳景光。沙塘镇联光书厦村人。1934 年考入广东省立第二中学就读，毕业后入燕塘军校受训。1944 年任西江江防队第三中队排长期间，参加了中共党组织发动的"讨钟"（声讨高明县长钟歧）斗争，并与沈鸿光率士兵起义。起义队伍编入"高明人民抗日游击队第三大队"，劳光被任命为大队的参谋长。1945 年 1 月，第三大队改编为广东人民抗日解放军第三团，劳光调任一团（主力团）副团长，随领导机关挺进恩（平）、新（兴）、两阳（阳江、阳春）等地区的边境，建立游击根据地，发动群众开展武装斗争。1945 年 2 月，在新兴蕉山与国民党军队的战斗中壮烈牺牲。

张　丁（1911—1945）　革命烈士。月山镇水一村委会狮山村人。1938 年秋加入中国共产党，成为水井的第一个共产党员。1942 年，协助从台山调到水井的共产党员吴文，在水井圩开设"万隆客栈"。万隆客栈作为中共粤中特委的一个交通站，沟通四邑与西江及珠江三角洲人民游击队之间的联系。1944 年参加广东人民抗日游击队。1945 年 2 月在新兴蕉山战斗中受伤被捕，被囚在新兴监狱。在狱中他受尽折磨，1945 年病逝于监狱中。

关毓杰（1921—1945）　革命烈士。又名关勋豪。赤坎镇五龙毓秀里人，华侨子弟。1939 年在赤坎越山中学读书时加入中国共产党。于越山中学毕业后回家乡办"八社"义学。1940 年 7 月，进入设在楼冈的国民大学土木工程系就读，同时开展"学运"。后由党组织安排到当时作为中区特委联络站的沙冈新华小学任教，并任沙冈党组织支委。1942 年 10 月，又按照党组织指示，打入开平县干训所户籍班学习，学习班结束后在赤坎中庙乡公所当户籍干事，利用职务之便帮助外地来的地下党同志取得"身份证"。1943 年到罗定县田粮处任雇员，继续进行革命活动。1944 年参加新鹤人民抗日游击大队，在部队担任司务长，负责后勤工作。1945 年随军转移途中，经新兴蕉山时被国民党军队包围，在突围战斗中被俘，后来在狱中病逝。

梁茂林（1919—1948）　　革命烈士。字修竹，号瑞崇。大沙蕉园村人。1943 年就读于南方商业大学行政专科，结业后回乡参加抗日斗争。1944 年 9 月为开平抗日自卫大队鹤洲乡独立分队队长。1947 年 7 月加入武工队，同年 11 月任尖鹤人民救乡独立大队队长。他根据党组织的部署，率领部队主动进攻敌人：一是攻打恩平县太平乡乡长黄泽生，和尖石乡黄大布村地主恶霸黄光裕，没收鹤洲乡乡长梁裕仪和新兴县岑村国民党军官张耀铭的部分财产，从而打击了国民党部分地方封建势力；二是袭击国民党开平县政府和马冈联防大队、龙胜警察所及新兴县坝塘村自卫队，打击了国民党部分地方反动武装；三是抓获一批国民党特务，处决了国民党马冈联防大队侦察队长梁其进，挖掉敌人的耳目，控制尖鹤地区，推动开平、恩平、新兴等县边界的武装斗争。1948 年 1 月，在蕉园反击战中被国民党部队重重包围，拒不投降，后壮烈牺牲。

张耀芳（1922—1948）　　革命烈士。月山镇水一村委会狮山村人。出生于秘鲁休介港一个华侨家庭。1935 年归国，在狮山小学读书。1938 年转到台山任远小学后又回乡。1941 年到鹤山云乡读初中班并参加抗日宣传活动。1944 年参加游击队并加入中国共产党。1948 年 7 月，他带领武工组在鹤山禾谷高咀村开辟新区时，被国民党鹤山县警察包围，突围时因弹尽被捕，后被杀害于沙坪。牺牲前任新高鹤人民解放军总队武工组长。

曹信确（1901—1949）　　革命烈士。沙塘丽新龙凤里人。曾用名曹耀林。1948 年任中国人民解放军粤中纵队第六支队开平县独立营丽洞交通站站长，不久加入中国共产党。他以自己的家为交通站站址，他的妻子和儿子也常为武工队传送信件，还帮助做转运枪支、弹药、衣物等工作。在国民党"扫荡"并实行经济封锁时，他献出稻米 15 担，并发动群众献出 15 担粮食，送给缺粮的武工队。他经常千方百计地把做好的饭菜送到薛公岩、枫木坑、龙眼坑等武工队活动的地方。1949 年 8 月 10 日凌晨，曹姓村落被县保安大队和沙塘联防大队包围，曹信确叫妻子到山后躲避，自己则化装成赶圩的样子出村，后被敌人发现。在双方交火中，曹信确中弹牺牲。

关　森（1925—1949）　革命烈士。又名关炳森。赤坎镇两堡古塘村人。1937 年随母亲和祖母到香港与父亲团聚，并在那谋生，开始参加革命活动。1949 年初受香港中共党组织派遣回内地，在广东人民解放军广阳支队五团红星连任政治服务员。1949 年 6 月加入中国共产党，7 月在恩平荻底镶盖山战斗中牺牲，为"镶盖山六壮士"之一。

关锡棠（1919—1949）　革命烈士。赤坎镇灵源樟村人。1938 年在赤坎越山中学读书期间，加入中共党组织掌握的"开平政治大队"，参加抗日救亡运动。1939 年至 1940 年，在国民大学法学院计征训练班读书。1941 年加入中国共产党。1946 年被派往中共党组织驻香港的工作机构——大安公司工作。1948 年回内地，在恩（平）开（平）边界罗汉山地区开展武工活动，拓展游击活动区。1949 年春奉调至广东人民解放军广阳支队五团团部，并随团转战于恩平沙湖、荻底、夹水等地区；同年 7 月参加了荻底镶盖山战斗，之后留在荻底武工组坚持斗争；8 月，在恩平牛江七堡里遭到国民党军队伏击，在战斗中牺牲。

吴　喜（1893—1949）　革命烈士，女。出生于广东省新兴县高地村。7 岁时父母双亡，由外婆抚养长大。1913 年嫁给开平县齐洞村贫苦农民梁登。丈夫早亡，公公婆婆及大儿子亦相继被贫困夺走生命，吴喜带着二儿子梁树根和女儿梁金月过着悲惨的生活。1946 年，武装工作队人员到齐洞活动，她的家成为武工队活动的据点和交通联络点，她也成为交通联络员。1948 年，齐洞交通联络点扩大为联络站。1949 年 8 月，吴喜被捕，受尽酷刑，仍坚贞不屈，最后在新兴县连塘英勇就义。

梁树燊（1937—1959） 革命烈士。马冈镇龙山村人。14 岁时就参加了土地改革和反霸斗争。1955 年参加中国人民解放军，后任班长。1956 年加入中国共产党。1958 年复员到江门八一钢铁厂当工人，多次受到组织上的表扬和奖励。1959 年 4 月 15 日调到江门农药厂，在生产无水酒精的 24D 车间工作。5 月 4 日晚上，车间的五号炉锅蒸发瓶因导管闭塞，喷出大量酒精，并遇火燃烧。在这危急关头，当班的梁树燊捧起五号无水酒精蒸发瓶连同炉锅，往车间外跑，在全厂职工的共同努力下，火势终于被扑灭，工厂避免了一场巨大的灾难。而梁树燊却被烧至重伤，于第二天清晨不幸逝世。1959 年 6 月 3 日中共江门市委作出《关于悼念学习梁树燊同志的决定》，号召全市共产党员和群众向他学习。

方同玉（1957—1979） 革命烈士。塘口镇祖宅村人。1965 年 9 月入塘口镇崇义小学读书，1971 年 7 月入强亚中学。中学毕业后到三埠镇开平氮肥厂工作。1976 年 12 月加入中国人民解放军，同月加入共青团。在步兵某部六连当战士，后任班长，是一名爆破手。1979 年 2 月 13 日，在中越边境自卫还击战中，他带领一个爆破小组，在迅速冲到敌人火力点前不幸中弹牺牲。边防部队党委给他追记一等功。

邱兴和（1987—2013） 革命烈士。月山镇籊竹管区江华村人。2006 年 12 月入伍，是广州军区司令部警卫营二连代理排长、中士军衔。连续 4 年评为"优秀士兵"，2012 年被广州军区司令部直属党委评为"优秀共产党员"，荣立三等功。2013 年 6 月 26 日 14 时左右，邱兴和到位于珠江边上的哨位查哨。突然江面上传来"救命"的呼喊声，只见四五十米远处的江面上有一个人在拼命挣扎，时浮时沉，命悬一线。邱兴和马上冲进岗亭里，拿来一根不锈钢叉，以最快速度飞跑到江边，还来不及脱下衣服，便纵身一跃跳入浑浊的江水中，拖着钢叉奋力向落水者游去。在接近溺水者时，立即将钢叉递过去，待溺水者抓住钢叉后，邱兴和拖着落水者向岸边游去。此时，战友们闻讯赶来，也跳入江中营救，终于将溺水者救上岸。但邱兴和在回岸途中，由于体力不支，沉入江中。战友们和随后赶来的广州水上公安分局、越秀区公安分局、南海救助局的民警和工作人员全力搜寻，最后18时41分，搜救人员在江面上发现了邱兴和身影，但证实他已光荣牺牲。随后，广州军区司令部举行了隆重追悼会，并作出永久保留邱兴和的床铺和衣柜的决定，让邱兴和烈士在军营中永生。

（二）烈士名录

辛亥革命以来，开平县（市）无数仁人志士、革命者，为了祖国的解放和民族复兴，前赴后继，勇于牺牲，他们的事迹昭日月、耀山河，烈士的英名与天地同在。据统计，全县（市）共有烈士284名，其中辛亥革命时期2名，大革命和土地革命战争时期11名，抗日战争时期32名，解放战争时期69名，社会主义革命建设和改革开放时期170名。现将英名记录如下：

大革命和土地革命战争时期

谢民兰（谢文兰） 男，1895年出生，苍城镇下湾村人。1924年在香港参加中国共产党，1927年12月11日参加广州起义，13日在战斗中壮烈牺牲。牺牲前是广东省罢工委员会纠察队宣传干部。

许伯耀 男，1904年出生，苍城镇城东新东龙村人。1927年参加革命，同年参加广州起义，在一德路牺牲。牺牲前是广州市工人赤卫队队员。

胡福祥 男，1903年出生，百合镇儒东龙厚村人。1926年参加革命，并参加省港大罢工，1928 年在广州被国民党拘捕，在广州东校场遇害。牺牲前是省港海员工会纠察员。

司徒进爵 男，赤坎镇树溪雁湖村人。中共党员。1928 年参加革命，1929 年被国民党军警惨杀于广州东门外。牺牲前是广州市印刷工人。

许植荣 男，1907 年出生，水口镇桥溪许冲村人。1930 年参加革命，同年农历八月四日在广州黄花岗就义。牺牲前是粤汉铁路工人。

抗日战争时期

周卓民 男，1918 年出生，蚬冈镇坎田村人。1939 年参加中国共产党，1940 年参加广游二支队，同年春在顺德游击区西海糖厂炮楼附近英勇阻击入侵的日军，不幸中弹牺牲。牺牲前是广游第二支队顺德游击队班长。

梁洪健（梁庆安） 男，1901 年出生，马冈镇竹山村人。中共党员。1937 年 6 月在广州参加革命，1941 年在延安执行任务，因公牺牲。牺牲前是延安陕北公学会计。

邝　达（邝育民） 男，1913 年出生，水口镇泮村人。中共党员。1934 年参加革命，1943 年在新兴县簕竹乡得霞堡小学被敌军毒死。

关锡逵 男，1905 年出生，赤坎镇五龙回龙村人。1942 年参加革命，1948 年在阳春马头山战斗中牺牲。

司徒辉 男，1916 年出生，赤坎镇永坚儒兴里人。1938 年参加抗日救亡运动，1939 年参加中国共产党，1944 年参加中山人民抗日义勇大队，在反"扫荡"战斗中牺牲。牺牲前是中山人民抗日义勇大队文化教员。

邝　启 男，1913 年出生，水口镇永安潭江村人。1944 年 7

月参加革命，同年底从东江回乡在水口唐良矮岗被敌军杀害。牺牲前是东江游击队队员。

余宗绕 男，1921年出生，长沙镇南山包安村人。中共党员。1942年在菲律宾参加华侨抗日游击队，1944年10月8日在菲律宾马尼拉被捕遇害。牺牲前是广东华侨抗日反奸同盟会干部。

周道郎（周顺宜） 男，1918年8月出生，蚬冈镇坎田村人。1939年加入中国共产党，1944年底带情报到部队，在高明小洞被捕，1945年在新兴被杀害。牺牲前是中共广东中区特委地下交通员。

李榕长 男，1926年出生，大沙镇大塘村人。1944年冬参加广东人民抗日游击队，1945年2月在新兴蕉山战斗中牺牲。牺牲前是广东人民抗日解放军第一团战士。

欧植梅（欧开华） 男，1914年出生，大沙镇夹水村竹连塘人。中共党员。1944年参加广东人民抗日游击队，1945年2月在新兴蕉山战斗中牺牲。牺牲前是广东人民抗日解放军第一团战士。

关景潮（关境潮） 男，1913年出生，赤坎镇五龙毓秀里人。1938年参加抗日救亡运动，同年春加入中国共产党，后派进国民党军队中为党做秘密工作，病故。1953年被追认为烈士。

李　康 男，1910年出生，苍城镇新村人。1945年初参加广东人民抗日解放军，1945年5月在开平县水井黄松坑战斗中牺牲。牺牲前是广东人民抗日解放军第二团战士。

李启民 男，1918年出生，苍城镇新村人。1945年初参加广州人民抗日解放军，1945年5月在开平县水井黄松坑战斗中被捕，在新兴县遭杀害。牺牲前是广东人民抗日解放军第二团战士。

李　根 男，1915年出生，苍城镇新村人。1945年初参加中国人民抗日解放军，1945年5月在开平县水井镇黄松坑战斗中牺牲。牺牲前是广东人民抗日解放军第二团班长。

吴群卓　男，1922 年出生，长沙镇平原莲芳里人。1938 年冬加入中国共产党，后调到粤北搞地下工作。1945 年从始兴调到曲江县负责党组织工作，并参加当地游击队活动。1945 年 7 月从曲江到英德接受任务后，在返回曲江途中殉职。牺牲前是中共曲江县副特派员。

司徒煦　男，1911 年出生，赤坎镇树溪果冲村人。抗日战争期间，参加赤坎司徒四乡民众抗日自卫队，1945 年 7 月 16 日至 22 日坚守南楼，英勇抗击日军，被日军用瓦斯毒气弹炮击，中毒后被捕，在赤坎就义。牺牲前是司徒四乡抗日自卫队中队副。

司徒昌　男，1907 年出生，赤坎镇塘联塘边村人。抗日期间，参加赤坎司徒四乡民众抗日自卫队，1945 年 7 月 16 日至 22 日坚守南楼，英勇抗击日军，被日军用瓦斯毒气弹炮击，中毒后被捕，在赤坎就义。牺牲前是司徒四乡抗日自卫队队员。

司徒旋　男，1924 年出生，赤坎镇塘联塘边村人。抗日战争期间，参加司徒四乡民众抗日自卫队，1945 年 7 月 16 日至 22 日坚守南楼，英勇抗击日军，被日军用瓦斯毒气弹炮击，中毒后被捕，在赤坎就义。牺牲前是司徒四乡抗日自卫队中队文书。

司徒遇　男，1915 年出生，赤坎镇南楼腾蛟村人。抗日期间，参加赤坎司徒四乡抗日自卫队，1945 年 7 月 16 日至 22 日坚守南楼，英勇抗击日军，被日军用瓦斯毒气弹炮击，中毒后被捕，在赤坎就义。牺牲前是司徒四乡抗日自卫队分队长、机枪手。

司徒耀　男，1927 年出生，赤坎镇南楼旋溪村人。抗日战争期间，参加司徒四乡抗日自卫队，1945 年 7 月 16 日至 22 日坚守南楼，英勇抗击日军，被日军用瓦斯毒气弹炮击，中毒后被捕，在赤坎就义。牺牲前是司徒四乡抗日自卫队队员。

司徒丙　男，1927 年出生，赤坎镇联塘新安里人。抗日战争期间，参加司徒四乡抗日自卫队，1945 年 7 月 16 日至 22 日坚守南楼，英勇抗击日军，被日军用瓦斯毒气弹炮击，中毒后被捕，在赤坎就义。牺牲前是司徒四乡抗日自卫队队员。

司徒浓 男，1917 年出生，赤坎镇塘联天然里人。抗日战争期间，参加赤坎司徒四乡抗日自卫队，1945 年 7 月 16 日至 22 日坚守南楼，英勇抗击日军，被日军用瓦斯毒气弹炮击，中毒后被捕，在赤坎就义。牺牲前是司徒四乡抗日自卫队队员。

谭道述 男，1917 年出生，赤坎镇五堡龙湾村人。1938 年冬在延安抗日军政大学学习期间，日机空袭延安时牺牲。牺牲前是延安抗日军政大学学员。

余景林 男，1914 年出生，三埠人。1935 年参加革命，1941 年在东莞县牺牲。牺牲前是地下工作队人员。

甄劲虎 男，1909 年 12 月出生，开平人。1941 年 8 月在湖北省牺牲，牺牲原因是在去印刷厂校对时被马踢伤后经医治无效死亡。牺牲前是鄂豫边区机关报《七七报》主编。

张浩恒（张恒） 男，1908 年出生，水口沙田岗村人。1942 年 10 月在高鹤宅梧参加游击队，1944 年 11 月在新会县司前被捕，同年在新会县城牺牲。牺牲前是新高鹤游击队战士。

解放战争时期

谭 荣（谭都荣） 男，1924 年出生，东山镇长塘茅坪村人。1944 年 11 月在东山参加台开恩长塘洞人民抗日游击队，1945 年 10 月在恩平萌底战斗中牺牲。牺牲前是广东人民抗日解放军第四团战士。

方顺民（方策文） 男，1913 年出生，东山镇东星宁溪里人。1945 年 6 月参加广东抗日解放军第四团，1945 年 10 月在恩平萌底战斗中牺牲。牺牲前是广东省人民抗日解放军第四团战士。

方年标 男，1927 年 11 月出生，赤水镇三合大宅村人。1945

年 9 月参加革命，1945 年 10 月在恩平县葫底突围战斗中牺牲。牺牲前是广东人民抗日解放军第五团战士。

张锡山 男，1911 年 2 月出生，赤水镇尖岗村人。1939 年加入中国共产党，1944 年 11 月参加台开恩长塘洞人民抗日游击队，1945 年 10 月在恩平葫底战斗中负伤被捕，并遭杀害。牺牲前是广东人民抗日解放军第四团一连班长。

谭 燮 男，1921 年出生，东山镇长塘茅坪村人。1944 年 11 月参加台开恩长塘洞人民抗日游击队，1949 年 10 月在恩平葫底战斗中牺牲。牺牲前是广东人民解放军第四团战士。

谢瑞珍（谢遇好） 女，1920 年出生，塘口镇以敬龙田角村人。1938 年参加抗日救亡运动，1939 年加入中国共产党，1944 年秋参加新鹤人民抗日游击队，1945 年 10 月在转战过程中积劳成疾病故。病故前是广东人民抗日解放军第四团群运干部。

黄锐新 男，1922 年出生，赤水镇林屋白石塘村人。1944 年 11 月参加台开恩长塘洞人民抗日游击队，1945 年 10 月在恩平葫底战斗中被捕，1946 年在恩平城惨遭杀害。牺牲前是广东人民抗日解放军第四团战士。

张操华 男，1918 年出生，水口镇新屋南安村人。1944 年参加新鹤人民抗日游击队，1946 年在高鹤地区牺牲。牺牲前是新鹤人民抗日游击队战士。

司徒克夫（司徒克富） 男，1907 年出生，赤坎镇树溪连安村人。1926 年在广州参加地下工作，后加入中国共产党。1938 年 5 月重新参党，1947 年 7 月在香港渔业公司搞地下工作，积劳病故。

苏衍权（苏衍仔） 男，1930 年出生，苍城镇大罗村一村人。1945 年参加新鹤人民抗日游击队，1947 年在大罗村病故。病故前是新鹤游击队队员。1953 年被追认为烈士。

郑卓练 男，1925 年出生，大沙镇榕树楼迳村人。1945 年在大沙参加游击队，1947 年在部队失踪。失踪前是新恩人民保乡自卫大队战士。1953 年被追认为烈士。

刘　安（刘伟安） 男，1909 年出生，金鸡镇一村人。1948 年 3 月参加恩平江南大队，同年 5 月 27 日在金鸡大网山战斗中牺牲。牺牲前是恩平江南大队班长。

司徒德新 男，1928 年出生，金鸡镇联兴龙口村人。1948 年 3 月参加恩平江南大队，同年 5 月 27 日在金鸡大网山战斗中牺牲。牺牲前是恩平江南大队战士。

司徒锦洪 男，1928 年出生，金鸡镇红光歧阳村人。1948 年 3 月参加恩平江南大队，同年 5 月 27 日在金鸡大网山战斗中牺牲。牺牲前是恩平江南大队战士。

刘锡巨 男，1924 年 8 月出生，金鸡镇金鸡三社村人。1948 年 6 月参加游击队，同年 8 月在台山县清南霸被叛徒杀害。牺牲前是广东人民解放军台开赤总队战士。

梁池胜 男，1898 年出生，大沙镇蕉园上间村人。1947 年夏天参加游击队。1948 年 1 月 21 日在鹤洲乡蕉园村战斗中牺牲。牺牲前是尖鹤人民救乡独立大队参谋长。

熊伙仔 男，1917 年出生，大沙镇白沙镰钩洞村人。1947 年夏参加游击队，1948 年 1 月 21 日在鹤洲乡蕉园村战斗中被捕，1948 年 1 月 28 日于鹤洲桥头被杀害。牺牲前是尖鹤人民救乡独立大队中队长。

梁盘大 男，1918 年出生，龙胜镇黄村人。1948 年 8 月在龙胜参加武工队，同年 12 月在恩平县六区战斗中牺牲。牺牲前是广东人民解放军广阳支队武工队队员。

冯刘义 男，1905 年出生，龙胜镇岗咀村人。1947 年夏参加游击队，1948 年 1 月 21 日在鹤洲蕉园村战斗中牺牲。牺牲前是尖鹤人民救乡独立大队战士。

苏九仔　男，龙胜镇棠红村人，1947 年夏参加游击队。1948 年 1 月 21 日在鹤洲乡蕉园村战斗中牺牲。牺牲前是尖鹤人民救乡独立大队战士。

梁尾九　男，1922 年 6 月 19 日出生，大沙镇联星秧坎洞村人。1947 年夏参加游击队。1948 年 1 月 21 日在鹤洲乡蕉园村战斗中牺牲。牺牲前是尖鹤人民救乡独立大队战士。

梁锦荣　男，大沙镇黎星黎塘村人。1947 年夏参加游击队，1948 年 1 月 21 日在鹤洲乡蕉园村战斗中牺牲。牺牲前是尖鹤人民救乡独立大队战士。

梁成德　男，1928 年出生，龙胜镇黄村人。1947 年夏参加游击队，1948 年 1 月 21 日在鹤洲乡蕉园村战斗中牺牲。牺牲前是尖鹤人民救乡独立大队战士。

梁　和　男，1915 年出生，大沙镇蕉园村人。1947 年夏参加游击队，1948 年 1 月 21 日在鹤洲乡蕉园村被敌军杀害。牺牲前是尖鹤人民救乡独立大队战士。

梁北水　男，1923 年出生，大沙镇白沙芒林村人。1947 年夏参加游击队，1948 年 1 月 21 日在鹤洲乡蕉园村战斗中被捕，同年 1 月 28 日在鹤洲桥头遭杀害。牺牲前是尖鹤人民救乡独立大队战士。

梁东汉　男，1927 年出生，大沙镇联星塘角村人。1947 年夏参加游击队，1948 年 1 月 21 日在鹤洲乡蕉园村战斗中被捕，同年 1 月 28 日在鹤洲桥头遭杀害。牺牲前是尖鹤人民救乡独立大队战士。

谭大牛　男，1917 年出生，大沙镇榕树平乐村人。1947 年夏参加游击队，1948 年 1 月 21 日在鹤洲乡蕉园村战斗中牺牲。牺牲前是尖鹤人民救乡独立大队战士。

梁金枝 男，1914 年出生，大沙镇联星新村人。1947 年夏参加游击队，1948 年 1 月 21 日在鹤洲乡蕉园村战斗中被捕，1948年 1 月 28 日于鹤洲桥头遭杀害。牺牲前是尖鹤人民救乡独立大队战士。

梁松根 男，1917 年出生，大沙镇黎星黎塘村人。1947 年夏参加游击队，1948 年 1 月 21 日在鹤洲乡蕉园村战斗中被捕，1948年 1 月 28 日于鹤洲桥头遭杀害。牺牲前是尖鹤人民救乡独立大队战士。

梁池德 男，1912 年出生，大沙镇蕉园村人。1947 年夏参加游击队，1948 年 1 月 21 日在鹤洲乡蕉园村战斗中被捕，1948 年 1月 28 日于鹤洲桥头遭杀害。牺牲前是尖鹤人民救乡独立大队战士。

梁勤波 男，1917 年出生，大沙镇蕉园村人。1947 年夏参加游击队，1948 年 1 月 21 日在鹤洲乡蕉园村战斗中被捕，1948 年 1月 28 日于鹤洲桥头遭杀害。牺牲前是尖鹤人民救乡独立大队战士。

梁成旺 男，1927 年出生，大沙镇白沙新马村人。1947 年夏参加游击队，1948 年 1 月 21 日在鹤洲乡蕉园村战斗中被捕，1948年 1 月 28 日于鹤洲桥头被杀害。牺牲前是尖鹤人民救乡独立大队战士。

梁　海 男，1907 年出生。大沙镇白沙大石古村人。1947 年夏参加游击队，1948 年 1 月 21 日在鹤洲乡蕉园村战斗中被捕，1948 年 1 月 28 日于鹤洲桥头遭杀害。牺牲前是尖鹤人民救乡独立大队战士。

梁健兴 男，1921 年出生，大沙镇蕉园上间村人。1947 年夏参加游击队，1948 年 1 月 21 日在鹤洲乡蕉园村战斗中被捕，1948年 1 月 28 日于鹤洲桥头遭杀害。牺牲前是尖鹤人民救乡独立大队警卫员。

邓亚坤 男，1931 年 8 月 12 日出生，赤坎镇护龙塘边村人。1945 年参加革命，1948 年在英德县小径区战斗中牺牲。

张 亮 男，1913 年出生，龙胜镇张桥竹林村人。1947 年参加革命，1948 年在鹤山县战斗中牺牲。牺牲前是游击队员。

邓智仔 男，赤坎镇小海平安里人。1948 年 5 月 27 日在金鸡大网山战斗中牺牲。牺牲前是江南大队武工组组员。

冯宗如（冯忠如） 男，1924 年 5 月出生，水口镇联竹高地村人。中共党员，1948 年入伍。同年 8 月在上海失踪。牺牲前是第三野战军一二八团二营七连连长。1980 年 7 月被追认为烈士。

梁金仔 男，1920 年出生，水井镇水一新安村人。中共党员。1946 年 2 月参加游击队，1948 年在鹤山战斗中牺牲。牺牲前是新高鹤人民解放军总队战士。

苏 荣 男，1909 年出生，龙胜镇棠红怡里村人。中共党员。1948 年 2 月协助武工组活动，1948 年 5 月 1 日在棠红被国民党军队杀害。

李日星 男，1911 年出生，沙塘镇丽群村人。1948 年参加游击队，1948 年 8 月在沙塘丽群交通站被捕，英勇就义。牺牲前是新鹤人民解放军总队丽洞交通站交通员。

李 基 男，1921 年出生，金鸡镇石湾双龙村人。1948 年 5 月参加台开赤总队，1948 年 8 月在阳江紫罗山被国民党军队杀害。牺牲前是广东省人民解放军台开赤总队武工组长。

池义陆 男，1918 年出生，东山镇长塘茅坪村人。1948 年参加革命，同年 8 月被国民党捉去苍城坐牢，在狱中牺牲。牺牲前是地下交通员。

谭如毛（谭希扬） 男，1916 年出生，东山镇长塘茅坪村人。中共党员。1944 年冬参加游击队，1948 年 11 月为我军接情报，在台山县与敌人战斗中牺牲。牺牲前是粤中人民解放军台开赤总队情报股长。

周余沾 男，1925 年出生，塘口镇仲和东兴村人。1942 年 8 月参加革命，1948 年 12 月在陕西省因车祸牺牲。牺牲前是中国人民解放军战士。

黄 齐（黄亚齐） 男，1904 年出生，大沙镇联山新田里村人。1947 年参加革命工作，1949 年在家掩护解放军伤员，被敌人逮捕后在夹水圩遭杀害。牺牲前是堡垒户主。

余光群（余始挽） 男，1915 年出生，长沙镇中山小莲塘村人。1937 年于香港参加革命，1949 年 4 月 20 日在山西省太平化工厂牺牲。牺牲前是中国人民解放军战士。

高世能 男，1925 年出生，东山镇高龙望天村人。中共党员。1944 年参加革命，1949 年 4 月在阳江新洲战斗中牺牲。牺牲前是粤中人民解放军滨海总队恩阳台独立大队排长。

梁 耀 男，1917 年出生，龙胜镇齐洞月塘村人。中共党员。1947 年参加游击队，1949 年 4 月在新兴县奄村战斗中牺牲。牺牲前是广东人民解放军广阳支队第七团齐洞武工组组员。

冯树根 男，1897 年出生，龙胜镇岗咀村人。1948 年参加农会，1949 年 6 月被捕，并押到鹤洲坐牢，由于身受重伤，被折磨致死。牺牲前是尖石乡岗咀村农会会长。

梁梅芬 男，1927 年出生，大沙镇岗坪村人。1946 年参加游击队，1949 年 6 月间从岗坪送信至夹水圩被捕牺牲。牺牲前是中国人民解放军广阳支队第五团夹水岗坪交通站站长。

曹丽生（曹忠丽） 男，1907 年 7 月出生，沙塘镇丽新向南村人。1948 年 8 月参加地下交通工作，1949 年 6 月在月山天平里村被国民党军队杀害，牺牲前是新高鹤人民解放军总队开平独立大队丽洞交通站联络员。

周天九（周九）　男，1923 年出生，长沙镇西安塘底村人。1949 年 3 月参加革命，1949 年 6 月 18 日在国民党"围剿"月山天平里时被捕遇害。牺牲前是新高鹤人民解放军总队开平独立大队武工队队员。

李　培（李基德）　男，1926 年出生，东山镇高龙旗尾村人。1947 年参加游击队，1949 年 7 月在台山县白沙圩战斗中牺牲。牺牲前是粤中人民解放军滨海总队恩开台独立大队开南区队战士。

何章旺　男，1923 年出生，大沙镇小陂村人。中共党员。1948 年 1 月参加游击队。1949 年 7 月在新兴县稳村战斗中牺牲。

梁榕庆（梁榕兴）　男，1918 年出生，大沙镇岗坪村人。1946 年参加革命，1949 年 10 月在赤水黄竹塘战斗中牺牲。牺牲前是中国人民解放军粤中纵队滨海总队恩开台独立大队江南区队班长。

苏　灶（苏宙）　男，1913 年出生，龙胜镇棠安村人。1948 年 2 月参加革命，1949 年 7 月 8 日在恩平荫底镬盖山战斗中牺牲，为"镬盖山六壮士"之一。牺牲前是中国人民解放军广阳支队第五团红星连战士。

周　庆（周荣庆）　男，1925 年出生，塘口镇仲和东兴村人。1947 年在开平参加革命，1949 年 7 月 8 日在恩平荫底镬盖山战斗中被捕，同年 7 月 27 日在三埠获海被杀害。牺牲前是中国人民解放军广阳支队第五团红星连战士。

叶兰开　女，1926 年 10 月 18 日出生，龙胜镇齐洞五间村人。1947 年在龙胜参加地下交通工作，1949 年 8 月 3 日被捕，在恩平狱中受折磨致重伤，出狱后几天逝世。牺牲前是中国人民解放军粤中纵队第二支队七团齐洞交通联络站联络员。

苏树木　男，1922 年出生，苍城镇大罗村一村人。1947 年参加游击队，1949 年 7 月 8 日因送信被捕，8 月间在鹤城遭杀害。牺牲前是中国人民解放军粤中纵队第六支队通讯员。

周彬焕 男，1927 年农历 10 月 13 日出生，马冈镇荣塘中和村人。中共党员。1948 年 9 月入党，1949 年 3 月参加游击队，同年 9 月在马冈九牙塘被国民党军队包围，在突围中牺牲。牺牲前是中国人民解放军粤中纵队第二支队五团东北区武工队队员。

冯浩德（冯活德） 男，1889 年出生，龙胜镇赤岗庆堂村人。中共党员。1947 年参加游击队，1949 年在高明县战斗中牺牲。牺牲前是中国人民解放军粤中纵队第六支队队员。

何焕昌（何能光） 男，1895 年出生，苍城镇联胜宅村人。1948 年 2 月在苍城东河交通站参加地下交通工作，1949 年 7 月，到水口圩为武工队购买弹药，在水口圩被国民党军打死。牺牲前是苍城东河交通站联络员。

社会主义革命建设和改革开放时期

梁福松 男，1930 年出生，马冈镇龙岗村人。中共党员。1949 年 6 月带领开平一中部分学生参加游击队，1950 年 2 月在马冈圩被土匪杀害。牺牲前是马冈乡政府主委。

罗 郁（罗玉） 男，1922 年出生，东山镇东山高洞村人。1946 年在东山参加游击队，1950 年在东坑剿匪时牺牲。牺牲前是东江乡长江农会民兵大队长。

梁洪遇 男，1920 年出生，马冈镇北湖村人。1949 年在马冈参加民兵，1950 年 2 月 3 日在马冈乡政府被土匪杀害。牺牲前是马冈乡北湖农会会长。

梁连双 男，1930 年出生，大沙岗坪村人。1947 年参加游击队，1950 年在新兴县籣竹坪战斗中牺牲。牺牲前是中国人民解放军粤中纵队第二支队第五团通讯员。

吴伙养 男，1910 年出生，大沙镇夹水小陂村人。中共党员，1946 年参加游击队，1950 年在大沙小陂村被土匪杀害。牺牲前是夹水村小陂村农会会长。

彭 彬 男，1918 年出生，大沙镇小雄新安村人。中共党员。1947 年参加游击队，1950 年在白石庙桥被国民党特务暗杀。牺牲前是开平县鹤洲乡干事。

谭锦章 男，1925 年出生，赤水镇庆丰草塘村人。1948 年在南雄县参加解放军，1950 年 6 月在解放海南岛战斗中牺牲。牺牲前是中国人民解放军第四野战军一五九师三三六团机枪连班长。

张育仔 男，1933 年出生，赤水镇瓦片坑龙岗村人。1949 年 2 月参加工作，1950 年 4 月 11 日在赤水圩赤水警所与土匪搏斗时牺牲。牺牲前是开平县公安局赤水分警所警士。

张文雅（张狗仔） 男，1926 年出生，马冈镇牛山天平村人。1946 年在山东参加解放军，1950 年在解放海南岛战斗中牺牲。牺牲前是中国人民解放军某部排长。

张新晃 男，1903 年出生，东山镇东山高洞村人。中共党员。1947 年 4 月在开平参加游击队，1950 年 3 月在开平被土匪杀害。牺牲前是东山乡农协会兼高洞村农会会长。

关召光 男，住赤坎镇塘底街四十九号。中共党员。1949 年 5 月参加革命，1950 年回大田乡被特务杀害。杀害前是恩平县大田乡干部。

周 旺 男，1924 年出生，长沙镇西安山边村人。中共预备党员。1949 年 10 月上旬在马冈战斗中受伤。经抢救无效光荣牺牲。牺牲前是开平独立营武工队员。

李荣昌 男，1924 年 6 月出生，月山镇大冈人。1948 年在开平入伍，1950 年 6 月 15 日在新江省华东三野医院触电牺牲。牺牲前是中国人民解放军华东三野医院卫生员。

张同女 男，1931 年出生，水口镇新美雷边村人。1950 年在开平县水口参加解放军，同年在水口因枪走火，被枪弹射中而牺牲。牺牲前是中国人民解放军战士。

余春观 男，1928 年出生，长沙镇仁亲塘边村人。中共党员。1948 年在上海参加解放军，1950 年 2 月在浙江省沿海护航时牺牲。牺牲前是中国人民解放军海军战士。

余锦顺 男，1928 年 12 月出生，长沙镇思始莲美村人。1949 年 9 月在南海县参加解放军，1950 年 2 月在广西牺牲。牺牲前是中国人民解放军战士。

许鸿万 男，月山镇月明月光村人。1943 年参加革命，1950 年在解放海南岛战斗中牺牲。牺牲前是中国人民解放军战士。

谭 奕 男，1921 年出生，东山镇长塘茅坪村人。中共党员。1944 年参加游击队，1950 年 3 月在开平县赤水镇被土匪杀害。牺牲前是开平县平安乡主委。

梁锦忠（梁牛） 男，1927 年出生，马冈镇龙冈村人。1949 年参加地方工作队，1950 年 2 月 3 日在马冈圩被土匪杀害。牺牲前是开平县马冈乡乡政府文书。

陈 盛 男，1902 年 3 月出生，苍城镇潭碧村人。1950 年 3 月参加解放桂山岛战斗，在运送解放军渡海作战时牺牲。牺牲前是支前船工。

梁 木 男，1928 年出生，龙胜镇黄村人。中共党员。1948 年在恩平参加游击队，1950 年在马冈圩被土匪杀害。牺牲前是中国人民解放军粤中纵队二支队第五团巢湖区武工队战士。

余润源 男，1929 年出生，赤坎镇两堡禾塘村人。1948 年 12 月参加解放军，1952 年 5 月在山东省剿匪时牺牲。牺牲前是中国人民解放军二三九团三营机炮连战士，立三等功二次，四等功五次。

张　英（张石金）　男，1926 年 5 月出生，水口镇红进神冲村人。中共党员。1948 年 11 月在浙江省参加解放军，1953 年 5 月在浙江省大鹿岛战斗中牺牲。牺牲前是中国人民解放军华野二十五军一七九团一营一连副连长。立三等功二次。

张瑞恩　男，1922 年出生，苍城镇六合桥南村人。中共党员。1949 年在重庆市参加解放军，1953 年在四川二郎山因汽车事故牺牲。牺牲前是中国人民解放军西南军区第二汽车队队长。

余金辉　男，1930 年出生，三埠镇荻海区铺尾村人。1948 年参加革命。牺牲前是中国人民解放军四川警卫营一连战士。

李基胜　男，1932 年 1 月出生，月山镇大冈朝旺村人。1955 年 3 月在开平县参加解放军，1956 年 1 月 24 日在修建鹰厦铁路中因公牺牲。牺牲前是中国人民解放军铁道兵五十三团一连战士。

黄达樵　男，1934 年出生，百合镇厚山百合村人。1954 年 2 月在开平县参加解放军，1957 年在上海虹桥站因抢救国家财产而牺牲。牺牲前是中国人民解放军上海虹桥车站驻军战士。

周锦贤　男，1932 年出生，百合镇茅冈复兴村人。1956 年 3 月在开平县参加解放军，1956 年 9 月 26 日在广东省陆丰县执勤中牺牲。牺牲前是中国人民解放军三九七六部队战士。

梁民杰　男，1934 年出生，马冈镇竹山村人。中共党员。1953 年 8 月在开平县参加解放军。1960 年 8 月在福建龙岩县抗洪为抢救国家财产而牺牲。牺牲前是中国人民解放军铁道兵十一师五十四团统计员。

张振超　男，1938 年 10 月出生，水口镇金山余边村人。中共党员。1958 年在开平县参加解放军，1964 年 10 月 7 日在海南榆林港执行护航任务时牺牲。牺牲前是中国人民解放军海南榆林港海军基地班长。

冯池长　男，1942 年出生，龙胜镇冈咀村人。共青团员。

1964 年在开平县参加解放军，1965 年在翁源县上山打柴被汽车碰倒牺牲。牺牲前是中国人民解放军广东翁源县驻军战士。

刘安　男，水口镇红花管区塘口村人。1947 年参加革命，1957 年 5 月在执行任务中牺牲。牺牲前是中国人民解放军某航校中队长。

梁财林　男，1926 年 6 月出生，大沙镇大沙城头村人。1949 年 9 月参加游击队，后在新兴县失踪，失踪前是中国人民解放军战士。1980 年 7 月被追认为烈士。

张浓（张农）　男，1917 年 2 月出生，赤水镇瓦片坑村人。中共党员。1939 年参加革命，1950 年 3 月 25 日在开平县病故。病故前是开平县财政科长。1953 年被追认为烈士。

方尚龙　男，1945 年 3 月出生，百合镇中洞朗仔里人。1965 年 3 月参加解放军，1967 年 3 月 8 日在云南省永仁县执行任务时牺牲。牺牲前是中国人民解放军八〇〇〇部队一六一分队战士。

黄学雄（黄包顺）　男，1945 年出生，百合镇厚山咀头村人。共青团员。1967 年 1 月中旬在江门造纸厂救火时牺牲。牺牲前是开平一中学生。

甄焕堂　男，1942 年出生，长沙镇石海新屋村人。中共党员。1963 年 3 月在开平县参加解放军，1968 年 6 月 13 日在广西桂林参加"三支两军"工作中牺牲。牺牲前是中国人民解放军六九五五部队班长。

杨锡源　男，1931 年出生，沙塘镇塘浪旭边村人。中共党员。1955 年在开平县参加解放军，1969 年 3 月 11 日在南昌铁路局福州机务段为抢救列车而牺牲。牺牲前是南昌铁路局福州机务段干部、火车司机。

胡益源　男，1945 年出生，百合镇桥上水西村人。中共党员。1965 年 3 月在开平县参加解放军，1969 年 8 月 24 日在湖南省衡阳东江地区执行任务时牺牲。牺牲前是中国人民解放军〇七六一部队副班长。

周策安 男，1949 年出生，塘口镇升平下讴村人。共青团员。1968 年 2 月在开平县参加解放军，1969 年在江西省吉安市牺牲。牺牲前是中国人民解放军〇四八八部队战士。

黄秋胜 男，1947 年出生，蚬冈镇春一顾边村人。中共党员。1966 年 3 月在开平县参加解放军，1971 年 1 月 14 日在陕西省句阳县因公牺牲。牺牲前是陕西省句阳县驻军副班长。

黄金洪 男，1952 年出生，水口镇新风南安里村人。共青团员。1972 年 12 月在开平县参加解放军，1973 年在青海省格尔木施工中牺牲。牺牲前是中国人民解放军八七三五部队二队战士。

胡灿森 男，1953 年 2 月出生，长沙镇三江塘松村人。共青团员。1973 年 1 月在开平县参加解放军，1973 年在青海省格尔木施工中牺牲。牺牲前是中国人民解放军八七三五部队二队战士。

李源德 男，1952 年出生，东山镇高龙荷木龙村人。中共党员。1972 年 12 月在开平县参加解放军，1977 年 8 月 17 日在仁化县国防施工中牺牲。牺牲前是中国人民解放军建字八二九部队战士。

关如引 男，1958 年 6 月出生，金鸡镇五星南安村人。共青团员。1978 年 3 月参加解放军。1979 年 6 月 1 日在吉林省科尔沁右翼中旗西哲里施工中牺牲。牺牲前是中国人民解放军八九三七部队四小队战士。

麦　泉 男，开平县人。1950 年 2 月在云浮东坝龙塘被土匪杀害。牺牲前是云浮县大来乡工作人员（由肇庆区转来）。

梁　三（甄锡和）　男，长沙镇西安村人。1948 年 10 月参加革命，1951 年 1 月 11 日由竹附乘广一电船返塘泉，电船沉没牺牲。牺牲前是中国人民解放军广东军区珠江军分区炮一团战士。

吴耀齐 男，1923 年出生，长沙镇人。1950 年 3 月参加革命，同年在中山县竹秀园牺牲。牺牲前是中国人民解放军战士。

梁维盛 男，1940 年出生，马冈镇建新仁安村人。中共党员。1962 年参加工作，1980 年 3 月 31 日在开平县处理 401 海事工作中牺牲。牺牲前是开平县赤坎镇派出所民警。

曹金韧 男，1962 年 6 月出生，大沙镇小雄龙安村人。共青团员。1982 年 1 月在开平县入伍，1984 年 10 月 2 日在广西凭祥南山边境执行任务时光荣牺牲。牺牲前是中国人民解放军空军八七九〇一部队七连班长。

谭 利（谭宗剑） 男，1918 年出生，长沙镇爱民永和村人。1949 年参加杜澄乡民兵，1950 年 2 月 19 日在杜澄保卫富股楼战斗中牺牲。牺牲前是杜澄乡民兵。

周礼彦 男，1904 年出生，马冈镇荣塘中和村人。1938 年参加革命，1953 年 7 月回乡搞土改。因积劳过度而病逝。

许 来 男，月山镇高阳龙安村人。1949 年参加革命，同年 10 月 27 日在沙塘丽洞被自卫队杀害。

许途生 男，月山镇高阳龙安村人。1949 年参加革命，同年 10 月 27 日在沙塘丽洞被反动卫队杀害。

梁文焕 男，1920 年出生，马冈镇龙冈安龙村人。中共党员。1948 年在开平县参加解放军，1950 年在朝鲜上甘岭战斗中牺牲。牺牲前是中国人民志愿军战士。

梁 辉（梁荣基） 男，1928 年出生，月山镇横江雁龙里人。1948 年参加解放军，1950 年在抗美援朝斗争中牺牲。牺牲前是中国人民志愿军二十一军八十师二四〇团一营二连战士。

余维校 男，1930 年出生，月山镇横江朝安里人。共青团员。1948 年参加解放军，1950 年在抗美援朝作战中牺牲。牺牲前是中国人民志愿军二十一军八十师二四〇团战士。

吴仕敏 男，1927 年出生，长沙镇东升东方村人。中共党员。1947 年在广州参加解放军。1950 年在抗美援朝作战中牺牲。牺牲前是中国人民志愿军连长。

吴汝彦 男，1921 年出生，长沙镇平冈西合村人。1949 年在开平县参加解放军，1950 年在朝鲜上甘岭作战中牺牲。牺牲前是中国人民志愿军战士。

余学平（余卓生） 男，1922 年 6 月出生，长沙镇思始龙德溪村人。1949 年 8 月 19 日在福州市参加解放军，1950 年 3 月在抗美援朝作战中牺牲。牺牲前是中国人民志愿军十二兵团机枪连战士。

陈如雄（陈以雁） 男，1914 年 2 月出生，塘口镇龙和村人。共青团员。1947 年参加解放军，1950 年 11 月 26 日在抗美援朝作战中牺牲。牺牲前是中国人民志愿军三十八军战士。

胡琪珍 男，1922 年出生，百合镇儒西边岭村人。1948 年在开平县参加游击队，1952 年 6 月 21 日在抗美援朝作战中牺牲。牺牲前是中国人民志愿军战士。

李其然 男，1916 年 2 月出生，大沙镇群联营仔村人。1949 年 2 月在开平县参加解放军，1950 年 6 月在抗美援朝作战中牺牲。牺牲前是中国人民志愿军战士。

邝 福（邝汝） 男，1923 年出生，水口镇泮村沙堤村人。中共党员。1944 年在开平县参加游击队，1950 年在抗美援朝作战中牺牲。牺牲前是中国人民志愿军二十七军八十一师二十四团营四连副排长。曾立三等功二次，四等功一次。

甄广柱 男，1931 年出生，长沙镇勒冲镇冈村人。1950 年 10 月在开平县参加解放军，1951 年在抗美援朝作战中牺牲。牺牲前是中国人民志愿军战士。

余吉祥 男，1923 年出生，长沙镇仁亲吉安村人。中共党员。1947年2月在开平县参加游击队，1951年在抗美援朝作战中牺牲。牺牲前是中国人民志愿军副排长。

余琼石 男，1930年6月出生，长沙镇迳头鹤湾村人。1949年6月14日在开平县参加解放军，1951年6月在抗美援朝作战中牺牲。牺牲前是中国人民志愿军战士。

谭炎光 男，1913年出生，长沙镇爱民儒林村人。中共党员。1946年在开平县参加解放军，1951年4月24日在抗美援朝战争中牺牲。牺牲前是中国人民志愿军排长。

梁逵福 男，月山镇博健合龙里人。1949年1月参加解放军。1950年12月在朝鲜渭川江作战中失踪。失踪前是中国人民志愿军战士。

梁如利（梁玉利） 男，1925年出生，赤坎镇沙溪会龙村人。1948年11月在开平县参加解放军，1951年8月9日在朝鲜金城阻击战中牺牲。牺牲前是中国人民志愿军战士。

司徒沃新 男，1928年出生，赤坎镇塘联奎壁村人。共青团员。1949年4月在开平县参加解放军，1951年4月24日在朝鲜第五次战役中牺牲。牺牲前是中国人民志愿军二四〇团七连战士。

谢荣德 男，1912年7月出生，塘口镇北义沃桂里人。中共党员。1949年10月在开平县参加解放军，1951年在抗美援朝作战中牺牲。牺牲前是中国人民志愿军一八八师五六三团机三连副班长。

陈金长 男，1928年出生，大沙镇五村新沃江村人。1950年参加解放军，1951年在抗美援朝作战中牺牲。牺牲前是中国人民志愿军高地十二团班长。立一等功一次，四等功四次。

严其辉 男，1930年出生，大沙镇五村山下村人。1950年参加解放军，1951年在抗美援朝作战中牺牲。牺牲前是中国人民志愿军十五军三十二师一三一团战士。

严水华（严英义）　男，1926 年出生，大沙镇五村山下村人。1950 年参加解放军，1951 年在抗美援朝作战中牺牲。牺牲前是中国人民志愿军十五军三十二师团战士。

张池长　男，1932 年出生，龙胜镇桥联上截村人。1950 年参加解放军，1951 年在抗美援朝作战中牺牲。牺牲前是中国人民志愿军战士。

苏福生（苏福盛）　男，1924 年出生，龙胜镇棠红锦绵村人。1947 年在天津市参加解放军，1951 年 7 月 16 日在抗美援朝作战中牺牲。牺牲前是中国人民志愿军战士。

胡伟迪　男，1928 年 3 月出生，百合镇桥上胡屋村人。1949 年 10 月在上海参加解放军。1951 年 6 月在抗美援朝作战中牺牲。牺牲前是中国人民志愿军战士。

黄　汉（黄训华）　男，1927 年出生，蚬冈镇横石海沙里人。中共党员。1945 年 5 月参加革命，1951 年 5 月 24 日在朝鲜作战中牺牲。牺牲前是中国人民志愿军二十七军八十四师二四二团战士。

司徒富　男，赤坎镇永坚余兴村人。1943 年 11 月参加革命，1950 年 12 月 31 日在朝鲜作战中牺牲。牺牲前是中国人民志愿军第三野战军九兵团战士。

司徒华锋　男，1924 年 2 月出生，赤水镇南塘美塘美里人。1949 年 4 月参加解放军。1951 年 10 月在抗美援朝作战中牺牲。牺牲前是中国人民志愿军四十七军一三九团战士。

方荣滚（方秉直）　男，1918 年 11 月出生，赤水镇三合敦和村人。中共党员，1938 年 4 月参加革命，1951 年 4 月 29 日在朝鲜第五次战役中牺牲。牺牲前是中国人民志愿军八十一师后勤处政委。

张相滚　男，1926 年出生，水口镇向前向南村人。中共党员。1946 年参加东江纵队，1951 年在抗美援朝作战中牺牲。牺牲前是中国人民志愿军连级干部。

张锦昌 男，1925 年出生，水口镇新美曾边村人。1949 年参加解放军，1951 年在抗美援朝作战中牺牲。牺牲前是中国人民志愿军战士。

关羡生（关虹） 男，1925 年出生，百合镇厚山虾边村人。共青团员。1949 年 7 月参加解放军，1951 年 9 月 27 日在抗美援朝作战中因强攻三三八一高地时牺牲。牺牲前是中国人民志愿军步兵第四一五团一营二连战士。

何乃赞 男，1931 年出生，水口镇海燕十三村人。1949 年 4 月参加解放军，1952 年在抗美援朝作战中牺牲。牺牲前是中国人民志愿军战士。

何焕攀 男，1914 年 2 月出生，水口镇海燕白龙里人。1949 年 2 月参加解放军，1952 年在抗美援朝作战中牺牲。牺牲前是中国人民志愿军战士。

李介生 男，1929 年出生，大沙镇群联东升村人。中共党员。1949 年参加解放军，1952 年在抗美援朝作战中牺牲。牺牲前是中国人民志愿军十五军班长。

劳帮俊 男，1928 年出生，沙塘镇联光书厦村人。1951 年参加志愿军，1953 年在抗美援朝作战中牺牲。牺牲前是中国人民志愿军战士。

陈社炳 男，1927 年出生，苍城镇潭碧拱门村人。1949 年在开平县参加解放军，1953 年在抗美援朝作战中牺牲。牺牲前是中国人民志愿军战士。

方 溢 男，1931 年 3 月出生，赤水镇三合大岭村人。1951 年 1 月在开平县参加解放军，1952 年 10 月 5 日在抗美援朝作战中牺牲。牺牲前是中国人民志愿军一九四师五八二团二营六连战士。

余　春（余护春）　男，1917 年出生，水井镇水一秀才坪村人。1948 年在开平县参加游击队，1952 年 12 月在抗美援朝作战中牺牲。牺牲前是中国人民志愿军五十四军一三五一师担架连战士。

关权辉　男，1934 年 7 月出生，赤坎镇灵源樟村人。共青团员，1951 年在开平县参加解放军，1953 年 7 月 6 日在朝鲜金城作战中牺牲。牺牲前是中国人民志愿军三十师三八九团战士。

甄仕俊　男，1928 年出生，长沙镇勒冲大塘基村人。中共党员。1950 年 10 月在开平县参加解放军。1953 年 9 月 6 日在抗美援朝作战中牺牲。牺牲前是中国人民志愿军五十四军一三五师司令部汽车司机。

谭福新　男，1928 年出生，塘口镇水边松柏里人。中共党员。1947 年 8 月参加解放军，1953 年 5 月 13 日在抗美援朝作战中牺牲。牺牲前是中国人民志愿军步兵六十七师侦察连副排长。

吴金余　男，1930 年出生，龙胜镇黄村新安村人。1950 年在开平县参加解放军，1953 年在抗美援朝作战中牺牲。牺牲前是中国人民志愿军战士。

谢顺创　男，1922 年出生，苍城镇下湾村人。1951 年 3 月在开平县参加解放军，1953 年 7 月 16 日在抗美援朝作战中牺牲。牺牲前是中国人民志愿军三十师三八九团一营三连战士。

杨开叶　男，1930 年 6 月出生，沙塘镇塘浪南昌村人。1951 年参加解放军，1953 年 7 月 20 日在朝鲜金城作战中牺牲。牺牲前是中国人民志愿军一三〇师三八九团二营战士。

杨松积　男，1933 年出生，沙塘镇塘浪跃龙村人。1951 年参加解放军，1953 年 7 月 20 日在朝鲜金城作战中牺牲。牺牲前是中国人民志愿军一三〇师三八九团二营战士。

周灼玲　男，1926 年出生，蚬冈镇横石村人。1951 年参加解放军，1953 年在抗美援朝作战中牺牲。牺牲前是中国人民志愿军战士。

梁征响 男，1931 年出生，龙胜镇黄村人。1950 年在开平县参加解放军，1951 年在抗美援朝作战中牺牲。牺牲前是南昌铁路局福州机务段干部、火车司机。

区锦良（区裕良） 男，1919 年出生，月山镇钱二龙溪里人。1948 年参加解放军，1953 年在抗美援朝作战中牺牲。牺牲前是中国人民志愿军战士。

周祝生 男，1929 年出生，长沙镇东乐东阳里人。1948 年参加解放军，1955 年在抗美援朝作战中负伤，送回江西省康复医院治疗，经抢救无效光荣牺牲。牺牲前是中国人民志愿军战士。

张锦荣 男，1931 年出生，水口镇冈中土西村人。1950 年在开平县参加解放军，1951 年在抗美援朝作战中失踪。失踪前是中国人民志愿军战士。1980 年 7 月被追认为烈士。

关居正 男，1927 年出生，赤坎镇灵源虾村人。1950 年在开平县参加解放军，1952 年在抗美援朝作战中失踪。失踪前是中国人民志愿军战士，1980 年被追认为烈士。

陈瑞章 男，1920 年出生，三埠镇荻海埠人。1949 年 10 月参加革命，1950 年 11 月 28 日在朝鲜咸镜南道作战中牺牲。牺牲前是中国人民志愿军第九兵团五十八师一七三团战士。

黄荣锦 男，1923 年 3 月 9 日出生，蚬冈镇春一南安村人。1947 年参加游击队，1951 年在抗美援朝作战中牺牲。牺牲前是中国人民志愿军战士。

李柏在 男，1922 年出生，长沙镇迳头龙光村人。1948 年 11 月参加革命，1952 年牺牲于朝鲜遂安城。牺牲前是中国人民志愿军战士。

梁朝华 男，1923 年 4 月出生，马冈镇翠山龙盘村人。1949

年参加革命，1951 年在抗美援朝作战中牺牲。牺牲前是中国人民志愿军战士。

李茂浓 男，1926 年 7 月出生，沙塘镇丽群村人。1949 年 1 月在开平县参加解放军，后在抗美援朝作战中失踪。失踪前是中国人民志愿军战士。1980 年被追认为烈士。

曾一志 男，开平县三区人。在朝鲜战场负伤后，1953 年 7 月 1 日在康复医院病逝（黑龙江省海伦县民政局转来）。

龚有珊 男，1923 年出生，赤水镇和安木湖村人。1949 年 4 月参加革命，1953 年 3 月 23 日在朝鲜石砚润作战中牺牲。牺牲前是中国人民志愿军战士。

邝以赚 男，1930 年出生，水口镇泮村圣堂村人。共青团员。1947 年 11 月参加革命，1951 年 4 月在抗美援朝作战中牺牲。牺牲前是中国人民志愿军战士。

淡瑞华 男，1915 年出生，水口镇后溪忠胜村人。1946 年 4 月参加革命，1950 年 4 月 25 日在朝鲜长兴里作战中牺牲。牺牲前是中国人民志愿军四十七师炮营战士。

冯朝钦 男，1932 年出生，龙胜镇赤冈村人。1950 年参加解放军，1953 年在抗美援朝作战中牺牲。牺牲前是中国人民志愿军战士。

胡天佑 男，1925 年出生，百合镇儒南中兴村人。1949 年在北京入伍，1950 年在抗美援朝作战中牺牲。牺牲前是中国人民志愿军战士。

胡远添 男，1920 年出生，百合镇儒北大兴村人。1949 年在北京入伍，1950 年在抗美援朝作战中牺牲。牺牲前是中国人民志愿军战士。

咸源仔 男，1929 年 4 月 15 日出生，马冈镇高园管理区仁厚村人。1949 年参加革命，1953 年在朝鲜桂江山为袭击敌营而牺牲。牺牲前是中国人民志愿军战士。

谭良仕 男，塘口水边北闸村人。1950 年在暨南大学毕业后参加志愿军，1953 年 11 月在修理军事飞机中因公牺牲。牺牲前是中国人民志愿军排长。

谭锦常 男，1928 年出生，塘口镇草坪和兴村人。1950 年参加解放军，1951 年在抗美援朝战斗牺牲。牺牲前是中国人民志愿军战士。

陈 洪 男，塘口镇龙和东和村人。1951 年在抗美援朝作战中牺牲。牺牲前是中国人民志愿军战士。

胡伟杰 男，1916 年出生，百合镇桥上胡屋村人。1948 年参加革命，1952 年在朝鲜上甘岭作战中牺牲。牺牲前是中国人民志愿军战士。

陈国文 男，1960 年 2 月出生，三埠镇人。住西桥二马路八号二楼。共青团员。1978 年 12 月参加解放军。1979 年 2 月 20 日在对越自卫反击战中牺牲。牺牲前是五三〇四六部队七七分队战士。立三等功一次。

温树标 男，1958 年出生，三埠镇建联管区鱼苗场人。1978 年 12 月参加解放军。1979 年 2 月 20 日在对越自卫反击战中牺牲。牺牲前是五三〇四六部队七八分队战士。立三等功一次。

谭海权 男，1961 年出生，三埠镇建联管区大门塘村人。共青团员。1978 年 12 月参加解放军，1979 年 2 月 20 日在对越自卫反击战中牺牲。牺牲前是五三〇四六部队七九分队战士。立三等功一次。

劳卫俊 男，1957 年 3 月出生，沙塘镇东方乐塘村人。中共党员。1976 年 3 月参加解放军，1979 年 2 月 20 日在对越自卫反击战中牺牲。辆牲前是五三〇四六部队七九分队班长。立三等一次。

李华新 男，1957 年 8 月出生，沙塘镇泰山近龙村人。中共党员。1976 年 3 月参加解放军，1979 年 2 月 20 日在对越自卫反击战中牺牲。牺牲前是五三〇一四部队七三分队班长。立三等功一次。

黄均焕 男，1957 年出生，百合镇儒东金兴村人。共青团员。1976 年 1 月参加解放军，1979 年 2 月 20 日在对越自卫反击战中牺牲。牺牲前是五三〇四六部队七三分队战士。立三等功一次。

胡奕文 男，1957 年出生，百合镇桥上水西村人。共青团员。1976 年 3 月参加解放军，1979 年 2 月 19 日在对越自卫反击战中牺牲。牺牲前是五三〇四八部队八〇分队副班长。立三等功一次。

郑振艺 男，1957 年出生，百合镇茅冈白沙村人。共青团员。1977 年 1 月参加解放军，1979 年 2 月 19 日在对越自卫反击战中牺牲。牺牲前是五三〇四八部队七九分队战士。立二等功一次。

关卓暖 男，1957 年出生，百合镇松朗龙湾村人。1977 年 1 月参加解放军，1979 年 2 月 19 日在对越自卫反击战中牺牲。牺牲前是五三〇四八部队七八分队战士。立三等功一次。

黄伟新 男，1958 年出生，蚬冈镇蚬北新安里人。中共党员。1977 年 1 月参加解放军，1979 年 2 月 20 日在对越自卫反击战中牺牲。牺牲前是五三〇四六部队八一分队战士。立三等功一次。

周沃新 男，1958 年出生，蚬冈镇横石石江里人。中共党员。1977 年 1 月参加解放军，1979 年 2 月 22 日在对越自卫反击战中牺牲。牺牲前是五三〇四六部队八三分队卫生员。立二等功一次。

钟国贤 男，1957年8月出生，金鸡镇石湾牛栏村人。中共党员。1976年12月参加解放军，1979年2月19日在对越自卫反击战中牺牲。牺牲前是五三〇四六部队七七分队副班长。

方汝欢 男，1956年出生，塘口镇宅群桑园村人。中共党员。1974年1月参加解放军，1979年2月19日在对越自卫反击战中牺牲。牺牲前是五三〇四八部队八三分队班长。立二等功一次。

谢朝溢 男，1960年出生，塘口镇南屏永隆里人。1978年2月参加解放军，1979年2月19日在对越自卫反击战中牺牲。牺牲前是五三〇四七部队七三分队战士。

梁健强（梁苟妹） 男，1957年出生，大沙镇蕉园二间村人。共青团员。1977年1月参加解放军，1979年2月20日在对越自卫反击战中牺牲。牺牲前是五三〇五一部队七三分队班长。立三等功一次。

苏志英 男，1956年出生，龙胜镇棠红二间村人。中共党员。1977年1月参加解放军，1979年2月26日在对越自卫反击战中牺牲。牺牲前是步兵三六八团六连战士。立二等功一次。

陈华添 男，1957年3月出生，苍城镇潭碧同龙村人。1978年12月参加解放军，1979年2月17日在对越自卫反击战中牺牲。牺牲前是五三〇一六部队八五分队战士。

张润芳 男，1955年出生，苍城镇六合沙湾村人。中共党员。1976年3月参加解放军，1979年2月20日在对越自卫反击战中牺牲。牺牲前是五三〇四八部队七十二分队班长。立二等功一次。

邓保文 男，1959年2月出生，月山镇石头三全里人。1978年12月参加解放军，1979年2月19日在对越自卫反击战中牺牲。牺牲前是五三〇四六部队七四分队战士。立三等功一次。

谢锦樟 男，1959 年出生，苍城镇下湾村人。共青团员。1978 年 12 月参加解放军，1979 年 2 月 19 日在对越自卫反击战中牺牲。牺牲前是五三〇四八部队七二分队战士。立三等功一次。

谭锐胜 男，1959 年出生，苍城镇大罗村五村人。共青团员。1978 年 12 月参加解放军，1979 年 2 月 18 日在对越自卫反击战中牺牲。牺牲前是五三〇四八部队七二分队战士。立三等功一次。

劳瑞球 男，1958 年 6 月出生，沙塘镇下丽村人。1978 年 12 月参加解放军，1979 年 2 月 20 日在对越自卫反击战中牺牲。牺牲前是五三〇四七部队七八分队战士。

李广宏 男，1955 年 2 月出生，长沙镇冲澄新田坊里人。中共党员。1976 年 3 月参加解放军，1979 年 2 月 24 日在对越自卫反击战中牺牲。牺牲前是五三〇一四部队七八分队副班长。立三等功一次。

余添益（余钦益） 男，1958 年 2 月出生，三埠镇仁亲新巷里人。中共党员，1976 年 3 月参加解放军。1979 年 2 月 19 日在对越自卫反击战中牺牲。牺牲前是五三〇四七部队八七分队副班长。

周永焕 男，1956 年 9 月出生，长沙镇西安大巷里人。中共党员，1976 年 3 月参加解放军，1979 年 2 月 26 日在对越自卫反击战中牺牲。牺牲前是五三〇一四部队八七分队班长。

关仕壮 男，1955 年 3 月出生，赤坎镇龙背盛华里人。中共党员。1977 年 3 月 10 日在对越自卫反击战中牺牲。牺牲前是五三〇一四部队八七分队班长。

梁光槐 男，1957 年 2 月出生，赤坎镇沙溪聚边村人。中共党员，1976 年 3 月参加解放军，1979 年 2 月 20 日在对越自卫反击战中牺牲。牺牲前是五三〇四七部队八六分队班长。

关建业 男，1955 年出生，赤坎镇石溪牛塘里人。中共党员。1976 年 2 月参加解放军，1979 年 2 月 20 日在对越自卫反击战中牺牲。牺牲前是五三○四六部队八六分队副班长。立三等功一次。

司徒跃池 男，1955 年出生，赤坎镇中股桂壹村人。中共党员。1976 年 3 月参加解放军，1979 年 2 月 17 日在对越自卫反击战中牺牲。牺牲前是五三○四八部队八三分队班长。立二等功一次。

司徒健双 男，1956 年 2 月出生，赤坎镇新建贵洲里人。中共党员。1978 年 12 月参加解放军，1979 年 2 月 20 日在对越自卫反击战中牺牲。牺牲前是五三○四六部队七二分队副队长。立三等功一次。

梁叶荣（梁业荣） 男，1958 年出生，赤坎镇沙溪沙龙里人。中共党员。1977 年 1 月参加解放军，1979 年 2 月 20 日在对越自卫反击战中牺牲。牺牲前是五三○四六部队七二分队班长。立三等功一次。

麦英钦 男，1958 年 2 月出生，月山镇天湖麦边村人。共青团员。1978 年 12 月 20 日参加解放军，1979 年 2 月 24 日在对越自卫反击战中牺牲，牺牲前是五三○四六部队七七分队战士。立三等功一次。

邓文定 男，1959 年 2 月出生，月山镇钱一石蛟村人。共青团员。1978 年 12 月 25 日参加解放军，1979 年 2 月 20 日在对越自卫反击战中牺牲。牺牲前是五三○一六部队七八分队战士。立三等功一次。

黄明杰 男，1959 年 2 月出生，月山镇钱三中和里人。共青团员。1978 年 12 月 20 日参加解放军，1979 年 2 月 20 日在对越自卫反击战中牺牲。牺牲前是五三○四六部队七九分队战士。立三等功一次。

张平相 男，1955 年 9 月出生，水口镇新美曾边村人。中共党员。1976 年 2 月参加解放军，1979 年 3 月 12 日在对越自卫反击战中牺牲。牺牲前是五三四六九部队五二分队排长。立一等功一次。

张作华 男，1957 年 2 月出生，水口镇金山邓边村人。中共党员，1976 年 3 月参加解放军，1979 年 2 月 25 日在对越自卫反击战中牺牲。牺牲前是五三四六九部队六四分队副班长。立三等功一次。

谢洪沃 男，1960 年 2 月出生，水口镇宝锋谢边村人。共青团员。1979 年 1 月参加解放军，同年 2 月 20 日在对越自卫反击战中牺牲。牺牲前是五三〇四六部队七五分队战士。立三等功一次。

何炳球 男，1957 年 3 月出生，水口镇海燕十五村人。中共党员。1975 年 12 月参加解放军，1979 年 3 月 6 日在对越自卫反击战中牺牲。牺牲前是五三四六九部队七一分队战士。立三等功一次。

周德养 男，1956 年 2 月出生，长沙镇东乐维新里人。共青团员。1976 年 3 月参加解放军，1979 年 2 月 24 日在对越自卫反击战中牺牲。牺牲前是五三〇一六部队八一分队战士。

周洪发 男，1956 年 2 月出生，长沙镇东乐冲口村人。共青团员。1976 年 3 月参加解放军，1979 年 2 月 24 日在对越自卫反击战中牺牲。牺牲前是五三〇一六部队八一分队副班长。

谭洽洛 男，1958 年出生，长沙镇三江朝阳村人。共青团员。1978 年 12 月参加解放军，1979 年 2 月 19 日在对越自卫反击战中牺牲。牺牲前是五三〇四八部队八六分队战士。立三等功一次。

苏 强 男，1929 年出生，三埠新昌人。1955 年在恩平县搞救济工作时被敌杀害。牺牲前是湛江地区公安处股长。

许永强 男，1953 年 2 月出生，苍城城东人。1992 年 10 月

11 日在长沙潭江河簕竹蚬洲地方追捕抢劫犯不幸被河水淹溺，英勇牺牲。牺牲前是开平县公安局长沙派出所民警。

梁雅盛 男，1972 年 12 月 10 日出生，马冈龙冈相堂村人。1993 年 10 月 17 日上午 6 时，在佛山石湾区江湾路立交桥路段，与车匪搏斗而牺牲。

梁国洽 男，1975 年 1 月出生，马冈人。1994 年 3 月 25 日在广西桂林奇峰镇执行炮兵训练改革试验任务中，因发生意外事故，光荣牺牲。牺牲前是步兵第五三〇一五部队一〇〇炮连战士。

黎少兰 女，1962 年 7 月 9 日出生，苍城新村人。1998 年 8 月 15 日在新村海仔口河因抢救两个溺水小孩光荣牺牲。

二、革命干部及革命有功人士代表

在革命战争年代，中共上级党组织派来了大批优秀干部到开平指导和参与革命活动，度过艰苦岁月，立下不朽功勋。开平县本地也有不少共产党员、进步青年历经磨炼，茁壮成长，成为坚定的无产阶级革命者。这些同志有功于革命事业，有功于人民，他们为开平的革命进程和建设发展作出了特殊贡献。为记住他们的丰功伟绩，现将其中 23 位老同志的事迹列后：

刘田夫 1908 年出生，四川省广安人。1931 年夏在上海任教，投身革命。1934 年加入中国共产党。1934 年 4 月在上海参加共青团领导下的川康问题研究会，后投身于抗日救亡工作。历任上海惠平中学团小组长、支书，上海江苏团省委法南区委组织干事、宣传部部长、书记。抗日战争时期，1937 年受派参加张发奎第八集团军战地服务队，次年任战队中共特别支部书记。1938 年 1 月随队下广东。1939 年 8 月任中共西江特委书记。1940 年 8 月任中区特委书记。1943 年 9 月任南番中顺游击区指挥部政治部主任。1944 年 10 月任中区纵队政治部主任。第二次国内革命战争时期，他以商人身份做掩护，在开平金山、迳头一带开展革命斗争。后又在万隆客栈等据点研究指挥特委工作。1945 年 1 月任广东人民抗日解放军政治部主任，10 月兼任中区临时特委书记。曾任珠江、中区抗日部队副政委、政治部主任，广东区党委委员。解放战争期间，1947 年任两广纵队政治部副主任。中华人民共和国成立后，历任广东高雷地委书记，粤西区党委委员、副书记、书记，中共华南分局委员、组织部副部长，中共广东省委常委、国家工业工作部部长，广东省副省长兼秘书长。1960 年 8 月以后任中共广东省候补书记、书记（当时设有第一书记），副省长，省交通战线革委会副主任、主任，1972 年底任中共广东省委常委、省革委会副主任。1977 年 9 月后任中共广东省委书记（当时设有第一书记），广东省副省长，1981 年任广东省省长，1983 年 4 月任中共中央顾问委员会委员。刘田夫是党的十二、十三大代表，第五届全国人大代表。2002 年 4 月，刘田夫逝世。

杨德元 1922 年出生，福建省厦门市人。1937 年 1 月加入中国共产党。抗日战争时期，任香港学赈会儿童团团长、东江华侨回乡服务团博罗队队长，中共宝安县龙华、布吉区委书记，中共增城县委书记，广东人民抗日游击队东江纵队第四支队政委，中共增（城）龙（门）县委副书记。解放战争时期，任中共鹤山县委书记、中共新高鹤区工委委员兼县委书记、新高鹤游击总队政治部主任、中国人民解放军粤中纵队第六支队政治部主任、中共新高鹤地委委员，曾在开平水井一带开展革命活动。中华人民共和国成立后，任中共江（门）（新）会区工委副书记，中国人民解放军江（门）（新）会区军管会副主任，中共新会县委书记，中共粤中区党委办公室主任，中共粤中区委副秘书长，中共佛山、惠阳地委副书记，中共肇庆、佛山地委书记。"文革"期间，遭受冲击和迫害。1973 年恢复工作后，任中共惠阳地委副书记，佛山地委第一副书记、书记，广东省常务副省长兼秘书长，省府党组副书记，兼任省社会经济研究中心主任、广东发展银行董事长、中共广东省顾问委员会副主任。1989 年 6 月 15 日因病在广州去世，终年 67 岁。

罗范群 1917 年出生，广东省梅县人。1936 年 9 月加入中国共产党。1944 年 10 月，任广东人民抗日游击队中区纵队政治委员，与司令员林锵云率领纵队主力大队挺进粤中，开辟以皂幕山为依托的新（会）高（明）鹤（山）抗日游击区和以台山县大隆洞为中心的滨海抗日游击区。1944 年 12 月，任粤中人民抗日解放军政治委员，与司令员梁鸿钧率部转战粤中地区，曾在开平开展革命斗争，直至抗日战争胜利。1945 年 10 月，任中共广东中区临时特委书记。中华人民共和国成立后，历任汕头市军管会主任，中共汕头市委书记、潮汕地委副书记，汕头市市长，中共粤东区委员会第一副书记、粤东行署专员、粤东区委副书记等职。1956 年 11 月任中共广东省委统战部副部长。1958 年 11 月，任中共广东省委统战部部长、广东省第二届政协副主席兼党组书记。1960 年 8 月任广东省省人民委员会秘书长，次年 11 月任广东省副省长兼财经委员会主任。1965 年 2 月任中共广东省委常委。1977 年任广东省第四届政协副主席。1994 年 8 月 14 日在广州病逝。

冯燊 1898 年出生，广东省恩平市圣堂镇天村人。1925 年加入中国共产党，曾参加香港海员大罢工、省港大罢工和二万五千里长征。历任中共广东罢工委员会航务处党代表及特派主任，恩平县工委书记，粤中区委特委特派员，全国海员工会上海执行局社会救济部副部长，1929 年出席在苏联莫斯科召开的第五届工人代表会议。1932 年 12 月任全国海员工会上海执行局组织部部长。1933 年 5 月进入江西中央苏区，任全国总工会救济部副部长。1934 年长征期间任红一方面军兴国师组织科长。抗日战争时期，冯燊与罗范群、林锵云等先后到开平，组成中共西南特委，罗范群任特委书记，冯燊任西南特委副书记、西江特委书记。解放战争时期历任广南分委书记、粤中临时区党委书记、中国人民解放军粤中纵队政治委员。中华人民共和国成立后任广东省委委员、省交通厅厅长、省监察厅厅长、省总工会主席、省政协副主席、省政协党组副书记等职务。"文革"期间遭到迫害。1970年，在狱中含冤逝世。中共广东省委、省政协为其平反，恢复名誉。

谢　创　1905年出生，开平市塘口镇人。1923年7月赴美国。1926年在美国与华侨青年组织三民主义研究社、中国学生会，并先后出版《群声》《工余俱乐部》杂志，向华侨介绍祖国反帝反封建斗争情况。不久，加入美国共青团。1928年加入美国共产党。1929年任旧金山美共华人支部书记、美共加州委员会委员，领导旧金山华侨工人开展罢工斗争，被美国政府拘捕，扣押在天使岛。1932年5月在共产国际帮助下到苏联列宁学院学习，并转为中共党员。1935年3月受共产国际派遣回国抗日后由中共广州市委确认其党的组织关系。1937年8月至1940年2月，先后任中共开平特别支部书记、区工委书记、县工委书记、县委书记、四邑工委书记、西南特委（后改为中区特委）委员。自1940年7月起先后任中共海丰县委书记、海陆丰中心县委书记、东江前线特委书记、中共广东省临委驻中区联络员、粤中区特委书记、中区特派员、中共中央香港分局海外工作组组长、广南分委（后改为粤中区临时区党委）常委，后兼任中国人民解放军粤中纵队副政委、政治部主任。中华人民共和国成立后，任三埠地区军管会主任，中共粤中地委副书记，粤中专署专员，广州市卫生局副局长，广州市侨务局局长，中共广州市委委员、市委统战部副部长，广州市建筑工程局副局长，广州市参事室主任，广州市政协副主席。于1995年逝世。

谢鸿照 1916 年出生，开平市塘口镇以敬龙田新村人。华侨劳工家庭出身，曾用名谢光华。他少年时品学体各方面优秀，考入开平中学（开一中）读初中，毕业后考入广州二中高中部读书，后因时局动乱，停学回家，受以敬学校校长胡思仁（中共党员）邀请，在校任教。当时谢创以该校为立足点，进行革命活动，他见谢鸿照思想进步，勤劳踏实，符合入党条件，于 1937 年底介绍其入党。1938 年初至 1941 年 4 月，谢鸿照先后任中共开平县以敬乡支部书记，二区特别支部书记，二区区委组织部部长、书记，开平县委组织部部长等职。1941 年 4 月，谢鸿照调任中共新兴县委书记。1944 年 7 月至 1945 年 5 月，谢鸿照任两阳（含阳江、阳春县）军事负责人、两阳特派员，受广东中区特派员周天行委托，直接领导两阳的工作。1945 年 6 月，谢鸿照调任中共恩平县委书记，同年 9 月受中区特委委派，与李峰来开平，召集开平特别支部成员李俊洁、关云在金鸡镇锦湖小学开会，恢复中共开平县委，由谢鸿照兼任书记，李峰任副书记，李俊洁任组织部部长，关云任宣传部部长。为了加强恩平县委的工作，1945 年 11 月，上级党委决定，谢鸿照不兼任开平县委书记，1946 年 5 月，谢鸿照改任恩平县党的特派员；7 月，调往香港另安排工作。1946 年 9 月后，任中共清远县委书记。1947 年 3 月后任英德（不含英东）县党的特派员，英（德）清（远）边区党的特派员，连江支队直属的英（德）清（远）阳（山）边区人民解放大队政治委员，中共英（德）清（远）阳（山）边县委书记，粤赣湘边纵队连江支队第四团政治委员。1949 年 11 月后，谢鸿照再任中共新兴县委书记、中共西江地委组织部干部科科长，1966 年 5 月离休；同年 8 月 3 日，因病在佛山市与世长辞。

谢永宽 1917 年出生，开平市塘口镇人。1933 年秋在开平一中读初中，组织"红黑社"读书会，任社长。1936 年秋进广州第一中学读高中期间，加入学习社、中国青年同盟等进步组织，并任四邑留省同学会会长，投身抗日救亡运动。1938年2月加入中国共产党。1938年5月组织开平留省学生回乡抗日救亡工作队回开平，发动开平的中学生成立了开平突击抗日救亡工作团和开侨中学红黑社抗日救亡暑假服务团，深入农村宣传共产党的抗日主张，发动募捐，支援抗日前线。在团内发展党员10多名。1938年8月参加中共广州市委举办的党员干部训练班，学习马列主义。1938年10月后，任第四战区广东省民众抗日动员委员会战时工作队125队队长、中共广宁县石洞区区委委员、广东北江特委委员、佛冈区委书记、清（远）花（县）工委书记、从（化）琶（江）区委书记、粤北前线特派员、英德县特派员、粤北路东地工委书记。1946年2月后，任中共广州市委副书记、中区（粤中）党的特派员、中区地委委员、滨海地工委书记兼中国人民解放军粤中纵队滨海总队政治委员。中华人民共和国成立后，任中共台山县委书记、县长，粤中临时区党委委员，粤西区党委常委兼秘书长，湛江地委副书记，广东省水产厅厅长、厅党组书记，广东省水电厅厅长、厅党组书记，广东省农业局革委会副主任，复任广东省水产厅厅长、厅党组书记。1983年被选为中共广东省第一届顾问委员会委员。于2011年逝世。

梁　嘉　1912年出生，开平市月山镇人。1938年8月在中山大学毕业。1935年夏加入"中国青年联盟"和"反帝反法西斯大同盟"等进步组织，投身抗日救国运动。1936年加入中国共产党。1937年夏任中共广州市委青年部部长。1938年春任中共广东省委青委副书记，同年10月任广东省青年抗日先锋队第一总队副总队长。1939年12月至1946年4月，先后任中共西江特委组织部部长，南路特委书记，中共中区（粤中）特委副书记（期间经常与刘田夫等到沙冈翘桂里、赤坎高咀村等地开展革命活动），珠江三角洲特委书记，广东人民抗日游击队珠江纵队政治委员，中共广东区委委员兼西江特委书记。1946 年 5 月，在中共中央香港分局工作，后任中共西江工委（后改粤桂湘边工委）书记兼中国人民解放军粤桂湘边纵队司令员、政治委员。中华人民共和国成立后，任中共西江地委书记，粤中区党委副书记，广东省委文教部常务副部长，中共广东省委宣传部副部长，广州市委书记处书记，中共中央中南局组织部副部长，广州中医学院党委书记、学院革委会主任，广东省文教办公室副主任兼省教育局党组书记、局长，广东省科委党组副书记、科委副主任，中国科学院广州分院党组书记、院长，广东省科学院党组书记、院长。是中共广东省第二届、第四届委员，广东省第五届人大常委会委员，广东省政协第四届常委，全国政协第五届委员。于 2009 年 9 月在广州逝世，享年 98 岁。

郑锦波 1915 年出生于华侨家庭，广东省恩平市牛江镇东边朗村人。郑锦波 1931 年"九·一八"事变后参加中山大学抗日宣传工作。1936 年加入中国共产党。抗日战争时期，曾任中共西南特委秘书。1939 年 3 月任中共恩平县委书记兼组织部部长。1941 年 2 月任台山县委书记。后任中区副特派员、广东人民抗日解放军第三团和第五团政委等职。解放战争时期，他先后担任中共粤中特派员、阳茂电信地委书记、广阳地委书记、广阳支队司令员兼政治委员等职在大沙一带进行革命斗争。中华人民共和国成立后，他先后任粤中军分区政治部主任、党委委员，总政治部敌工部副部长，广州军区政治部联络部副部长、总政治部广州联络局副局长、政委、顾问等职。正军级离休干部。1955 年授上校军衔。1964 年晋大校军衔。1988 年 7 月被授予二级红星功勋荣誉章。2015 年 10 月 21 日 5 时 42 分在广州逝世，享年 101 岁。

黄文康 1912 年出生，海南省琼山县人。1936 年广州广雅中学高中毕业。在校时参加绿波读书会、中国青年同盟等进步组织。1936 年 8 月加入中国共产党。自 1938 年夏先后任中共阳江特别支部书记，两阳（阳江、阳春）特别支部书记，高明县委宣传部部长、县委书记。自 1946 年春先后任中共新鹤县委书记，台山县委书记、党的特派员，台（山）开（平）赤（溪）中山县委书记兼管台南游击队工作，滨海地工委书记，广东人民解放军台开赤总队政治委员，中国人民解放军粤中纵队滨海总队副政治委员。1949 年 10 月至 1951 年 6 月任中共开平县委书记兼解放军粤中军分区开平大队政治委员。1951 年 7 月至 1952 年 12 月任开平县委第二书记，兼任县长。自 1952 年底先后任粤西行署文教处、监察处、秘书处处长。1954 年冬任中共中央华南分局宣传部理论处副处长、党员教育处处长、办公室主任。1957 年后任中山医学院党委副书记兼副院长。第五届广东省政协委员。

关　山　1910 年出生，又名关学、关旭、关春韶。出生在广西柳州山区一个苗族家庭，7 岁时被辗转卖给开平赤坎五龙毓秀里一位姓关的侨工为养子。1927 年 5 月加入中国共产党。1929 年 3 月，因开平党组织领导人被捕叛变，他转移去马来亚。1930 年在马来亚总工会工作，发动工人罢工斗争，曾两次被警方逮捕。1933 年冬被当地警方遣回香港，后辗转于中山、南海等地农村当教师，做党的地下工作。1936 年冬回开平筹建党组织。1939 年 1 月任开平县委委员兼青工委书记、开平"抗先队"队长，11 月在中共广东中区特委机关工作，后任中山县委书记、新会县委书记、广东人民抗日解放军政治部组织科副科长、台山县委书记。1946 年 6 月随东江纵队北撤到山东省烟台后，任部队干部大队秘书长，后进入中共华东党校学习。1948 年后，任解放军两广纵队直属机关政治处主任、党委副书记，纵队党委委员，纵队后勤部政治委员。1950 年春后，任粤中地委副书记兼组织部部长、江门市委书记、中共中央华南分局统战部办公室主任、工商处处长、副秘书长等职。1955 年春后,任广东省民政厅副厅长、厅长。1957 年受到错误处理。1979 年平反。1980 年 2 月,任广东省侨务办公室副主任、党组成员,全国侨联委员,广东省政协委员等职。1981 年 11 月在广州病逝。

关 立 1919 年出生,开平市赤坎石溪忠塘村人。1936 年毕业于开平县第一中学。1938 年参加抗日救亡工作,同年 11 月加入中国共产党。1940 年始,历任开平县第二、第四、第五区区委书记,中（山）顺（德）新（会）边县工委组织部部长等职。1946 年起任新（会）鹤（山）县、新（会）开（平）鹤（山）县、鹤山县县（工）委书记,中国人民解放军粤中纵队第六支队第十九团政治委员。1949 年 10 月至 1956 年历任鹤山县县长,高鹤县县长、县委第一书记。1956 年调任佛山地委委员、组织部部长。1959—1983 年任江门地委、肇庆地委组织部部长、常委、副书记、行署专员。1983 年离休后,曾任两届省顾问委员会委员。

关 云 1920 年出生,又名关恩霖,开平县赤坎灵源虾村人。从小在家乡读书,1938 年在沙冈新华小学教学,由张伟、张彬介绍入党。1939 年秋,党组织派出谭煊材、张伟、张彬、关云、关伯南等人参与"开平青年抗敌同志会"。由谭煊材、关云两人主持日常工作。1940 年春,关云主持"青抗"工作。1940 年夏,关云到马冈地区的织帽村小学以教学做掩护,负责马冈地区党组织秘密活动,发展了马冈圩郁文学校及南蛇冈、上廓、南坑等乡村学校秘密据点。1945 年 2 月,关云到金鸡锦湖小学教学,恢复党组织工作。3 月间,上级决定恢复开平党组织特别支部,李俊洁任特支书记,兼组织委员,关云当宣传委员。开平特支恢复后,马上加强宣传攻势,印发传单,并用"六邑同乡会"名义发表《告六邑同胞书》,宣传抗日的新形势和党的主张。

1945 年 9 月，经上级党组织批准恢复中共开平县委。县委书记谢
鸿照兼任（时任恩平县委书记），李峰任副书记，组织部部长李
俊洁，宣传部部长关云。1945 年 11 月，谢鸿照回恩平专任县委
书记，关云不久又调往恩平县委工作。一直在恩平和粤中地区从
事武装斗争和革命活动。中华人民共和国成立后，曾任广东省总
工会副主席。1984 年 2 月 4 日，关云病逝于广州，终年 64 岁。

周锦照 1905 年出生，开平市塘口镇人。1926 年夏在中山大
学预科就读。1928 年 7 月加入中国共产党。1929 年 4 月，因所在
党组织领导人被捕叛变，周锦照被迫逃到马来亚。1929 年 6 月与
中共马来亚侨党接上组织关系，先后在吉隆坡、新加坡、雪兰莪
等地组织和领导工人运动。1930 年加入马来亚共产党，后任雪兰
莪地委常委、马共中央委员和马来亚赤色工会主席。1937 年 12
月回广州，与中共广州市委郊区工委接上党的组织关系，参加广
东青年抗日先锋队独立第一支队，先后被派去广州近郊土华乡、
四会县、佛冈等地宣传共产党的抗日主张。1939 年 10 月后，任
中共广东北江特委组织部干事，连阳工委（后改为连县中心县
委）委员、工委组织部负责人，后为北江特委委员、特委组织部
负责人，禺南党的特派员，粤中游击队驻香港办事处（交通联络
站）负责人，粤中游击队司令部军需，开平县人民政府县长。中
华人民共和国成立后，1949 年 10 月至 1952 年 6 月，任中共开平
县委副书记兼县长、县军管会主任、人民法院院长。1952 年 6 月
后，任华南区干部疗养院副院长。1957 年 11 月后，任广州市侨
务局副局长、广州市政协副处长、广州市侨务办公室顾问、广州
市政协常委、广州市华侨历史学会会长等职。于 1994 年逝世。

周天行 1920 年出生，开平市塘口镇人。大学文化。1937 年
7 月 1 日加入中国共产党。1938 年 5 月后，任中共开平特别支部
委员、县委宣传部部长、县委书记，恩平县委书记，中共广东中

区（粤中）副特派员，中区特委宣传部部长。1946 年 6 月调去香港，后任海员党委书记。1947 年 12 月后，任中共中区地委委员，新高鹤区工委书记、地工委书记兼新高鹤人民解放军总队政治委员，新高鹤地委书记和中国人民解放军粤中纵队第六支队政治委员兼新会县人民政府县长。中华人民共和国成立后，任粤中地委委员兼江会（即江门、新会）军管会主任，江会区工委书记，新会县县长，先后兼任鹤山、阳江县委第一书记，开平县委第一书记。1952 年冬后任湛江市委宣传部部长、市委副书记、市委第二书记。1954 年 5 月后任飞行研究院院长、院党委书记，北京航空学院党委副书记、党委第二书记。1980 年 11 月后，任广东省科委副主任兼科技干部局局长、广东省政协常委、五邑大学名誉校长。于 1992 年逝世。

周　明　1911 年出生，开平市蚬冈镇东和村人。1931 年底，在广东信托公司建筑工程部学习建筑设计、绘图期间，参加"广州苏维埃之友社""新兴社会科学读书会"和"中国青年同盟"等进步组织，投身革命活动。1936 年 7 月加入中国共产党。1936 年 10 月任中共广州市委委员，负责市委职工部工作。1939 年 7 月后，任中共开平县委组织部部长、县委书记，南（海）番（禺）中（山）顺（德）中心县委特派员，番禺、南海县党的负责人，珠江纵队西挺部队政治部组织科科长，西江特委委员兼广宁、四会、清远三县边区大队政治委员，粤桂湘边区工委委员，粤湘边区工委书记、边区支队司令员兼政治委员。中华人民共和国成立后，任华南军区广东北江军分区副司令员，中共广东北江地委组织部部长、地委副书记，粤北区党委组织部副部长、城市工作部部长，广东省财委副秘书长兼基建处处长，广东省建筑工程局党组书记、局长，广东省委工业部副部长，广东省工业厅厅长、厅党组书记，新丰江和南水水电工程局副局长，广东省林业厅副厅长，广东省建委副主任，后任中共广东省顾问委员会委员。1986 年离休后担任广东省铁路建设指挥部副总指挥。曾获铁道部衡广复线指挥部发给的一枚奖章和立功证书。

司徒卓 1910 年出生，开平市赤坎镇永坚德兴里人。地方领导干部。中共党员。曾用名林秋。1929 年考入广州培英中学读书，初中毕业回乡任教。后考入上海复旦大学附中高中，1934 年毕业，又返回家乡教书。1938 年 6 月加入中国共产党，同年 10 月任开平北炎小学党支部书记。后任广东青年抗日先锋队开平大队组织部部长、中共广东中区（粤中）特委组织部干事，开平县委组织部部长、宣传部代部长，恩平县委组织部部长，县委代书记，恩平县党的特派员，两阳（阳江、阳春）党的特派员，两阳县工委书记兼组织部部长，阳江县党的特派员。1949 年 2 月后，任开平县工委书记兼独立大队政治委员和开平县人民政府副县长。1949 年 10 月至 1954 年 8 月，任中共开平县委委员、副县长，先后兼任县委组织部部长、宣传部部长。1954 年 9 月至 1955 年 4 月，任开平县县长。1955 年 5 月后，任湛江市委委员、市委工业部副部长、市委经委副主任。曾被选为第一、二届广东省人民代表大会代表。1984 年 5 月离休。1998 年在湛江逝世。

王永祥 1917 年出生，原名王锦枝，东莞厚街菊塘村人。1935 年在厚街小学读书，组织读书会，出墙报支持北平"一·二九"学生抗日救亡运动。1936 年加入中国青年同盟，9 月入读东莞中学。1938 年春加入中国共产党，10 月调到东莞壮丁常备队队部任交通组长。1939 年初，东莞抗日模范壮丁队在清溪苦草洞集中整训，任集训中队特务长（事务长），主管后勤给养。1939 年，参加中共东宝联合县委党训班学习后调任中共大岭山区委委员。1942 年 7 月，中共东莞一线前线县委成立，组建厚街第一个区委，王永祥被任命为区委书记。解放战争时期，任中共开平县特派员、开平县工委书记，1949 年 1 月任中共开平县委书记，并组建中国人民解放军粤中纵队开平三埠交通联系站。后被派去香港，任粤中纵队驻港办事处特派员。中华人民共和国成立初期，任广东军区粤中军分区后勤部政治委员，粤西区党委组织部副部长，粤西区委党校校长，广东省委组织部办公室主任，广州美术学院党委书记，惠阳地区革委会政工组副组长等职。1973 年 2 月，任广州中医药大学革委会主任、党委书记、顾问等职，享受副省级医疗待遇。1987 年离休。曾任第五届广东省政协常委。著有《养颐集》。2018 年 5 月在广州病逝，享年 101 岁。

李俊洁 1913 年出生，开平市金鸡镇大同村委会横冈村人。1927 年秋考入开平中学，在校期间，积极参加革命活动，是开平中学学运骨干之一。1930 年秋，进入广州国民大学附属高中读书，毕业后回到家乡从事教育工作。1938 年在锦湖礼林小学任教，在党的教育下，组织进步师生深入农村开展抗日救亡宣传活动，同年加入党组织。"皖南事变"发生后，党组织安排到龙胜棠红小学任教，在校与其他两名党员成立党小组，任组长。此后几年，在龙胜开展革命活动。1945 年 2 月经中区特委批准，恢复开平特别支部，李俊洁任特支书记。1945 年 9 月，中区特委决定恢复开平县委，李俊洁任县委委员兼组织部部长。1946 年部队北撤，此时党委制改为特派员制，同年 11 月，李俊洁先后任台山县特派员、台开赤中心县委委员和台北县工委书记；恩开台（边）县工委组织部部长。1949 年 10 月开平全境解放，李俊洁任县委委员兼组织部部长。1955 年 4 月起，先后在武汉市公安系统和中国科学院工作，任物理研究所副处长、处长、办公室主任以及机关临委副书记。1982 年离休，享受副局长待遇。

李重民 1915 年出生，开平市赤水镇步栏村委会南安里人。1932 年 7 月，李重民在开平县立乡村师范学校（省立长沙师范前身）毕业，先后在塘口里村圩、赤水象栏、长塘小学任教，任长塘小学校长。1938 年 8 月，加入中国共产党，10 月转为正式党员。1939 年春，成立中共长塘特别支部，李重民任组织委员。1944 年 11 月，李重民等人率领长塘洞联防自卫队 20 多人、尖冈自卫队、白石塘更夫及当地共产党员共 50 多人，携带武器、经费举行武装起义，成立台开恩长塘洞人民抗日游击队，李重民任队长。1945 年 8 月，阳春县工委成立，李重民参加县工委负责组织工作，后阳春县工委改为县委，李重民任阳春县委委员兼组织部部长。1948 年 1 月，李重民奉命回到台山县大窿洞游击队总部，带领武工组在开平赤水、东山及台山边界一带开展活动。1948 年 8 月，成立中共恩开台边区工委，李重民任书记兼做武工队的政治工作。1949 年春，李重民任恩开台边县工委书记、恩开台边独立大队（代号渤海大队）政治委员。1949 年 8 月，据粤中临时区党委指示，任开平县副县长。中华人民共和国成立后，先后任粤中专区粮食局局长、粤中支前司令部参谋长、粤西行署工商处副处长、湛江市财贸办公室主任、湛江市副市长兼湛江市外事办公室主任、湛江市革委会副主任、湛江市人大常委会副主任。

陈 全 1926 年 1 月出生，广东省番禺区人。原名戴锡铨，又名陈戴仔。大沙镇老百姓称之戴叔。粤中纵队第二支队四团团长。中华人民共和国成立后任国防大学政研室主任，广东省老促会顾问。1944 年 10 月随林锵云、罗范群、刘田夫率领的珠江纵队挺进粤中抗日，陈全时任该部某连政治指导员。1946 年 6 月，部队奉命北撤山东，陈全等领导留在开平、恩平、新兴边界地区，带领武装小分队坚持隐蔽斗争，他是分队负责人，在三县边界地区发动群众，发展和壮大武装力量，横扫三县边陲的反动势力，为新中国的诞生立下了功勋。

刘良荣 广东省新兴县人。又名梁荣。中华人民共和国成立前任新兴县游击独立大队大队长。中华人民共和国成立后，任广东省农业厅办公室主任，广东省仲恺农业技术学院党委书记、学院董事会副董事长，广东省老促会顾问。1947 年任中共高明县合水区委书记。1947 年 8 月受粤中特委委派到开平县大沙岗坪村，教育争取大沙夹水乡原乡长梁达佳反戈参加革命，发动大沙梁伦祥、梁春伦、梁念发等 20 多人建立岗坪民众自卫队，成为岗坪村一支革命武装。以后新兴县梧洞梁木养、梁竞等青年相继加入，在岗坪村成立新兴县人民游击独立大队，刘良荣任大队长兼政委，转战开平、新兴、恩平边界地带，留下了光辉足迹。

陈　文（刘祥婶）　　1905 年出生，女。开平市月山镇水二管理区牛仔坑村人。革命战争期间，她以自己的家作党和游击队的联络站，积极为部队送情报。冒着生命危险为部队收藏书刊文件、衣物和武器。部队每到她家她都主动为部队解决粮食、住宿问题，战士有伤病，她亲自上山采药，煎药为他们治病治伤。1946 年的一个深夜，几个游击队员在战斗中受伤，其中杨琪、李成两位同志隐藏在陈文家中养伤一年。1948 年 7、8 月间。部队缴获敌人一门大炮，因当时无炮弹，暂时用不着。陈文便带领游击队员深夜在山岗边挖土坑，把这门大炮埋藏起来。1949 年 9 月，游击队员把这门大炮挖起来，用于配合南下大军作战。陈文是中国共产党党员。生前被广东省人民政府授予"游击之母"荣誉称号。1980 年 8 月，陈文逝世，终年 75 岁。

三、大事记

（1925 年—1949 年）

1925 年（民国 14 年）

2 月　国民党中央农民部派关仲等 4 人到江门成立四邑农民运动办事处。关仲负责开平农运工作。

10月2日　开平县第一届农民协会——百合虾边农会宣告成立。大会选举关以文为农会会长，关仲为副会长。会址设在该村常显祠堂。

1926 年（民国 15 年）

1月23日　齐塘农民协会成立。

6月8日　龙塘乡农民协会成立。

8月　县总工会工人代表会议在赤坎成立，会议选举谢启荣为委员长。

9月　县妇女解放协会成立。会址设在赤坎康乐书院工代会内。

10月　秋，中共开平支部成立，有党员10人。

12月　民办楼（冈）沙（长沙）公路开始修筑。

1927 年（民国 16 年）

1月　国民党开平县党部组织各界庆祝北伐胜利。

4月15日　由中共开平支部组织和推动在赤坎河南洲举行工农联欢大会。

5月　台山、开平工人大示威、大游行。

8月　沙蚬赤公路筑成通车。

1928 年（民国 17 年）

7月　中共开平中学党支部成立。

8月　县署修筑完竣，省民政厅令开平县县长从长沙迁回县城苍城。

10月　中共广东省委派吴炳泰到开平召开全体党员会议，传达省委指示：批判右倾机会主义和"左"倾盲动主义；成立中共开平特别联合支部，由周允元、谢启荣分任正、副书记。

1929 年（民国 18 年）

2 月 16 日　广州市公安局特别侦组队队长梁子光率便衣特务到开平县里村邮政代办所逮捕了中共开平特支书记周允元（后周允元叛变）。中共开平特支遭重创，停止活动。

2 月　广东省教育厅核准开平县私立开侨中学立案开办。

7 月 1 日　民办沙（长沙）水（口）公路开始修筑。

7 月　旅美华侨司徒俊球等在赤坎创办灵通电话公司。

9 月 14 日　批准创立私立弘农商科初级中学。

1930 年（民国 19 年）

1 月初　官办开鹤公路开始修筑，民办赤水至台山联安公路开始修筑。

8 月　三埠地区开设过海电船，共有 3 艘，来往新昌、长沙、荻海三地。

10 月　省民政厅将赤水圩划归开平县管辖。

1931 年（民国 20 年）

3 月　广东省省长陈铭枢出巡到开平县，召集有关方面开会，敦促县政府由长沙迁回苍城。

4 月 2 日　赤坎关族图书馆举行开幕典礼。

4 月　县开始征收汽车编号费，每辆征收 30 元，当时全县共有汽车 100 多辆。同月，县征收商业牌照费。

12 月 10 日　县下令撤销乡办事所，15 日前成立乡公所。

1932 年（民国 21 年）

1 月 6 日 开平县参议会正式成立，开始实行地方自治。当时，全县辖 10 个区、103 个乡、2328 个里。

2 月 开平县百赤茅公路工人举行罢工，反对公司无理剥夺工人下栏收入。

12 月 1 日 开（平）鹤（山）公路通车。行车权批给四达公司。

1933 年（民国 22 年）

1 月 2 日 《开平县志》编辑完成。由香港开平商会开阄投充承印。该书共印 3000 部，每部约 700 页。

6 月中旬 开通长沙至苍城的长途电话。

6 月 27 日 奉省民政厅令，县内卫生医疗机关、学校团体一律专用新制度量衡各项名称，所有英制器具销毁，重量不用磅，长度不用英里或英尺。

1934 年（民国 23 年）

1 月 10 日 开平中学举行建校奠基典礼暨军民联欢会。

5 月 开平县开始田亩调查和田亩评价。

5 月上旬 县教育局下令各区乡小学校开办附设学校民众学校。

1935 年（民国 24 年）

1 月 1 日 奉令举办户口调查。县政府在长沙行署设立调查处，各区乡亦相应设立机构。

3 月 相继成立苍城施医所、五区（蚬冈）施医所、六区（赤水）施医所、儒良（百合）施医所（后赤坎、苍城、水口三处施医所改为平民医院）。

4 月 26 日　县政府在长沙、赤坎两埠增设特种警察（即交通警），指挥行车，维持交通秩序。

5 月　开平县完成田亩调查及田亩评价，全县 104 个乡，田亩总面积为 381 404.75 亩。

6 月 1 日起　县政府在一区、二区设立施粥站 6 所（苍城、沙塘、马冈、鹤洲、黎村、公安各 1 所）。

9 月　全县户口调查完毕。据统计，全县人口 430 412 人，户数 93 449 户，户口调查完后，编钉门牌，编办保甲，并实行五家连坐结。

1936 年（民国 25 年）

3 月 1 日　水口至江门长途汽车通车。

10 月　县禁烟委员会发出禁烟告示。

12 月　关山受中共广州市委派遣，回开平重建党组织。

1937 年（民国 26 年）

3 月 3 日　县政府奉省民政厅训令，决定将 10 个区各乡划为 4 个联乡办事处，并定于本月 16 日一律成立。

6 月 16 日　新（会）开（平）公路开始修筑。

7 月 19 日　县政府奉省政府通令，要求各校教员自本年秋季起一律要用国语（普通话）教学。

8 月 18 日　经中共广州外县工作委员会批准，中共开平特别支部在以敬庆民里谢创家召开重建会议。会上确定以抗日救亡为中心工作。

1938 年（民国 27 年）

1 月 1 日　广东省实行币制改革，一律使用"国币"，并通过兑换收回广东省银行发行的纸币。

1 月 19 日　县妇女界黄月长、甄雅英等，发起组织"开平妇女抗敌同志会"。

5 月　根据中共广东省委指示精神，共产党谢锡爵（谢永宽）、谭汝铿（谭行）等 7 人组成"开平留省学生回乡抗日救亡工作队"，回开平活动。

6 月 6 日　在中共开平特别支部成员关山、司徒毅生、司徒克夫等从中串联发动下，在赤坎开平酒家举行教师节联欢会。会上，一致通过成立"开平县教师抗敌同志会"。

7 月 7 日　县抗日动员委员会在长沙召开千人大会。

8 月　开平县青年抗敌同志会（简称"青抗会"）成立。

8 月　中共广东省委决定，成立四邑工委，谢创任书记。

8 月　中共开平特支升格为开平区工委。

10 月　中共开平区工委升格为县工委。

10 月 29 日—12 月 26 日　日军出动飞机 35 架次，在开平三埠、水口、苍城、楼冈、赤坎等地上空盘旋扫射和投放炸弹，共打死炸死 39 人，炸伤 43 人，炸毁大批商铺和船只。

11 月底　"开平县妇女抗敌同志会"成立，会员约 300 人。

11 月　广东省青年抗日先锋队开平队部成立一个"抗先开平支队"，并开展活动。

11 月　中共广东省委撤销四邑工委，成立西南特委（设在赤坎镇），书记罗范群，副书记冯燊，成员谢创（兼开平县工委书记）。

12 月 19 日　开平县各界慰劳团赴鹤山前线慰劳抗日防军。

1939 年（民国 28 年）

1 月 24 日—10 月 28 日　日军出动飞机 24 架次，在三埠、水口等地上空投放炸弹，炸死 95 人，炸伤 190 人，炸毁商铺、民房一大批。

1 月　中共开平县工委升格为县委，谢创任书记。

3 月 15 日　广东青年抗日先锋队开平队部成立，名誉队长周秉维（国民党县党部书记）、副队长关山（中共开平县委青委书记），队员约 600 人。

5 月 27 日　开平县在庙垃举行"江会抗战阵亡将士追悼会"，有 2000 多人参加。会后，举行大游行，并派出青壮年破坏护龙圩桥头一段公路。

5、6 月间　著名电影工作者司徒慧敏带领摄影组回县，在赤坎、赤水、水口、儒良、护龙、以敬、潭溪、三埠一带拍摄群众抗日救亡实况，后被辑录成新闻纪录片《保卫大四邑》，先后在港澳、旧金山、洛杉矶等地放映。

7 月　中共开平党组织派党员陪同周老太太（方玉莲）偷越日军封锁线，赴澳门、香港募捐药品、衣服一大批回来后，以"开平妇抗"名义送往新会杜阮、鹤山古劳等地慰劳抗日将士。

8 月 13 日　开平县各界举行"八一三"纪念大会，会场设在开平中学操场，有 800 人参加。三埠各界举行献金运动，共捐得国币 1900 多元和毫券 5000 多元，这些款项用来慰问前线将士。

1940 年（民国 29 年）

5 月 3 日　上午 9 时，日军 2 架飞机在三埠的新昌、荻海投弹，炸死炸伤 30 多人，炸沉船只 10 多艘，炸烂商店多间。

4 月 16 日下午 1 时　奉省政府通令，县各界在赤坎关氏图书馆前举行"讨汪锄奸大会"，到会民众很多，大会发出讨汪锄奸通电。

8月1日　广东省实行新县制。开平县被列为二等县。

11月1日　开平县开始实行战时新县制,调整乡镇组织,重新编定保甲。调整后,全县共划分为78个乡4个镇。

1941 年（民国 30 年）

3月5日　日军占领三埠,将劫掠的大量的粮食、铁钨、布匹等陆续运出,并烧毁商号451家,其中长沙21家,新昌30家,荻海400家。

9月24日　日军沿潭江而上,企图攻占赤坎。赤坎关族、司徒族团队沿河阻击,日军撤退。

1942 年（民国 31 年）

2月　日军侵占香港,港澳同胞有几万人返回开平。

3月　"开平各界出钱救侨运动大会"组织演剧筹款救侨,县政工队剧团在苍城演出《仇》剧,筹得款项3000元。

3月　天旱无雨。时近立夏,水稻仍无法插下,农业失收。

6月1日　县政府裁撤县属各区署,改设县指导员,分区督导乡镇工作。当时,全县共分为附城、马冈、塘口、赤坎、蚬冈、长沙、水口、赤水八个区。

1943 年（民国 32 年）

1月2日　赤坎中国银行开业,行址设在赤坎东堤路12号。

7月20日　广东省银行新昌支行开业,行址设在新昌新华路,原台山支行改为台山办事处,开平办事处改为长沙分处。

11月12日　开平县第五届运动大会开幕。

12月13日　开平县旅省同乡会汇来赈款30万元,作赈粥之用。县决定于 12 月 24 日开始施粥，为期 1 个月。

1944 年（民国 33 年）

6 月 24 日　日军派遣汽艇、木船几十艘由荻海分队溯江而上，准备进攻赤坎。司徒四乡腾蛟团队在岸边狙击，日军死伤几十人。日伪军见形势不妙，退回三埠。

7 月 21 日　盘踞在三埠的日军，由三江经榕树尾偷渡过河企图从龙滚冲进攻腾蛟南北楼，遭到腾蛟团队的伏击。三埠方面的敌军派大军增援，腾蛟团队因寡不敌众，主动回防，日伪军自知难以取胜，不敢妄动。

7 月　为阻止日军继续向赤坎、楼冈等地侵犯，由长沙、赤坎、百合、蚬冈、塘口、水口、苍城等各乡各保抽调人员和枪支，成立松柏抗日壮丁大队，总人数约 300 人，大队部队设在八姓乡孖楼，大队下设 3 个分队，分别驻在榕树尾、桥尾、陈边；前哨阵地在上埗头、安溪。这两个前哨阵地与日军前哨遥遥相望，经常互相射击。由于抗日大队死守三江，日军不敢前进一步。

10 月下旬　在中共党员李重民、林炳琳、张峰等领导下，长塘洞自卫队 20 多人，加上尖冈自卫队、白石塘更夫队一些队员以及当地一些共产党员、进步群众共 50 多人，携带枪支弹药到东山上燕集中。次日，成立台开恩长塘洞人民抗日游击队。

11 月 11 日早上 6 时　日伪军约百人分两路进犯海心地方。海心乡自卫队奋勇抵抗，后因寡不敌众而退回桥尾村后布防。另一路日伪军由西园过安溪向红门楼进犯，驻守该地的开平后备第一、二中队参与阻击战斗，并采取钳形包围发动进攻，日伪军狼狈逃窜，来不及逃走的日伪军则缩入红门楼村修诚楼内凭楼顽抗。自卫队用火攻战术迫使修诚楼内的日伪军 42 人于次日晨解除武装，下楼投降。

1945 年（民国 34 年）

1 月　广东省临委决定，恢复广东中区特委，谢创任书记。

春　根据广东中区特委指示，开平党组织在金鸡镇锦湖小学召开会议，恢复中共开平特支，李俊洁任书记。

2 月　沙冈自卫队一个中队在共产党员张伟的带领下，袭击日伪军控制的金山圩钟鼓楼，俘虏全部日伪军 20 多人。

7 月 17 日—7 月 25 日晨　驻守腾蛟南楼抗日团队（司徒氏四乡自卫队），打响南楼阻击战，在守楼自卫队七勇士（司徒煦、司徒璇、司徒遇、司徒昌、司徒耀、司徒浓、司徒丙）的顽强反击下，日军无法攻占南楼。后来，日军发射催泪弹、毒气弹，楼内队员中毒昏迷而被掳，最后被敌人杀害。

8 月 26 日　三埠各界筹备庆祝抗战胜利大会，定中国戏院为大会会址。

9 月　中共广东中区特委决定，恢复中共开平县委，书记谢鸿照，副书记李峰，组织部部长李俊洁，宣传部部长关云。

1946 年（民国 35 年）

7 月　中共粤中部队随东江纵队北撤，国内内战全面爆发。中共开平县党组织完全转入地下活动。

12 月 9 日　广州行辕军事法庭审讯日籍战犯崛本武男，该战犯在进攻开平县南楼时，残杀平民，肢解南楼抗日七烈士，被告狡辩，开平县司徒兆禁到庭指证，控告日军的残暴行径。

12 月 15 日　县商会联合会成立。属下有苍城、赤坎、水口、长沙等商会。

1947 年（民国 36 年）

2 月　中共领导的新开鹤游击队发展到 30 多人，该游击队经常到东河（苍城）、水井、月山等地方活动。

3 月　广东中区特委决定，成立台（山）开（平）赤（溪）中心县委，书记黄文康，委员王永祥、李俊洁、周健明，并分工王永祥主管开平党组织的工作。

9 月　中共粤中副特派员郑锦波到鹤洲乡蕉园村，向中共党员传达中共香港分局关于恢复公开武装，实行"小搞"的指示。

11 月 2 日　中共恩开新游击队采取"深入虎穴"行动，处决了尖石鹤洲和平六乡联防主任兼尖石巡官熊华。

11 月 21 日　尖鹤人民救乡大队成立，队长梁茂林，政委罗明。

1948 年（民国 37 年）

1 月 21 日　广东第一"清剿"区副司令周汉铃率所部 282 部队陆军独立第三团第二营及其他保警等队伍，共 1000 多人，在鹤洲乡围攻尖鹤人民救乡大队。救乡大队与该部开展巷战，后突围而出。战斗中，救乡大队大队长梁茂林、参谋长梁池胜、中队长熊伙仔等 10 多人英勇牺牲，政委罗明等 17 人被俘后遭杀害。

2 月初　中共粤中地委领导的广阳地区部队，派肖辉到夹水发动群众，成立夹水武工组。

2 月　新高鹤总队主力连指导员胡秉迅到水井成立特别支部，并发动云乡、址山、水井、东河一带的群众，成立武工队，开展活动。

2 月底　中共领导的游击队到三联乡黎园村，重新成立尖鹤武工组，在大沙、鹤洲、尖石一带活动。

3 月　中共新（会）开（平）鹤（山）县工委成立。随后，中共开（平）鹤（山）新（兴）边区工委、鹤（山）开（平）恩（平）边区武工组相继成立。

11 月　成立中共滨海临时地工委，开平南部阳东、江南划归滨海地区。赤坎武工队公开以"中国人民解放军广阳支队独立第二支队"进行活动。同月，开鹤边区武工组进入水口、司前一带活动，目的是牵制周汉铃"扫荡"水井。

12 月 21 日　广湛线全部修复通车，从三埠至广州可以直接通车。

1949 年（民国 38 年）

4 月 3 日　广东省省务会议通过，将全省 86 个县市分为 11 个行政区，四邑、两阳、赤溪等 7 个县为第一区，专署设在开平县长沙。

8 月 25 日　开平县人民政府宣布成立，县长周锦照，副县长司徒卓。

9 月下旬　中共三埠地下党组织接到粤中纵队指示，要在密冲乡制造 500 面五星红旗和在利国印刷厂印 1000 份《三大纪律八项注意》传单，准备迎接三埠解放。

10 月 1 日　中华人民共和国中央人民政府成立。当天，开平独立大队和水井人民政府联合举行庆祝大会。

10 月 23 日　开平县独立大队奉命接管县政府，赤坎地区武工队开进赤坎，北海大队进驻荻海，渤海大队配合南下大军，在赤水、三合、东山等地追歼保二师残兵，俘虏 2000 多人，缴获枪支一大批。

10 月 23 日　县人民支援前线司令部成立，各区也成立支援前线司令部，乡成立支援前线委员会，在水口、赤坎、义兴分别建立迎军站，开展支前工作。

10月24日　开平县人民政府在苍城正式办公，粤中纵队司令部进驻三埠，设立三埠镇军事管制委员会。下辖三埠、赤坎、水口三镇。

10月25日　开平县军事管制委员会（以下简称"军管会"）委派周楚任开平县公安局局长，同日，县军管会训令：县邮政局无线电台恢复工作。

10月28日　县组成中华人民共和国成立后首届党政军领导班子：中共开平县委会（以下简称"县委会"），书记黄文康，副书记周锦照，委员司徒卓、李重民、李俊洁；开平县人民政府，县长周锦照，副县长司徒卓、李重民；中国人民解放军粤中军分区开平县大队，大队长吴群，政治委员黄文康。同日，县军管会宣布设立民政、财政、社会、军事、文教五个科。

11月5日　各区（镇）政府先后成立（全县分4个区1个镇），并开始在农村建立乡、村农会和临时乡政权；在城镇建立工会及群众团体。

后　记

　　根据中国老区建设促进会 2017 年 6 月下发的《关于编纂全国1599 个革命老区县发展史的安排意见》，以及广东省老区建设促进会关于《广东省〈革命老区县发展史〉丛书编纂大纲》等文件，开平市政府于 2018 年 3 月成立了开平市革命老区发展史编委会，组成了编辑部，并在 7 月召开全市革命老区发展史编纂工作会议。在省市老促会、开平市政府的大力支持和指导下，开展《开平市革命老区发展史》的编纂工作较为顺利。其间，开平市各镇（街）、市相关部门单位，尤其是档案局、党史办、市志办、老促会、老区办，提供了宝贵的历史资料和经济社会发展情况，对本书的编纂工作给予大力支持。在此，一并表示衷心的感谢！

　　老区发展史是记述史实的地情书，既要反映当地的革命斗争历史，也要记录当代社会迅速发展的新景象。本书从大革命时期写起，到改革开放 40 周年（2018 年）为止，跨度 93 年，由于时间久远，留下的历史记载既少且略，老区和全市发展变化的资料也缺而粗，给写作带来较大困难。但我们牢记重托，迎难而上，虚心请教行家，走访各单位，老前辈、知情人；查阅档案、志书，发掘史料，整理取舍，斟酌研究，潜心写作。此书从 2018 年 5 月到 10 月底，完成初稿 20 多万字，随即送市领导和本书编委会领导审阅。2018 年 11 月中旬召开审稿会议，对全书做了细致的修改，先后形成第一稿、第二稿和第三稿，于 12 月，遂成此书。

编写老区发展史是一项十分重要而且艰巨的任务，时间紧要求严。我们通过实践，自知水平和能力均有不及的地方。疏漏、错误在所难免，敬请读者鉴谅、指正，有待以后修订时完善。

《开平市革命老区发展史》编辑部
2018 年 12 月